Strategiespiele

Computerorientierte Einführung in Algorithmen der Spieltheorie

Von Prof. Dr. Georg Schrage
und Studiendirektor Rüdeger Baumann

Mit 40 Abbildungen und 9 Tabellen

R. Oldenbourg Verlag München Wien 1984

CIP-Kurztitelaufnahme der Deutschen Bibliothek

Schrage, Georg:
Strategiespiele : computerorientierte Einf. in
Algorithmen d. Spieltheorie / von Georg Schrage
u. Rüdeger Baumann. – München ; Wien : Oldenbourg, 1984.
   ISBN 3-486-28941-1
NE: Baumann, Rüdeger:

© 1984 R. Oldenbourg Verlag GmbH, München

Das Werk ist urheberrechtlich geschützt. Die dadurch begründeten Rechte, insbesondere die der Übersetzung, des Nachdrucks, der Funksendung, der Wiedergabe auf photomechanischem oder ähnlichem Wege sowie der Speicherung und Auswertung in Datenverarbeitungsanlagen, bleiben auch bei auszugsweiser Verwertung vorbehalten. Werden mit schriftlicher Einwilligung des Verlages einzelne Vervielfältigungsstücke für gewerbliche Zwecke hergestellt, ist an den Verlag die nach § 54 Abs. 2 Urh.G. zu zahlende Vergütung zu entrichten, über deren Höhe der Verlag Auskunft gibt.

Gesamtherstellung: R. Oldenbourg Graphische Betriebe GmbH, München

ISBN 3-486-28941-1

Inhaltsverzeichnis

Vorwort 7

1. Konkrete Spiele 11
1.1 Gewinn- und Verlustpositionen 11
1.2 Gewinnstrategien 15
1.3 Remispositionen 18
1.4 Mathematisches Spielmodell 21
1.5 Algorithmische Spielbeschreibung 24
1.6 Spielanalyse 31
1.7 Effiziente Strategien 55

2. Algorithmische Theorie 73
2.1 Positionsmodelle 74
2.2 Äquivalente Positionsmodelle 77
2.3 Minimale Repräsentanten 86
2.4 Anzahlen abstrakter Positionsspiele 89
2.5 Bewertung und Analyse 92
2.6 Anzahlen von Gewinn-, Remis- und Verlustspielen 103

3. Die Theorie von Sprague und Grundy 109
3.1 Summenspiele 109
3.2 Werterhaltende Abbildungen 111
3.3 Grundyfunktionen 114
3.4 Einige Anwendungen 121
3.5 Misère-Nim 128

4. Matrixspiele 131
4.1 Begriffsbestimmung 131
4.2 Matrixspiele mit Sattelpunkt 134
4.3 Gemischte Strategien 138
4.4 Lösungskonzept für Matrixspiele 139
4.5 Lösungsverfahren für 2×2-Spiele 147
4.6 Dominanz 151
4.7 Eine graphische Methode zur Lösung von $2 \times n$-Spielen ... 155
4.8 Näherungsverfahren zur Lösung von Matrixspielen 159

5. Matrixspiele und lineare Optimierung ... 167
5.1 Die Lösung eines Spiels als Optimierungsaufgabe ... 167
5.2 Der Simplexalgorithmus ... 171
5.3 Duale Programme ... 187
5.4 Ein Simplexverfahren für m x n-Spielen ... 193

Anhang: Der Hauptsatz der Spieltheorie ... 203

Literaturverzeichnis ... 211

Stichwortverzeichnis ... 213

Liste der Programme
P 1. Kringel und Kreuze ... 27
P 2. Spielanalyse ... 34
P 3. Gewinn-Verlust-Zerlegung ... 36
P 4. Damen setzen ... 40
P 5. Wuerfel kippen ... 44
P 6. Wythoffs Nim ... 50
P 7. Nimspiel ... 58
P 8. Teufelsdreieck ... 66
P 9. Grundy ... 122
P 10. Wahrscheinlichkeitsverteilung ... 146
P 11. Zweizweispiel ... 149
P 12. Spielapproximation ... 164
P 13. Simplexverfahren ... 184
P 14. Matrixspiel ... 198

Vorwort

Die Freude am Spiel gehört untrennbar zum Wesen des Menschen. Die mehr oder weniger festen Regeln eines Spiels beschreiben eine eigenständige "Welt", innerhalb derer die Spieler frei von äußeren Forderungen und Zwängen aus eigenem Antrieb handeln können. Seine Rechtfertigung findet das Spiel im Vergnügen und in der Spannung, die es vermittelt. Das ist eine Seite des Spiels. Eine zweite Seite des Spiels besteht in seiner engen Beziehung zum Lernen: Die Art und Weise, in der wir uns mit der Welt auseinandersetzen, um sie verstehen zu lernen, hat vieles mit Spielen zu tun. Bevor wir Entscheidungen treffen, 'spielen' wir alle Möglichkeiten durch, um uns über die Konsequenzen unseres Handelns Klarheit zu verschaffen. Im Spiel werden allgemein nützliche Fertigkeiten trainiert. Dabei kann es sich um körperliche Geschicklichkeit oder Reaktionsschnelligkeit, aber auch um intellektuelle Fähigkeiten handeln. Die Fähigkeit zur Konzentration, zum vorausplanenden analytischen Denken, zum Auswerten von Informationen, zum logischen Schließen, zum Argumentieren kann im Spiel gefördert werden. In diesem Sinn kann das Spiel geradezu als Vor- und Grundübung zu allen körperlichen und geistigen Leistungen gesehen werden. Insbesondere Wettkampfspiele, deren Reiz vom Siegeswillen der Beteiligten ausgeht, verlangen den Spielern Einsatzfreude und Leistungsbereitschaft ab. Solche Spiele können auch Erwachsene stark motivieren, sie gewinnen daher als wichtiger Teil der Freizeitbeschäftigung zunehmend an Bedeutung.

Zu den Wettkampfspielen zählen Strategiespiele, deren Verlauf ausschließlich durch die Entscheidungen miteinander konkurrierender Spieler bestimmt wird, wie dies zum Beispiel beim Schachspiel der Fall ist - um nur den prominentesten Vertreter dieser Klasse von Spielen zu nennen. In natürlicher Weise stellt sich hier die Frage nach optimalen Verhaltensweisen und nach der Existenz von Gewinnstrategien. Der Versuch, das Geheimnis optimalen Spielens zu ergründen, führt zur Untersuchung der Strukturen, die dem dynamischen Spielgeschehen zugrundeliegen, und fordert damit zum Mathematiktreiben heraus.

Es ist nicht zu leugnen, daß der spielerische Reiz eines Gesellschaftsspiels verloren geht, wenn einer der Spielpartner zu einer Strategie greift, die auf einer vollständigen mathematischen Analyse basiert. Demgegenüber ist aber festzustellen, daß die mathematische Untersuchung von Strategiespielen ihren eigenen intellektuellen Reiz hat. Das Analysieren eines Spiels kann durchaus spannender sein, als das Spielen selbst.

Nicht nur Spieler und Mathematiker interessieren sich für die Theorie von Strategiespielen. Auch für Wirtschafts- und Sozialwissenschaftler, für Psychologen und Statistiker ist Spieltheorie von Bedeutung. Der Grund ist, daß Methoden der Analyse von Entscheidungssituationen und der Verhaltensoptimierung, die bei der Untersuchung von Strategiespielen entwickelt wurden, auch für Konkurrenzsituationen Anwendung finden, wie sie im ökonomischen und sozialen Bereich auftreten. John von Neumann arbeitete die Idee aus, Strategiespiele als Modelle allgemeiner Konkurrenzsituationen aufzufassen (1928). Er bemerkt dazu: "Es gibt wohl kaum eine Frage des täglichen Lebens, in die das Problem 'wie muß ein Spieler ziehen, um in einem Gesellschaftsspiel ein möglichst günstiges Resultat zu erzielen' nicht hineinspielt."

Für den Mathematikunterricht bieten Strategiespiele eine schier unerschöpfliche Quelle interessanter Problemstellungen. Aufgrund der Vielfalt mathematischer Methoden, die hier angewandt werden, gibt es kaum einen Themenkreis des Mathematikunterrichts, der sich nicht durch geeignete Spiele anreichern ließe. Leider wird - insbesondere in der Sekundarstufe - von diesen Möglichkeiten noch wenig Gebrauch gemacht.

Einen ganz neuartigen Reiz hat die Beschäftigung mit Spielen durch die weite Verfügbarkeit leistungsfähiger Kleincomputer in Schulen, aber auch in privaten Haushalten, gewonnen. Die mathematische Untersuchung eines Spiels braucht jetzt nicht mehr im Theoretischen stecken zu bleiben. Man kann vielmehr ihre Ergebnisse anwenden, um einen spielenden Automaten zu produzieren, der sich im Spiel bewähren muß. Dies ist dann zugleich eine Bewährung der aufgestellten Theorie. Für den Mathematikunterricht ergeben sich hieraus ungewöhnliche Möglichkeiten. Das Ziel, eine spielende Maschine zu entwickeln, stellt eine starke Motivation für mathematische Aktivitäten dar. Der Rechner wird aber nicht nur zum Spieler, der in seiner Strategie die Ergebnisse theoretischer Analysen realisiert, sondern er stellt - bei geeigneter Programmierung - auch die Spielumgebung bereit, d.h. er kontrolliert das Spielgeschehen und informiert die Spielpartner über den jeweiligen Spielstand. Derartige Programme sind recht aufwendig und verlangen deshalb eine sorgfältige Strukturierung. Für einen projektorientierten Informatikunterricht bietet sich hier ein weites Feld attraktiver Problemstellungen an, die nach allen Erfahrungen von Schülern mit großer Begeisterung angegangen werden.

Gegenstand der vorliegenden Darstellung sind Spiele, deren Verlauf durch das strategische Verhalten zweier konkurrierender Spieler bestimmt wird. Dabei stehen algorithmische Aspekte sowie die Möglichkeiten des Einsatzes von Rechnern zur Analyse und Darstellung von solchen Spielen im Vordergrund.
In den ersten drei Kapiteln des Buches werden einfache Gesellschaftsspiele untersucht, deren Verlauf durch die sukzessiven Entscheidungen zweier im Wechsel

ziehender Spieler bestimmt wird. Die Beschreibung von Partien derartiger Spiele legt weitgehend rekursive Begriffsbildungen nahe, die in besonderer Weise geeignet sind, in konkrete Algorithmen umgesetzt zu werden. Es wurde eine Darstellung angestrebt, in der sich die Behandlung spezieller Spiele bis hin zum lauffähigen Programm und die allgemeine Theorie gegenseitig ergänzen.

Während im ersten Kapitel konkrete Spiele und deren Algorithmisierung im Vordergrund stehen und mathematische Begriffsbildungen auf intuitiver Grundlage eingeführt werden, wird im zweiten Kapitel eine algorithmische Theorie entwickelt, die sich an den stärker theoretisch interessierten Leser wendet. Hier wird auch der sachkundige Leser einige neue Resultate finden. Im dritten Kapitel wird die Theorie von Sprague und Grundy dargestellt, die die Theorie des bekannten Nimspiels verallgemeinert.

Kapitel 4 beinhaltet die grundlegenden Ideen der Theorie von Matrixspielen. Dabei wird vom Verlauf konkreter Partien abstrahiert; das Spiel wird durch eine Auszahlungsfunktion beschrieben, die jedem geordneten Paar zulässiger Strategien einen Gewinnwert zuordnet. Die Untersuchung solcher Spiele steht im Mittelpunkt der mathematischen Spieltheorie.

Besonders interessant sind Zusammenhänge, die sich zur linearen Optimierung ergeben. Diese Beziehung kann auch für den Mathematikunterricht einen alternativen Zugang zur Theorie der linearen Optimierung eröffnen und reichhaltiges, interessantes Aufgabenmaterial bieten. Aus diesem Grund wird in Kapitel 5 das Thema 'Lineare Optimierung' unter Einschluß des Simplexverfahres behandelt.

Positionsspiele, wie sie in den Kapiteln 1 bis 3 erörtert werden, können als spezielle Matrixspiele aufgefaßt werden. Die daraus resultierenden Beziehungen werden in diesem Buch herausgearbeitet. Trotzdem können die Kapitel 4 und 5 auch unabhängig von den vorhergehenden Kapiteln gelesen werden.

Es ging in dieser Darstellung nie darum, größtmögliche Allgemeinheiten zu erzielen. Vielmehr war es unser Anliegen, so konkret wie möglich vorzugehen und dabei zentrale Ideen herauszustellen, zugleich aber zur Vielzahl der Beispiele einen tragfähigen theoretischen Hintergrund zu entwickeln.

Alle Programme sind in UCSD-Pascal, einer auf Mikrocomputern weitverbreiteten Programmiersprache (mit Betriebssystem), geschrieben. Da jedoch der Programmiersprache für das Verständnis der wesentlichen Ideen keine grundlegende Bedeutung zukommt und eine Realisierung der Algorithmen auch in anderen Sprachen keine Schwierigkeiten bereitet, hoffen wir, daß auch Leser, die keinen Zugriff zu Pascal haben, Nutzen aus dem Buch ziehen werden.

Als Adressaten hatten wir bei unserer Arbeit insbesondere Mathematik- und Informatiklehrer vor Augen. Wir wünschen uns darüberhinaus, jedermann anzusprechen, der gleichermaßen Freude findet am strategischen Spiel, an der Mathematik und an der Arbeit mit Computern.

1. Konkrete Spiele

In diesem einleitenden Kapitel werden wir einige konkrete Beispiele untersuchen, die Spielstruktur durch ein mathematisches Modell beschreiben und schließlich Algorithmen zur Spielanalyse entwickeln. Bei allen im folgenden betrachteten Beispielen handelt es sich um Zweipersonenspiele, die nach endlich vielen Zügen beendet sind, und deren Verlauf ausschließlich durch das Verhalten der beiden Spieler bestimmt ist. Gesellschaftsspiele wie Schach, Dame, Mühle, Hex, Nim sind von dieser Art. Wir nennen sie, da jede Partie als endliche Folge von Spielpositionen aufgefaßt werden kann, *Positionsspiele*.

1.1. Gewinn- und Verlustpositionen

In seinen "Problemes plaisants ..." (1612) beschreibt Bachet de Méziriac ein Spiel, dessen Regeln - leicht verallgemeinert - folgendermaßen lauten:

Hölzchen nehmen

Auf einem Haufen liegen n Streichhölzer (oder Marken, Steine, Früchte). Die beiden Spieler vereinbaren eine positive Zahl k. Dann nehmen sie abwechselnd jeweils mindestens eines und höchstens k Hölzchen vom Haufen. Wer nicht mehr ziehen kann, weil der Haufen verschwunden ist, hat verloren.

Es interessiert natürlich die Frage, wie man ziehen muß, um erfolgreich zu spielen, d.h. um nach Möglichkeit zu gewinnen. Schauen wir uns, etwa für den Fall n = 7, k = 2, eine konkrete Partie an! Zu Beginn liegen also 7 Hölzchen auf dem Haufen und nicht mehr als 2 davon können in einem Zug genommen werden:

Spielpositionen	Spielzüge
0000000	A nimmt 2 Hölzchen, es bleiben 5.
00000	B nimmt 2 Hölzchen, es bleiben 3.
000	A nimmt 1 Hölzchen, es bleiben 2.
00	B nimmt 2 Hölzchen und gewinnt.

Wie ist das Verhalten der Spieler zu beurteilen? Zweifellos hat B erfolgreich gespielt, denn er hat gewonnen. A hat verloren. Wir fragen: mußte er verlieren - oder hat er einen Fehler gemacht, d.h. hätte er durch besseres Spiel gewinnen können? Natürlich: Hätte A zu Beginn nur 1 Hölzchen genommen, so wäre B mit 6 Hölzchen am Zug gewesen, und er hätte nicht die Möglichkeit gehabt, die für ihn günstige Position "3 Hölzchen" zu erreichen. Spieler A hat also einen Fehler gemacht. Er hätte, wenn er richtig gespielt hätte, die Partie gewinnen können. Offenbar sind gewisse Spielstellungen oder Spielpositionen für den am Zug befindlichen Spieler günstig, andere ungünstig. Wir wollen alle Positionen in dieser Weise charakterisieren. Dazu verschaffen wir uns einen Überblick über alle möglichen Spielverläufe. Dies geht am besten graphisch auf die

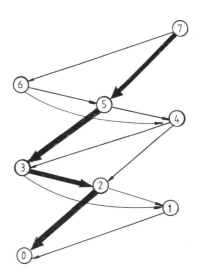

Abb.1.1: Spielgraph des Hölzchenspiels (n=7, k=2); die im Text besprochene Partie ist durch dick gezeichnete Pfeile gekennzeichnet.

folgende Weise: Jede Spielposition, z.B. "5 Hölzchen liegen auf dem Tisch", stellen wir uns durch einen Kringel - z.B. ⑤ - dar, die Spielzüge dagegen durch Pfeile.

Ein solches Gebilde heißt *gerichteter Graph* . Die Kringel heißen *Knoten*, die Pfeile *Kanten* des Graphen. Einen Graphen, der ein Strategiespiel darstellt, bezeichnet man als *Spiel-* oder als *Positionsgraphen*. Jeder konkrete Spielverlauf (wir nennen dies künftig eine *Partie*) stellt sich als *Weg durch den Graphen* dar, der in einer *Endposition* (hier: 0) endet.

Welches sind nun die günstigen, welches die ungünstigen Positionen (immer aus der Sicht desjenigen Spielers, der in dieser Position am Zuge ist)? Ungünstig ist offenbar die Endposition 0, denn wer in ihr am Zuge ist, hat verloren (weil er nicht mehr ziehen kann). Günstig sind dagegen die Positionen 1 und 2, weil der am Zug befindliche Spieler durch einen einzigen Zug die ungünstige Position herstellen kann, um sie dem Gegenspieler zu hinterlassen. Die Position 3 ist für den am Zug befindlichen Spieler wieder ungünstig, weil er in einem Zug nur eine der Positionen 2 oder 1 erreichen kann - aber die sind für den Gegenspieler günstig. Die Positionen 4 und 5 sind für den am Zug befindlichen Spieler günstig, weil es jeweils einen Zug zu der für den Gegner ungünstigen Position gibt. "6 Hölzchen auf dem Haufen" ist dagegen wieder ungünstig, weil kein Pfeil zu einer der als ungünstig erkannten Positionen führt.

Wir kennzeichnen die Positionen wie folgt: die (für den am Zug befindlichen Spieler) günstigen mit einem Pluszeichen (+), die ungünstigen durch ein Minuszeichen (-).

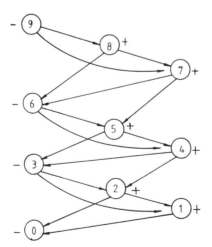

Abb.1.2: Gewinnpositionen (+) und Verlustpositionen (-) des Hölzchenspiels (n=9 und k=2)

Damit können wir erfolgreiche Spielweisen wie folgt charakterisieren: Man spiele so, daß - wenn möglich - dem Gegner immer ungünstige Positionen vorgelegt werden. Wir nennen die ungünstigen Positionen künftig *Verlustpositionen*, da der Spieler, der in einer solchen Position am Zug ist, verlieren wird, wenn der Gegner keinen Fehler macht. Die übrigen Positionen (unseres Beispiels) heißen *Gewinnpositionen*.

Als Ergebnis der Untersuchung des Hölzchenspiels halten wir fest: Im Fall von $k = 2$ als 'maximaler Entnahmezahl' sind die Verlustpositionen durch

$$0, 3, 6, 9, \ldots$$

also die Vielfachen von $k+1$ gekennzeichnet; die übrigen sind Gewinnpositionen. Das heißt: Ist die Anfangsposition eine der Zahlen 1, 2, 4, 5, 7, 8, ..., so gewinnt der anziehende Spieler, wenn er keinen Fehler macht.

Ein Strategiespiel kann durch sehr verschiedenartige Graphen repräsentiert werden. Nehmen wir an, daß in einer Partie des Hölzchenspiels mit $n = 7$ nacheinander 2 Hölzchen, 1 Hölzchen und noch einmal 2 Hölzchen entfernt worden sind. Statt durch den verbleibenden Rest von 3 Hölzchen können wir den Spielstand auch durch die Folge dieser Züge charakterisieren - etwa in der Form (2,1,2). Eine solche Kennzeichnung der Positionen führt dazu, daß in dem zugehörigen Spielgraphen jeder Knotenpunkt auf nur einem Weg erreicht werden kann. Ein Graph mit dieser Eigenschaft wird als *Baum* bezeichnet.

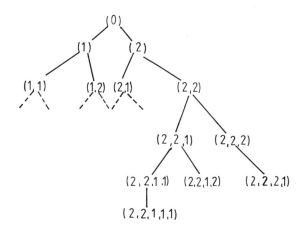

Abb.1.3: Spielbaum des Hölzchenspiels (Ausschnitt)

Offensichtlich ist die Darstellung des Hölzchenspiels durch den Spielbaum in Abbildung 1.3. erheblich aufwendiger als die durch den Graphen in Abbildung 1.1..

Die Frage nach verschiedenartigen und insbesondere nach minimalen Graphen zur Repräsentation eines Spiels wird uns im 2. Kapitel ausführlich beschäftigen.

Aufgabe 1.1: Das von Bachet de Méziriac ursprünglich (1612) vorgeschlagene Spiel lautet: "Zwei Spieler nennen abwechselnd Zahlen zwischen 1 und 10 und dazu die Summen aller schon genannten Zahlen. Wer zuerst die Summe 100 erreicht, gewinnt."
Ermitteln Sie Gewinn- und Verlustpositionen!

Aufgabe 1.2: Das Spiel "Hölzchen nehmen" werde wie folgt abgewandelt: Es soll verboten sein, die gleiche Anzahl von Hölzchen wegzunehmen, die der Gegner soeben entfernt hat.
Gewinn- und Verluststellungen sind zu ermitteln.

Aufgabe 1.3: Die sogenannte Misère - Form des Spiels "Hölzchen nehmen" ist zu analysieren: Bei ihr hat verloren, wer bei der Normalform gewonnen, also die letzten Hölzchen genommen hat.

Aufgabe 1.4: Analysieren Sie das Spiel "Hölzchen nehmen" für beliebige maximale Entnahmezahl k.

1.2. Gewinnstrategien

Am Schluß des vorigen Abschnitts gebrauchten wir die Redewendung "keinen Fehler zu machen" und wir sprachen von einer "erfolgreichen Spielweise". Dies wollen wir nunmehr präzisieren; dazu führen wir den grundlegenden Begriff der *Strategie* ein. Zunächst ein weiteres Beispiel:

Ungerade gewinnt

Auf einem Haufen liegen n Spielmarken, wobei n eine ungerade Zahl ist. Die beiden Spieler vereinbaren eine maximale Entnahmezahl k. Dann nehmen sie im Wechsel mindestens eine und höchstens k Marken an sich. Eine Partie ist beendet, wenn alle Marken entfernt wurden. Gewonnen hat, wer insgesamt eine ungerade Anzahl von Marken an sich genommen hat.

Während beim Spiel "Hölzchen nehmen" eine Spielposition durch die Anzahl der (noch) auf dem Haufen liegenden Hölzchen gekennzeichnet werden konnte, muß jetzt zusätzlich angegeben werden, wieviel Marken jeder der beiden Spieler an sich genommen hat. Wir wollen die Spielpositionen durch Tripel (x,y,r) darstellen, wobei x angibt, wieviel Marken der am Zug befindliche Spieler bereits an sich genommen hat; y ist die Anzahl der Marken im Besitz des Gegners, und r ist die Anzahl der (auf dem Haufen) jeweils verbliebenen Marken. (Natürlich gilt $x+y+r = n$; man hätte sich die Angabe einer der Größen daher auch sparen können, da sie durch die beiden anderen bestimmt ist.)
Betrachten wir den Fall $n = 5$, $k = 2$:

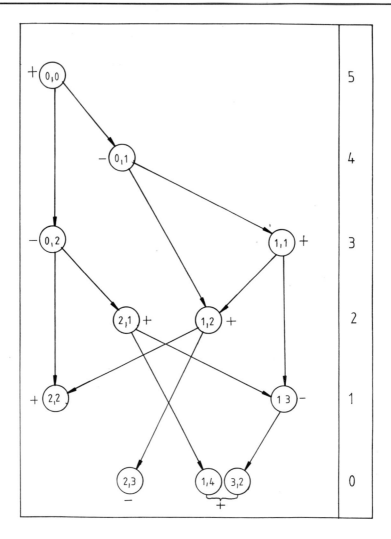

Abb.1.4: Positionsgraph zu "Ungerade gewinnt" (n=5, k=2). Die Zahlen rechts am Rand sind die jeweiligen Reste r.

Zunächst markieren wir wieder Gewinn- und Verlustpositionen. Wir beginnen mit den Endpositionen: (2,3,0) ist eine Verlustposition, denn der am Zug befindliche Spieler hat eine gerade Anzahl (2) Marken an sich gebracht; (1,4,0) und (3,2,0) sind Gewinnpositionen. Leicht ist (1,3,1) als Verlustposition zu erkennen, denn der am Zug befindliche Spieler muß durch Wegnahme der letzten Marke seine Markenzahl von 1 auf 2 erhöhen. Damit besitzt er aber eine gerade Anzahl von Marken und hat verloren. Die Position (2,2,1) ist offenbar Gewinnposition, ebenso (2,1,2) und (1,2,2). Interessant ist der Fall (0,2,3): Beide

von hier aus möglichen Züge führen auf Gewinnpositionen, also ist (0,2,3) eine
Verlustposition. Durch den gleichen Schluß erkennen wir (0,1,4) als Verlustposition.
An diesem und dem vorhergehenden Beispiel lesen wir folgende Beziehungen zwischen Gewinn- und Verlustpositionen ab:

1. Jede Spielposition ist entweder eine Gewinnposition oder eine Verlustposition.
2.1. Die Endposition, deren Erreichen bedeutet, daß der am Zug befindliche Spieler gewonnen hat, ist eine Gewinnposition.
2.2. Die Endposition, deren Erreichen bedeutet, daß der am Zug befindliche Spieler verloren hat, ist eine Verlustposition.
3. Mindestens eine Folgeposition einer Gewinnposition, die keine Endposition ist, ist eine Verlustposition.
4. Jede Folgeposition einer Verlustposition, die keine Endposition ist, ist eine Gewinnposition.

Diese Eigenschaften geben uns die Möglichkeit, ausgehend von den Endpositionen, alle Positionen als Gewinn- und Verlustpositionen rekursiv zu bestimmen. Ist dies geschehen, läßt sich eine erfolgversprechende Spielweise so charakterisieren: Wer in einer Gewinnposition am Zuge ist, kann gemäß Eigenschaft (3) dem Gegner immer eine Verlustposition vorlegen; die Kunst des guten Spiels besteht darin, sie zu finden. Der Gegner kann unternehmen, was er will: Nach Eigenschaft (4) führt jeder seiner Züge zu einer Gewinnstellung, die er dem Gegner hinterlassen muß. Dies geht solange, bis eine Endposition erreicht ist. Hier ist nach (2) entschieden, wer gewonnen und wer verloren hat.

Wir führen nun den grundlegenden Begriff der *Strategie* ein: Es handelt sich dabei um einen vollständigen Verhaltensplan, das heißt durch die Wahl einer Strategie legt ein Spieler für jede im Verlauf der Partie mögliche Position seinen jeweils nächsten Zug fest.

Eine Strategie, die den Gewinn einer Partie sichert, ungeachtet dessen, was der Gegner unternimmt, heißt *Gewinnstrategie*. Genau dann, wenn die Anfangsposition eine Gewinnposition ist, gibt es für den anziehenden Spieler eine Gewinnstrategie.

Im Spiel "Ungerade gewinnt" mit n = 5, k = 2 gibt es für den Anziehenden eine Gewinnstrategie. Im Spiel "Hölzchen nehmen" mit n = 9, k = 2 gibt es für den Nachziehenden eine Gewinnstrategie.

Die Aufgabe der folgenden Untersuchungen wird es u.a. sein, Verfahren zu beschreiben, wie man die Einteilung der Positionen in Gewinn- und Verlustpositionen vornimmt und eventuell Gewinnstrategien einprägsam zu beschreiben.

Zunächst fassen wir noch eine weitere Möglichkeit für den Spielausgang, nämlich das Auftreten eines Unentschieden, ins Auge.

Aufgabe 1.5: Untersuchen Sie das Beispiel "Ungerade gewinnt" für andere Entnahmezahlen k.

Aufgabe 1.6: Definieren Sie sinngemäß ein Spiel "Gerade gewinnt" und formulieren Sie Gewinnstrategien.

Aufgabe 1.7: Benno's Nim geht wie folgt: Auf dem Tisch liegen Hölzchen. Die Spieler nehmen abwechselnd mindestens eins, aber weniger als die Hälfte der noch vorhandenen Hölzchen weg (solange das geht). Wer nicht mehr ziehen kann, verliert.
Für welche Hölzchenzahlen besitzt der Anziehende eine Gewinnstrategie und wie lautet sie?

1.3. Remispositionen

Unsere bisherigen Beispiele sahen am Schluß jeder Partie einen eindeutig bestimmten Gewinner bzw. Verlierer. Häufig tritt bei Spielen jedoch der Fall des Remis (unentschieden) auf. Er wird die Untersuchungen etwas komplizieren, jedoch keine grundsätzlich neuen Schwierigkeiten bringen.

Würfel kippen

Es wird ein Spielwürfel geworfen und die oben liegende Augenzahl als Startposition registriert. Die beiden Spieler kippen nun abwechselnd den Würfel um eine der jeweiligen vier Grundkanten und erhöhen die registrierte Zahl um die nach oben gelangende Augenzahl. Die Augensumme darf dabei eine Zielzahl z nicht überschreiten. Erreicht ein Spieler durch seinen Zug diese Zahl z, so hat er die Partie gewonnen; gelingt es keinem, die Zielzahl zu erreichen, so endet die Partie unentschieden.

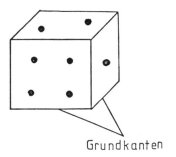

Grundkanten

Eine Position in diesem Spiel stellen wir durch ein Zahlenpaar (s,a) dar. Dabei gibt s die registrierte Augensumme an und a die oben liegende Augenzahl des Würfels.

Verfolgen wir wieder eine konkrete Partie! Die Zielzahl sei z = 10. Der Würfel zeige zu Beginn eine 2, die Anfangsposition ist also (2,2).

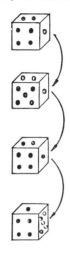

Spieler A kippt so, daß die 4 nach oben kommt; die neue Position ist also (6,4)

Spieler B bringt wieder die 2 nach oben: Position (8,2)

Spieler A bringt die 1 nach oben: damit wird die Position (9,1) erreicht.

Um zu gewinnen, d.h. auf 10 zu kommen, müßte die 1 nach oben gelangen. Da dies nicht möglich ist, endet diese Partie unentschieden.

Hat bei dieser Partie einer der Spieler einen Fehler gemacht? Nein: Beide spielten optimal, denn die Anfangsposition (2,2) ermöglichte keine Gewinnstrategie. Dies erkennen wir, wenn wir alle Zugmöglichkeiten aufschreiben. Da ein Positionsgraph zu unübersichtlich wäre, benutzen wir eine Tabelle, deren Zeilen den Summen s = 1,2,...,z, und deren Spalten den 6 möglichen Augenzahlen a = 1,2,...,6 entsprechen:

	AUGENZAHL					
s \ a	1	2	3	4	5	6
1	−					
2		o				
3	+	+	+			
4	+	+	+	+		
5	+	+	+	+	−	
6	+	+	o	o	+	+
7	+	+	−	−	+	+
8	+	o	+	+	o	+
9	o	+	+	+	+	o
10	−	−	−	−	−	−

Abb.1.5: Gewinn- (+), Verlust- (−) und Remis- (O) Positionen beim Spiel "Würfel kippen", z = 10. Die im Text beschriebene Partie ist durch Pfeile gekennzeichnet.

Die mit "0" markierten Positionen - wir nennen sie künftig *Remispositionen* - lassen sich folgendermaßen charakterisieren: Von jeder Remisposition aus läßt sich durch einen Zug wieder eine solche erreichen. Natürlich kann man Fehler machen, indem man dem Gegner eine Gewinnposition hinterläßt. Von einer Remisposition können also Züge zu Gewinnpositionen führen, nicht jedoch zu Verlustpositionen; sonst könnte man die Partie von einer Remisposition aus gewinnen, was dem Begriff "Remis" widerspricht. Die optimale Verhaltensweise für den Spieler, der in einer Remisposition am Zug ist, besteht darin, wieder eine solche anzuspielen. Wer in einer Remisposition am Zug ist, kann also - gleichgültig, was der Gegner unternimmt - immer Remis erreichen (oder gewinnen, wenn der Gegner einen Fehler macht). Voraussetzung hierfür ist natürlich, daß er selbst keinen Fehler macht, d.h. daß er nicht vom Remis - Pfad abweicht.

Zwischen Gewinn-, Verlust- und Remispositionen bestehen folgende Beziehungen:

---

1. Jede Position ist entweder Gewinn-, Verlust- oder Remisposition.
2.1. Die Endpositionen, deren Erreichen bedeutet, daß der am Zug befindliche Spieler verloren hat, sind Verlustpositionen.
2.2. Die Endpositionen, deren Erreichen bedeutet, daß der am Zug befindliche Spieler gewonnen hat, sind Gewinnpositionen.
2.3. Die Endpositionen, deren Erreichen bedeutet, daß die Partie unentschieden ist, sind Remispositionen.
3. Jede Gewinnposition, die nicht Endposition ist, hat mindestens eine Verlustposition als Nachfolger.
4. Jede Verlustposition, die nicht Endposition ist, hat nur eine Gewinnposition als Nachfolger.
5. Jede Remisposition, die nicht Endposition ist, hat mindestens wieder eine Remisposition, aber keine Verlustposition als Nachfolger.

Aufgabe 1.8: Die Spielregeln von "Würfel kippen" seine so abgeändert, daß Spieler A die Zielzahl ($z \geq 20$) und danach Spieler B die Startposition des Würfels vorgeben darf.
Welcher Spieler ist im Vorteil?

Aufgabe 1.9: Beim Spiel "Hölzchen nehmen" können Remispositionen eingeführt werden, wenn man eine minimale und eine maximale Entnahmezahl vorschreibt. Verlustposition sei wieder "Kein Hölzchen mehr da"; Remispositionen seien diejenigen Hölzchenanzahlen, welche größer Null und kleiner als die minimale Entnahmezahl sind.
Diese Spiele sind zu analysieren.

1.4. Mathematisches Spielmodell

Nachdem wir einige konkrete Spiele und einige grundlegende Begriffe kennengelernt haben, sollen diese Begriffe präzisiert und die gemeinsame Spielstruktur durch ein mathematisches Modell beschrieben werden. Dies ist eine etwas anspruchsvolle Bezeichnung dafür, daß die Beschreibung der Spielregeln und der Strategien auf den Begriffen 'Menge' und 'Relation' (speziell: 'Funktion') beruht. Damit werden wir dann in der Lage sein, die Frage nach einem optimalen Spielverhalten allgemeiner zu formulieren und zu beantworten.

Zunächst stellen wir die gemeinsamen Eigenschaften der bisher betrachteten Beispiele zusammen:

(1) Es geht um einen Wettkampf zwischen zwei Personen.
(2) Jedes Spiel besitzt endlich viele verschiedene Positionen (Spielstellungen); unter ihnen ist eine Anfangsposition und es sind Endpositionen ausgezeichnet.
(3) Den beiden Spielern stehen in jeder Position endlich viele Spielzüge zur Verfügung. Ein Spielzug, angewandt auf eine Spielposition, die keine Endposition ist, führt zu einer eindeutig bestimmten neuen Spielposition.
(4) Die beiden Spieler wählen ihre Züge abwechselnd.
(5) Nach Durchlaufen einer Folge von endlich vielen Positionen (einer sogenannten Partie) wird eine Endposition erreicht.
(6) Nach Erreichen einer Endposition steht fest, welcher der beiden Spieler gewonnen hat (der Gegenspieler hat dann verloren) oder ob die Partie unentschieden ausgegangen ist.
(7) Beide Spieler genießen in die Züge des Gegners, die entstandenen Spielpositionen und damit den gesamten bisherigen Verlauf einer Partie ungehinderten Einblick: Sie haben vollständige Information.
(8) Es gibt keine Zufallseinflüsse, d.h. jede Partie ist ausschließlich durch die Entscheidungen der Spieler bestimmt.

Die aufgezählten Eigenschaften lassen sich nun wie folgt mathematisch ausdrücken:

Die Beschreibung eines Zweipersonen - Strategiespiels (Positionsspiels) verlangt die Angabe:

1. einer Menge P ($x \in P$ heißt *Position* oder *Spielstellung*),
2. einer Funktion $N: P \to 2^P$, d.h. jeder Position wird durch N eine Teilmenge von P zugeordnet ($y \in N(x)$ heißt *Nachfolger* von x),
3. einer Funktion $g: P_0 \to \{-1, 0, 1\}$, wobei $P_0 = \{x \in P \mid N(x) = \emptyset\}$ die Menge der *Endpositionen* ist (g heißt *Gewinnfunktion*).

Das Paar (P,N) heißt der zum Spiel gehörige *Positionsgraph*. Wir verlangen, daß er keine Zyklen enthält, d.h. für jede Folge $x_0, x_1, \ldots, x_k$ von Positionen mit $x_{i+1} \in N(x_i)$ soll $x_0 \neq x_k$ gelten. Sei $a \in P$ die ausgezeichnete Anfangsposition. Eine Folge $a = x_0, x_1, \ldots, x_n$ mit $x_{i+1} \in N(x_i)$ und $x_n \in P_0$ bezeichnen wir als eine *Partie*.

Wir wollen diese Begriffe an zwei der schon besprochenen Spiele verdeutlichen:

Hölzchen nehmen

Als Positionsmenge kann $P = \{0,1,2,\ldots,n\}$ genommen werden. Die Menge der Nachfolger einer Position $x \in P$ ist durch $N(x) = \{x-i \mid 1 \leq i \leq \min(k,x)\}$ gegeben. Die Menge P_0 der Endpositionen enthält nur ein Element: $P_0 = \{0\}$. Die Gewinnfunktion ist durch $g(0) = -1$ gegeben.

Ungerade gewinnt

Als Menge der Positionen können wir
$$P = \{(x,y,r) \mid x,y,r \geq 0, \; x+y+r = n\}$$
nehmen. Die Nachfolgermenge zu einer Position (x,y,r) ist
$$N(x,y,r) = \{(y,x+i,r-i) \mid 1 \leq i \leq \min(k,r)\}.$$
Anfangsposition ist $(0,0,n)$; die Menge der Endpositionen ist
$$P_0 = \{(x,y,r) \mid r = 0\}.$$
Die Gewinnfunktion ist durch
$$g(x,y,0) = \begin{cases} 1, & \text{wenn } x \text{ ungerade}, \\ -1 & \text{sonst} \end{cases}$$
gegeben.

Bei den ersten Beispielen lagen die Wahl der Positionsmenge und damit das mathematische Modell ziemlich nahe. Für das Spiel 'Ungerade gewinnt' bieten sich aber auch andere Beschreibungen der Spielstellungen und damit andere Modelle an.

So könnten wir uns zur Kennzeichnung einer Position neben der Angabe des Restes r auf die Information beschränken, ob die Werte x und y gerade oder ungerade sind, d.h. eine Position würde als Tripel $(x \bmod 2, y \bmod 2, r)$ dargestellt.

Eine weitere Möglichkeit besteht darin, anzugeben, wieviele Marken Spieler A genommen hat, wieviele Marken Spieler B genommen hat und welcher Spieler am Zug ist. Diese Information können wir in einem Tripel (Z_A, Z_B, Sp) wiedergeben mit $0 \leq Z_A, Z_B \leq n$ und $Sp \in \{A,B\}$.

Überlegen Sie selbst weitere Darstellungsmöglichkeiten!

Hier wird erneut deutlich, daß das mathematische Modell keineswegs durch die verbale Spielbeschreibung festgelegt ist. Vielmehr kann man durch geschickte Angabe der Positionen die Analyse eines Spiels unter Umständen sehr erleichtern.

Betrachten wir dazu ein weiteres Beispiel:

Kringel und Kreuze

Die Spieler "Kringel" (O) und "Kreuz" (X) besetzen abwechselnd die Felder eines 3x3 - Quadrats mit dem Ziel, zuerst eine Zeile, Spalte oder Diagonale mit der eigenen Figur zu füllen.

Schauen wir uns zunächst wieder eine Partie an!

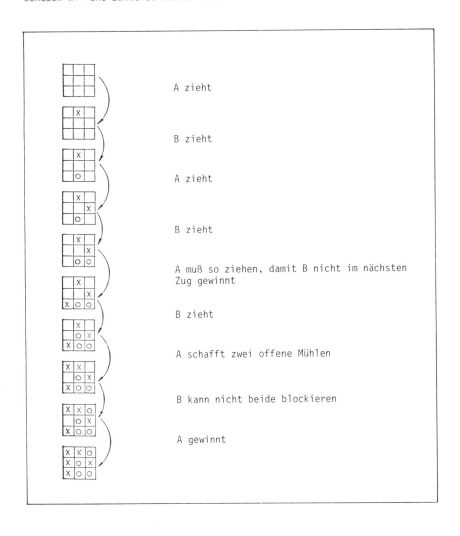

Eine Positionsbeschreibung, die geeignet ist, in einem Computer gespeichert zu werden, erhält man, indem man die Felder des 3x3 - Quadrats von 1 bis 9 numeriert und notiert, welche der Felder von "Kringel" und welche von "Kreuz" besetzt sind.

Der Figur

beispielsweise würde (bei entsprechender Numerierung der Felder) die Position ((2,6,7);(8,9)) zugeordnet.

Naheliegender ist es vielleicht, eine Spielfigur als 3x3 - Matrix zu kodieren; etwa indem ein Kreuz durch -1, ein Kringel durch 1 und ein leeres Feld durch 0 ersetzt wird. Der obigen Figur entspräche dann die Matrix

$$\begin{bmatrix} 0 & -1 & 0 \\ 0 & 0 & -1 \\ -1 & 1 & 1 \end{bmatrix}$$

Eine solche Darstellung bietet den Vorteil, daß die Existenz einer Mühle leicht durch die Summation der Elemente von Zeilen, Spalten und Diagonalen überprüft werden kann.

Nachfolgerrelation und Gewinnfunktion für diese Darstellungsweise sind aufgrund der Spielregeln offensichtlich.

Aufgabe 1.10: Geben Sie andere Positionsmengen für das Spiel "Ungerade gewinnt" an und definieren Sie die Nachfolgerrelation geeignet.

Aufgabe 1.11: Das Spiel "Magische fünfzehn" geht wie folgt: Auf dem Tisch liegen Spielkarten mit den Werten 1 bis 9 (die Farbe ist gleichgültig). Die beiden Spieler nehmen abwechselnd je eine Karte mit dem Ziel, daß die Summe dreier eigener Karten genau 15 beträgt: wer dies als erster erreicht, hat gewonnen.
Zeigen Sie, daß dies Spiel zu "Kringel und Kreuze" isomorph ist, wenn man Isomorphie von Spielen wie folgt definiert: Zwischen den Positionsmengen besteht eine bijektive Abbildung ψ, die mit der Nachfolgerrelation und der Gewinnfunktion verträglich ist, d.h. $\psi(N(x)) = N(\psi(x))$ und $g(x) = g(\psi(x))$ für alle $x \in P$.
Hinweis: $\psi\left(\begin{array}{|c|c|c|}\hline & x & \\\hline & & x \\\hline x & 0 & 0 \\\hline\end{array}\right) = (\{9,3,6\},\{1,8\})$.

1.5. Algorithmische Spielbeschreibung

Für jedes Spiel mit Positionsmenge P, Nachfolgerrelation N und Gewinnfunktion g ist die Bestimmung einer Folgeposition aus der aktuellen Spielposition und dem Zug des jeweiligen Spielers, ferner die Feststellung des Partie - Endes sowie die Ermittlung des Siegers eine rein 'mechanische' Tätigkeit; sie kann

daher einer Maschine übertragen werden. Zu diesem Zweck ist das Spiel *algorithmisch*, d.h. in der Form von Anweisungen für einen Computer, zu beschreiben.
Im folgenden wird ein Programm - Rahmen entwickelt werden, in den jedes Zweipersonen - Strategiespiel (Positionsspiel) paßt.
Das zu entwickelnde Spielprogramm soll folgende Aufgaben wahrnehmen:
1. Es beschreibt die Spielregeln und gibt Hinweise für die Benutzer.
2. Es legt zu Beginn jeder Partie die Startposition und den anziehenden Spieler fest.
3. Es steuert die Partie bis zu einer Endposition, indem es Informationen über die Züge der beiden Spieler entgegennimmt, sie kontrolliert und den jeweils aktuellen Spielstand ermittelt und ausgibt.
4. Es informiert über den Ausgang der Partie bzw. der Partien.
Die Grobstruktur eines solchen Spielalgorithmus lautet demgemäß:

```
SPIEL
   ┌─────────────────────────┐
   │ Spielbeschreibung       │
   │ Initialisierung         │
   │ WIEDERHOLE              │
   │    Startangaben         │
   │    Partie               │
   │    Gewinnentscheid      │
   │ BIS Schluß              │
   │ Endinformation          │
   └─────────────────────────┘
```

Wir wollen nun gemäß diesem Algorithmus ein Spielprogramm für das Spiel "Kringel und Kreuze" entwickeln.
Zunächst sind die konkreten Gegenbenheiten des Spiels in einer geeigneten Datenstruktur festzulegen. Eine Spielposition besteht zunächst einmal aus dem Zustand des Spielbretts, zum anderen aus der Information, welcher der beiden Spieler gerade am Zug ist. Wir definieren daher einen Verbund - Typ

```
tposition = RECORD
               brett  : tbrett;
               am_Zug : tspieler
            END .
```

Das Spielbrett fassen wir - wie im vorigen Abschnitt beschrieben - als 3x3 - Matrix mit den Elementen -1, 0, 1 auf; wir definieren also den Typ
```
       tbrett = ARRAY [1..3, 1..3] OF tfigur,
```
wobei
```
       tfigur = kreuz..kringel
```
ist. Zum Zwecke besserer Lesbarkeit des Programms haben wir die Werte -1, 0, 1 durch drei Konstanten in der Form

```
        kreuz  = -1;
        leer   =  0;
        kringel=  1;
```
ausgedrückt.
Die zweite Komponente einer Spielposition ist vom Typ
```
        tspieler = (anziehender, nachziehender).
```
Nun sollen die grundlegenden Prozeduren des Spielalgorithmus definiert werden. In der Prozedur Spielbeschreibung werden i.w. die Spielregeln aufgeführt; wir wollen uns darauf einigen, daß jeweils der Spieler mit "Kreuz" beginnt.

Unser Programm soll die Durchführung mehrerer Partien ermöglichen; in der Prozedur Initialisierung werden die Namen der beiden Spieler erfragt und es werden zwei Zähler für die Anzahl der vom ersten bzw. vom zweiten Spieler gewonnenen Partien initialisiert.

Während die Prozedur Initialisierung allgemeine Anfangsbedingungen setzt, werden in der Prozedur Startbedingungen die für jede Partie besonderen Anfangsbedingungen festgelegt. Im Fall "Kringel und Kreuze" wird das Spielbrett geleert und es wird der anziehende (d.h. Kreuz spielende) Spieler erfragt.

Die zentrale Prozedur Partie weist folgende Ablaufstruktur auf:

PARTIE

> Ausgabe der Spielposition (* Spielbrett und am Zug befindlicher Spieler *)
> SOLANGE keine Endposition erreicht WIEDERHOLE
>   Spielerzug
>   Ausgabe der Spielposition
> ENDE - WIEDERHOLE

Ob eine Endposition erreicht ist, hängt davon ab, ob eine Mühle vorliegt oder ob das Spielbrett voll, d.h. kein Feld mehr unbesetzt ist. Aufgrund unserer Darstellung des Spielbretts liegt eine Mühle genau dann vor, wenn in irgendeiner der Reihen (Zeilen, Spalten oder Diagonalen) die Summe -3 (Mühle für Kreuz) oder +3 (Mühle für Kringel) auftritt. Die Prozedur Spielerzug besteht einmal in der Eingabe des Feldes, das der am Zug befindliche Spieler mit seiner Figur (Kreuz oder Kringel) besetzen will, und sodann - nach erfolgter Zulässigkeitsprüfung - in der Ausführung des Zuges, d.h. der Eintragung der Figur in das Spielbrett und dem Weiterschalten auf den nächsten Spieler, der nunmehr zum Zug kommt.

Die Prozedur Gewinnentscheid ermittelt den Sieger einer Partie: Wurde sie nach Erreichen einer Mühle beendet, so hat der Spieler verloren, der jetzt am Zug ist. Wurde die Partie aufgrund eines vollen Spielbretts (ohne Mühle) beendet, so lautet das Ergebnis "unentschieden". Ferner wird gefragt, ob eine neue Partie gewünscht oder Schluß ist.

Die Prozedur Endinformation schließlich gibt an, wieviele Partien jeder Spieler für sich entschieden hat. Ein besonders höfliches Programm wird sich auch von den Spielern verabschieden.

Das folgende Pascal - Programm realisiert den beschriebenen Algorithmus:

```pascal
PROGRAM Kringel_und_Kreuze;
   (* zwei Personen koennen "Kringel und Kreuze" gegeneinander spielen *)

   CONST
      kreuz   = -1;
      leer    =  0;
      kringel =  1;

   TYPE
      tfigur   = kreuz .. kringel;
      tbrett   = ARRAY[1..3,1..3] OF tfigur;

      tspieler = (anziehender, nachziehender);

      tposition = RECORD
                     brett  : tbrett;
                     am_Zug : tspieler
                  END;

   VAR
      zeichen     : ARRAY[tfigur]   OF string;
      bezeichnung : ARRAY[tspieler] OF string;
      gegner      : ARRAY[tspieler] OF tspieler;
      name        : ARRAY[tspieler] OF string;
      figur       : ARRAY[tspieler] OF tfigur;
      siegpunkte  : ARRAY[1..2]     OF integer;

      startposition,
      endposition   : tposition;

      erster_Name,
      zweiter_Name  : string;

      partie_ende,
      schluss       : boolean;

   PROCEDURE Spielbeschreibung;
      (* nennt die Spielregeln und gibt Benutzerhinweise *)
      VAR
         antwort : char;
      BEGIN
         page(output);
         writeln; writeln;
         writeln('          Kringel und Kreuze');
         writeln('          ------------------');
         writeln; writeln;
         writeln('Guten Tag. Zwei Personen koennen gegeneinander das bekannte');
         writeln('Spiel "Kringel und Kreuze" (engl.: Tic-Tac-Toe) spielen.');
         writeln('Ich ueberwache die Einhaltung der Spielregeln.');
         writeln;
         REPEAT
            writeln; write('Soll ich die Spielregeln nennen (j/n) ');
            read(antwort)
         UNTIL antwort IN ['j','n'];
         writeln;
         IF antwort = 'j' THEN BEGIN
            writeln('Spielregeln:');
            writeln;
            writeln('Kreuz beginnt.')
            (* hier muessten die weiteren Spielregeln aufgefuehrt werden *)
         END (* of then *)
      END; (* of Spielbeschreibung *)
```

```
PROCEDURE Initialisierung;
  (* setzt allgemeine Anfangsbedingungen *)
  BEGIN
    zeichen[kreuz]   := ' x ';
    zeichen[leer]    := ' . ';
    zeichen[kringel] := ' o ';

    bezeichnung[anziehender]  := 'Kreuz';
    bezeichnung[nachziehender] := 'Kringel';

    gegner[anziehender]   := nachziehender;
    gegner[nachziehender] := anziehender;

    figur[anziehender]   := -1;
    figur[nachziehender] :=  1;

    siegpunkte[1] := 0;
    siegpunkte[2] := 0;

    writeln; writeln;
    REPEAT
      writeln; write('Name des ersten Spielers? ');
      readln(erster_Name)
    UNTIL length(erster_Name) > 0;
    REPEAT
      writeln; write('Name des zweiten Spielers? ');
      readln(zweiter_Name)
    UNTIL length(zweiter_Name) > 0
  END; (* of Initialisierung *)


PROCEDURE Startangaben;
  (* setzt spezielle Anfangsbedingungen *)
  VAR
    zeile, spalte: 1..3;
    zeichen      : char;
  BEGIN
    FOR zeile := 1 TO 3 DO
      FOR spalte := 1 TO 3 DO
        startposition.brett[zeile, spalte] := leer;
    startposition.am_Zug := anziehender;
    writeln;
    writeln('Wer spielt Kreuz ?');
    REPEAT
      writeln;
      write(erster_Name,' (1 druecken!) oder ');
      writeln(zweiter_Name,' (2 druecken!)');
      read(zeichen)
    UNTIL zeichen IN ['1','2'];
    IF zeichen = '1' THEN BEGIN
      name[anziehender]   := erster_Name;
      name[nachziehender] := zweiter_Name END
    ELSE BEGIN
      name[anziehender]   := zweiter_Name;
      name[nachziehender] := erster_Name
    END (* of else *)
  END; (* of Startangaben *)


FUNCTION muehle (b: tbrett): boolean;
  (* prueft, ob eine Muehle (Reihe mit drei gleichen Figuren,
     d.h. Reihensumme 3 oder -3) vorliegt *)
  BEGIN
    muehle := (abs(b[1,1] + b[1,2] + b[1,3]) = 3) OR
              (abs(b[2,1] + b[2,2] + b[2,3]) = 3) OR
              (abs(b[3,1] + b[3,2] + b[3,3]) = 3) OR
              (abs(b[1,1] + b[2,1] + b[3,1]) = 3) OR
              (abs(b[1,2] + b[2,2] + b[3,2]) = 3) OR
              (abs(b[1,3] + b[2,3] + b[3,3]) = 3) OR
              (abs(b[1,1] + b[2,2] + b[3,3]) = 3) OR
              (abs(b[1,3] + b[2,2] + b[3,1]) = 3)
  END; (* of Muehle *)
```

```
PROCEDURE Partie;
  (* das eigentliche Spielgeschehen, die Zugfolge *)
  VAR
    position : tposition;

  FUNCTION voll (brett: tbrett): boolean;
    (* prueft, ob das Spielbrett mit Figuren gefuellt ist *)
    VAR
      zeile, spalte : 1..3;
    BEGIN
      voll := false;
      FOR zeile := 1 TO 3 DO
        FOR spalte := 1 TO 3 DO
          IF brett[zeile, spalte] = leer THEN exit(voll);
      voll := true
    END; (* of Brett voll *)

  FUNCTION ende (stellung: tposition): boolean;
    (* prueft, ob eine Endposition erreicht ist *)
    BEGIN
      ende := voll (stellung.brett) OR muehle (stellung.brett)
    END; (* of Ende *)

  PROCEDURE Ausgabe (stellung: tposition);
    (* gibt den aktuellen Stand der Partie aus *)
    VAR
      zeile, spalte : 1..3;
    BEGIN
      page(output); gotoxy(4,2);
      writeln('Aktueller Stand der Partie:');
      WITH stellung DO BEGIN
        FOR zeile := 1 TO 3 DO BEGIN
          gotoxy(10, zeile+3);
          FOR spalte := 1 TO 3 DO
            write(zeichen[brett[zeile, spalte]])
        END; (* of for *)
        IF NOT ende(stellung) THEN BEGIN
          gotoxy(4,8);
          write('Spieler ',name[am_Zug],' (',bezeichnung[am_Zug],') ');
          writeln('ist am Zug!')
        END (* of then *)
      END (* of with *)
    END; (* of Ausgabe *)


  PROCEDURE Spieler_zieht (VAR stellung: tposition);
    (* der Zug des jeweiligen Spielers wird eingelesen und ausgefuehrt *)
    VAR
      zeichen    : char;
      zeile,
      spalte     : 1..3;
      in_Ordnung : boolean;
    BEGIN
      REPEAT
        REPEAT
          gotoxy(4,10); write('Zeile ?(1..3,#) ');
          read(zeichen)
        UNTIL zeichen IN ['1'..'3','#',''];
        IF zeichen IN ['#',''] THEN exit(Partie);
        zeile := ord(zeichen) - ord('0');
        REPEAT
          gotoxy(4,11); write('Spalte ?(1..3)   ');
          read(zeichen)
        UNTIL zeichen IN ['1'..'3'];
        spalte := ord(zeichen) - ord('0');

        in_Ordnung := stellung.brett[zeile, spalte] = leer;

        IF NOT in_Ordnung THEN BEGIN
          writeln; writeln('Feld schon besetzt!')
        END (* of then *)
      UNTIL in_Ordnung;

      stellung.brett[zeile, spalte] := figur[stellung.am_Zug];
      stellung.am_Zug               := gegner[stellung.am_Zug]
    END; (* of Spieler zieht *)
```

```
BEGIN (* Partie *)
  partie_ende := false;
  position := startposition;
  Ausgabe(position);

  WHILE NOT ende(position) DO BEGIN
    Spieler_zieht(position);
    Ausgabe(position)
  END; (* of while *)

  endposition := position;
  partie_ende := true
END; (* of Partie *)

PROCEDURE Gewinnentscheid;
  (* nennt den Gewinner und fragt nach einer Wiederholung *)
  TYPE
    twert = -1..1;

  VAR
    gewinner : tspieler;
    antwort  : char;

  FUNCTION wert (brett: tbrett): twert;
    (* ermittelt den Wert einer Endposition *)
    BEGIN
      IF muehle(brett) THEN wert := -1 ELSE wert := 0
    END; (* of Wert *)


  BEGIN (* Gewinnentscheid *)
    writeln; writeln;

    IF NOT partie_ende THEN
      writeln('Die Partie wurde vorzeitig abgebrochen.')
    ELSE IF wert(endposition.brett) = 0 THEN
      writeln('Die Partie endete unentschieden.')
    ELSE BEGIN
      gewinner := gegner[endposition.am_Zug];
      gotoxy(4,15);
      writeln(name[gewinner],' hat gewonnen!');
      IF name[gewinner] = erster_Name THEN
        siegpunkte[1] := siegpunkte[1] + 1
      ELSE
        siegpunkte[2] := siegpunkte[2] + 1
    END; (* of else *)

    REPEAT
      gotoxy(4,20); write('Noch eine Partie ?(j/n) ');
      read(antwort)
    UNTIL antwort IN ['j','n'];
    IF antwort = 'n' THEN
      schluss := true
    ELSE BEGIN
      schluss := false;
      page(output)
    END (* of else *)
  END; (* of Gewinnentscheid *)

PROCEDURE Endinformation;
  (* nennt Anzahl der gewonnenen bzw. verlorenen Partien *)
  BEGIN
    page(output); gotoxy(2,10);

    IF siegpunkte[1] + siegpunkte[2] > 0 THEN BEGIN
      write(erster_Name,' hat ', siegpunkte[1],' Partie');
      IF siegpunkte[1] <> 1 THEN write('n');
      write(', ', zweiter_Name,' hat ', siegpunkte[2],' Partie');
      IF siegpunkte[2] <> 1 THEN write('n');
      writeln(' gewonnen.')
    END (* of then *)
  END; (* of Endinformation *)
```

```
BEGIN (* Hauptprogramm "Kringel und Kreuze" *)
  Spielbeschreibung;
  Initialisierung;
  REPEAT
    Startangaben;
    Partie;
    Gewinnentscheid
  UNTIL schluss;
  Endinformation
END.
```

1.6. Spielanalyse

Die Klassifizierung der Positionen eines Spiels als Gewinn-, Verlust- oder Remispositionen heißt *Analyse* des Spiels. Wir wollen dafür geeignete Algorithmen entwickeln.

Würfel kippen
Als Beispiel wählen wir das aus Abschnitt 1.3. bekannte Spiel "Würfel kippen". Es soll ein Algorithmus gefunden werden, der zu jeder Position angibt, ob diese eine Gewinn-, eine Verlust- oder eine Remisposition ist.
Die Positionsmenge läßt sich in der Form
$$P = \{(s,a) | 0 \leq s \leq z, 1 \leq a \leq 6\}$$
schreiben. Die Nachfolgermenge der Position (s,a) ist
$$N(s,a) = \{(s+b,b) | s+b \leq z, b \in \{1,2,\ldots,6\} \setminus \{a, 7-a\}\}$$
(Man beachte, daß die Summe der Augenzahlen gegenüberliegender Seiten eines Spielwürfels 7 beträgt; wenn a oben lag, kann im nächsten Zug weder a noch 7-a oben liegen.)
Für die Endpositionen gilt
$$P_0 = \{(s,a) | s = z\} \cup \{(z-1,1), (z-1,6)\}.$$
Die Gewinnfunktion ist
$$g(s,a) = \begin{cases} -1, & \text{wenn } s = z \\ 0, & \text{wenn } s = z-1 \text{ und } a \in \{1,6\}. \end{cases}$$
Die Kennzeichnung als Gewinn-, Verlust- oder Remisposition soll nun derart erfolgen, daß die Gewinnfunktion g von P_0 auf ganz P geeignet fortgesetzt wird. Dazu definieren wir eine Funktion *wert*, die auf den Endpositionen mit g übereinstimmt:
(1) $wert(x) = g(x)$ für alle $x \in P_0$

Ferner soll die zu definierende Funktion *wert* allen Gewinnpositionen die Zahl 1, allen Verlustpositionen die Zahl -1 und allen Remispositionen die Zahl 0 zuordnen. Die Tabelle der Abbildung 1.5. soll also nunmehr folgendes Aussehen erhalten (Zielzahl z = 15):

	\multicolumn{6}{c}{Augenzahl}
	1	2	3	4	5	6
1	0					
2	0	0				
3	1	1	-1			
4	1	1	0	0		
5	1	1	1	1	1	
6	-1	0	0	0	0	-1
7	0	0	-1	-1	0	0
8	1	1	1	1	1	1
9	1	1	1	1	1	1
10	1	-1	1	1	-1	1
11	1	1	0	0	1	1
12	1	1	-1	-1	1	1
13	1	0	1	1	0	1
14	0	1	1	1	1	0
15	-1	-1	-1	-1	-1	-1

Die Werte der Positionen werden nun - ausgehend von P_0 - rekursiv festgelegt. In unserem Beispiel bekommt Position (13,3) den Wert 1, weil ihre Nachfolger die Remisposition (14,1) mit dem Wert 0 und die Verlustposition (15,2) mit Wert -1 sind. Dies läßt sich rechnerisch durch

$$\text{wert}(13,3) = - \min\{\text{wert}(14,1), \text{wert}(15,2)\}$$

ausdrücken. Allgemein definieren wir für $x \in P \setminus P_0$
(2) $\text{wert}(x) = - \min \{\text{wert}(y) | y \in N(X)\}$.

Diese Setzung können wir folgendermaßen motivieren: Der am Zug befindliche Spieler sucht, dem Gegner eine Position möglichst niedrigen Werts zu übergeben. Wenn er Glück hat, befindet sich unter den Nachfolgern seiner Position x eine Verlustposition y (wert(y) = -1); sonst eine Remisposition (wert(y) = 0) oder im schlimmsten Fall nur Gewinnpositionen (wert(y) = 1). Der Spieler übergibt also - sofern er keinen Fehler macht - eine Position y^* mit $\text{wert}(y^*) = \min \{\text{wert}(y) | y \in N(x)\}$.

Der Wert der eigenen Position x bemißt sich nun danach, was man übergeben kann. Ist es eine Verlustposition (wert(y^*) = -1), so ist die eigene Position eine Gewinnposition, das Vorzeichen wird also umgekehrt. Entsprechend schließt man bei den übrigen Möglichkeiten.

Wir halten fest:

> Bei einem Positionsspiel mit Positionsmenge P, Nachfolgerrelation N und
> Gewinnfunktion g erzeugt die durch
>
> $$\text{wert}(x) = \begin{cases} g(x) & \text{für } x \in P_0, \\ -\min\{w(y) \mid y \in N(x)\} & \text{sonst} \end{cases}$$
>
> definierte Bewertungsfunktion eine Zerlegung von P in Teilmengen
>
> $P^- = \{x \in P \mid \text{wert}(x) = -1\}$
> $P^0 = \{x \in P \mid \text{wert}(x) = 0\}$
> $P^+ = \{x \in P \mid \text{wert}(x) = 1\}$
>
> mit den Eigenschaften
> (1) wenn $x \in P^+$ dann $N(x) \cap P^- \neq \emptyset$,
> (2) wenn $x \in P^-$ dann $N(x) \subset P^+$,
> (3) wenn $x \in P^0$ dann $N(x) \cap P^0 \neq \emptyset$ und $N(x) \cap P^- = \emptyset$.
>
> Die Elemente von P^- heißen *Verlustpositionen*, die von P^0 heißen *Remispositionen* und die von P^+ heißen *Gewinnpositionen*.

Die Formeln (1), (2) und (3) entsprechen den in Abschnitt 1.3. ausgesprochenen Eigenschaften von Verlust-, Remis- und Gewinnpositionen.

Die Bewertungsfunktion läßt sich nun unmittelbar als rekursiver Algorithmus formulieren:

WERT

> Eingabe: x (*Position*)
>
> WENN $x \in P_0$ DANN
>   wert := g(x)
> SONST
>   min := 1
>   FÜR ALLE $y \in N(x)$ WIEDERHOLE
>   w := wert(y)   (*rekursiver Aufruf*)
>   WENN min > w DANN min := w
>   ENDE-WIEDERHOLE
>   wert := -min
> ENDE-WENN
>
> Ausgabe: wert

Das folgende Programm benutzt in der Funktion wert genau diesen Algorithmus. Zu einer gegebenen Position von "Würfel kippen" stellt es fest, ob diese Gewinn-, Verlust- oder Remisposition ist, indem es rekursiv den gesamten Positionsgraphen bis zu seinen Endpunkten hin durchsucht. Die Anzahl der Aufrufe der Prozedur wert wird zugleich mit angegeben. Beispiele:

die Feststellung von (14,2) als Gewinnposition erfordert 2 Aufrufe,
die von (12,3) als Verlustposition erfordert 5 Aufrufe,
die von (10,5) als Verlustposition erfordert 12 Aufrufe,
die von (9,2) als Gewinnposition erfordert 21 Aufrufe,
die von (6,1) als Verlustposition erfordert 77 Aufrufe,
die von (1,1) als Remisposition erfordert 832 Aufrufe
und die von (1,3) als Remisposition erfordert 1002 Aufrufe
(auf der schnellen Microengine   etwa 100-mal so schnell wie Apple II,
1 Sekunde).

```
PROGRAM Spielanalyse;
  (* eine gegebene Position des Spiels "Wuerfel kippen" wird
     als Gewinn-, Verlust- oder Remisposition klassifiziert *)

  CONST
    zielzahl = 15;

  TYPE
    twert     = -1..1;

    tposition = RECORD
                  summe : integer;
                  augen : 1..6
                END;

  VAR
    position : tposition;
    aufrufe  : integer;

  PROCEDURE erzeuge (VAR neu: tposition; nummer: integer;
                         alt: tposition);
    (* erzeugt neue Position aus obenliegender Nummer und
       alter Position *)
    BEGIN
      neu.summe := alt.summe + nummer;
      neu.augen := nummer
    END; (* of erzeuge *)

  FUNCTION zulaessig (neu, alt: tposition): boolean;
    (* prueft, ob die neue Position zulaessig aus der alten
       erzeugt wurde *)
    BEGIN
      zulaessig := (neu.summe <= zielzahl)   AND
                   (neu.augen <> alt.augen) AND
                   (neu.augen <> 7 - alt.augen)
    END; (* of zulaessig *)

  FUNCTION ende (stellung: tposition): boolean;
    (* prueft, ob eine Endstellung erreicht ist *)
    BEGIN
      WITH stellung DO
        ende := (summe = zielzahl) OR (summe = zielzahl - 1) AND
                ((augen = 1) OR (augen = 6))
    END; (* of Ende *)
```

1.6 Spielanalyse 35

```
FUNCTION gewinn (stellung: tposition): twert;
  (* ordnet einer Endposition ihren Gewinnwert zu *)
  BEGIN
    IF stellung.summe = zielzahl THEN
       gewinn := -1
    ELSE
       gewinn := 0
  END; (* of Gewinn *)

FUNCTION bewertung (stellung: tposition): twert;
  (* berechnet rekursiv den Wert einer gegebenen Spielstellung *)
  VAR
    nachfolger : tposition;
    zug        : 1..6;
    minimum,
    wert       : twert;
  BEGIN
    aufrufe := aufrufe + 1;
    IF ende(stellung) THEN
       bewertung := gewinn(stellung)
    ELSE BEGIN
       minimum := 1;
       FOR zug := 1 TO 6 DO BEGIN
          erzeuge(nachfolger, zug, stellung);
          IF zulaessig(nachfolger, stellung) THEN BEGIN
             wert := bewertung(nachfolger);
             IF minimum > wert THEN minimum := wert
          END (* of then *)
       END; (* of for *)
       bewertung := - minimum
    END (* of else *)
  END; (* of Bewertung *)


BEGIN (* Hauptprogramm *)
  writeln;
  writeln('                    Analyse des Spiels "Wuerfel kippen"');
  writeln('                    ------------------------------------');
  writeln;
  writeln('Geben Sie die zu untersuchende Position ein!');
  REPEAT
    write('Erreichte Augensumme (kleiner als ',zielzahl,'!)? ');
    readln(position.summe)
  UNTIL position.summe IN [1..zielzahl];
  REPEAT
    write('Obenliegende Augenzahl (1..6)? ');
    readln(position.augen)
  UNTIL position.augen IN [1..6];
  writeln;
  aufrufe := 0;
  write('Es handelt sich um eine ');
  CASE bewertung(position) OF
    -1 : writeln('Verlustposition.');
     0 : writeln('Remisposition.');
     1 : writeln('Gewinnposition.')
  END; (* of case *)
  writeln;
  writeln(aufrufe,' Aufrufe wurden benoetigt.')
END.
```

Für das Aufstellen einer Tabelle der Positionswerte ist vorstehendes Programm gänzlich ungeeignet, weil zu zeitaufwendig. Wir entwerfen ein iteratives Programm. Es kann - im Gegensatz zum rekursiven Programm - auf schon berechneten Werten aufbauen. Diese halten wir in einer Tabelle (array) <u>wert</u> mit 6z Feldern fest.

Der iterative Algorithmus lautet:

GEWINN- UND VERLUSTZERLEGUNG (iterativ)

```
FÜR ALLE x ε P₀    WIEDERHOLE
   wert [x]  := g(x)
ENDE-WIEDERHOLE
FÜR ALLE x ε P \ P₀    WIEDERHOLE
   min := 1
   FÜR ALLE  y ε N(x)   WIEDERHOLE
     WENN   min > wert [y]    DANN    min := wert [y]
   ENDE-WENN
   wert [x]  := -min
ENDE-WIEDERHOLE
```

Die Schwierigkeit eines iterativen Bewertungsprogramms besteht häufig darin, daß nicht unmittelbar klar ist, wie man die Positionsmenge zu durchlaufen hat. Zuweilen aber lassen sich alle Vorgänger einer Position y, also alle x ε P mit y = N(x), leicht auffinden. Dies ist zum Beispiel beim Spiel "Hölzchen nehmen" und bei dem später zu analysierenden Wythoffschen Nim der Fall.
Der obige Algorithmus wird nun für "Würfel kippen" als Pascal - Programm ausgeführt.

```
PROGRAM Gewinn_Verlust_Zerlegung;
    (* es wird eine Tabelle der Gewinn-, Remis- und Verlustpositionen
       des Spiels "Wuerfel kippen" erstellt und ausgegeben *)

CONST
  zielzahl   = 15;

TYPE
  twert      = -1..1;

  tposition = RECORD
                 summe : integer;
                 augen : 1..6
              END;
```

1.6 Spielanalyse

```pascal
VAR
  bewertung   : ARRAY[0..zielzahl, 1..6] OF twert;
  s           : 0..zielzahl;
  a, zug      : 1..6;
  stellung,
  nachfolger  : tposition;
  minimum,
  wert        : twert;

PROCEDURE erzeuge (VAR neu: tposition; nummer: integer; alt: tposition);
  (* erzeugt neue Position aus obenliegender Nummer und alter Position *)
  BEGIN
    neu.summe := alt.summe + nummer;
    neu.augen := nummer
  END; (* of erzeuge *)

FUNCTION zulaessig (neu, alt: tposition): boolean;
  (* prueft, ob neue Position zulaessig aus alter erzeugt wurde *)
  BEGIN
    zulaessig := (neu.summe <= zielzahl)   AND
                 (neu.augen <> alt.augen)  AND
                 (neu.augen <> 7 - alt.augen)
  END; (* of zulaessig *)

FUNCTION ende (stellung: tposition): boolean;
  (* prueft, ob eine Endstellung erreicht ist *)
  BEGIN
    WITH stellung DO
      ende := (summe = zielzahl) OR (summe = zielzahl - 1) AND
              ((augen = 1) OR (augen = 6))
  END; (* of Ende *)

FUNCTION gewinn (stellung: tposition): twert;
  (* ordnet einer Endposition ihren Gewinnwert zu *)
  BEGIN
    IF stellung.summe = zielzahl THEN
      gewinn := -1
    ELSE
      gewinn := 0
  END; (* of Gewinn *)

BEGIN (* Hauptprogramm *)
  writeln;
  writeln(' Gewinn-, Verlust- und Remispositionen');
  writeln('       des Spiels "Wuerfel kippen"      ');
  writeln(' ------------------------------------- ');
  writeln;

  (* Bewertung *)

  FOR s := zielzahl DOWNTO 0 DO BEGIN
    FOR a := 6 DOWNTO 1 DO BEGIN
      stellung.summe := s; stellung.augen := a;
```

```
        IF ende(stellung) THEN
           bewertung[s,a] := gewinn(stellung)
        ELSE BEGIN
           minimum := 1;
           FOR zug := 1 TO 6 DO BEGIN
              erzeuge(nachfolger, zug, stellung);
              IF zulaessig(nachfolger, stellung) THEN BEGIN
                 wert := bewertung[nachfolger.summe, nachfolger.augen];
                 IF minimum > wert THEN minimum := wert
              END (* of then *)
           END; (* of for *)
           bewertung[s,a] := - minimum
        END (* of else *)

     END (* of for *)
  END; (* of for *)

  (* Ausgabe *)

  write('    ');  FOR a := 1 TO 6 DO write(a:4);       writeln;
  write('    ');  FOR a := 1 TO 6 DO write('----');    writeln;

  FOR s := 0 TO zielzahl DO BEGIN
     write(s:3);
     FOR a := 1 TO 6 DO write(bewertung[s,a]:4);
     writeln
  END (* of for *)

END.
```

Als weiteres Beispiel einer rekursiven Spielanalyse behandeln wir das zum Strategiespiel weiterentwickelte bekannte Achtdamenproblem. Die Aufgabe, acht Damen auf einem Schachbrett so aufzustellen, daß sie sich gegenseitig nicht schlagen können, wurde zum ersten Mal im Jahre 1848 von einem Max Bezzel gestellt. Carl Friedrich Gauß hat sich an ihr versucht und 72 der insgesamt 92 Lösungen gefunden. Sämtliche Lösungen wurden erstmals von Dr. Nauck angegeben, der das Problem 1850 in der Schachrubrik der "Illustrierten Zeitung" veröffentlichte.

Damenspiel

Zwei im Wechsel ziehende Spieler setzen bei jedem Zug eine Dame auf ein Feld eines nxn - Schachbretts. Und zwar wird die erste Dame in Spalte 1, die zweite in Spalte 2 usf. gesetzt. Jede Dame ist so aufzustellen, daß sie von keiner der zuvor gesetzten Damen bedroht wird. Wer nicht mehr ziehen kann, verliert.

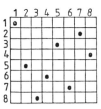

Das obige 8x8 - Brett zeigt eine Partie, die nach dem achten Zug mit dem Sieg des nachziehenden Spielers beendet war. (Dies ist zugleich eine Lösung des Acht-Damen-Problems.) Hätte der anziehende Spieler seine Dame in der dritten Spalte in Zeile 2 gesetzt, so wäre die Partie für ihn zu gewinnen gewesen. Wie nämlich?

Wir fassen im folgenden das Schachbrett als eine zweidimensionale Tabelle (array) mit n Zeilen und n Spalten auf. Die Spielpositionen sind durch Angabe eines Vektors der Gestalt

$$d = (d(1), d(2), ..., d(n)) \text{ mit } d(i) \in \{0,1,2,...,n\}$$

gekennzeichnet; $d(i) = 0$ bedeutet, daß die Spalte i noch unbesetzt ist. Dagegen bedeutet $d(i) = k$, daß in Spalte i das Feld in der k-ten Zeile mit einer Dame besetzt ist.

Ein solcher Vektor gehört zur Positionsmenge P, wenn

a) aus $d(i) = 0$ folgt $d(j) = 0$ für alle $j > i$
b) aus $i < j$ und $d(j) > 0$ folgt $d(i) \neq d(j)$ und $|d(j) - d(i)| \neq j - i$

Diese Bedingungen drücken aus, daß sich in den Spalten i und j gesetzte Damen nicht bedrohen.

Sei $x = (x(1),...,x(n))$ eine Position mit $x(j) > 0$ und $x(j+1) = 0$. Die Position y ist genau dann ein Nachfolger der Position x, wenn

a) $x(i) = y(i)$ für alle $i \leq j$
b) $y(j+1) > 0$
c) $y(i) = 0$ für alle $i > j+1$.

Das Programm Damen - Setzen geht den gesamten Spielbaum durch und bewertet alle 2057 Knoten (= Spielpositionen). Dafür benötigt die PASCAL-MICROENGINE genau 2 Minuten und 35 Sekunden. Die folgende Tabelle zeigt die Klassifizierung einiger Positionen und die Zahl der dazu benötigten rekursiven Aufrufe der Funktion wert:

Position	Anzahl der Aufrufe	Gewinn(+) oder Verlustpositionen(-)
1 3 5 2 4	1	-
1 3 5 2	3	+
1 3 5	14	-
1 3	38	+
1	227	+

Die Funktion wert wird für die zu bewertende Position selbst sowie für jede dieser im Spielbaum nachgeordneten Position aufgerufen. Beispielsweise gibt es zur Position (1 3 5 0 0 0 0) dreizehn Folgepositionen. Um sie zu bewerten, muß das Programm genau 14-mal die genannte Prozedur aufrufen. (Vgl. Abbildung 1.6.)

1. Konkrete Spiele

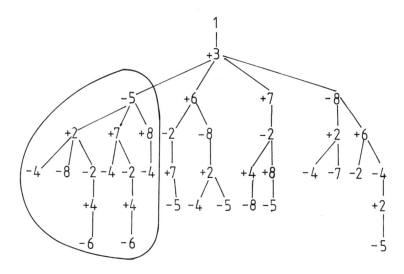

Abb.1.6: Folgepositionen (Spielbaumausschnitt) der Position (1,0,0,0,0,0,0,0) beim Spiel "Damen setzen" mit Bewertung

```
PROGRAM Damen_setzen;
  (* das Spiel "Damen setzen" wird analysiert, d.h. eine gegebene
     Position wird als Gewinn- oder Verlustposition klassifiziert *)

  CONST
    seitenlaenge = 8;

  TYPE
    twert     = -1..1;

    tbereich  = 0..seitenlaenge;

    tposition = RECORD
                  dame        : ARRAY[tbereich] OF tbereich;
                  damenanzahl : tbereich
                END;

  VAR
    zeile,
    anzahl,
    spalte   : tbereich;
    position : tposition;
    aufrufe  : integer;
    wert     : twert;

  PROCEDURE Ausgabe(stellung: tposition);
    (* gibt eine Spielstellung aus *)
    VAR
      spalte : tbereich;
    BEGIN
      WITH stellung DO BEGIN
        IF damenanzahl > 0 THEN BEGIN
          FOR spalte := 1 TO damenanzahl - 1 DO write(dame[spalte],',');
          writeln(dame[damenanzahl])
        END (* of then *)
      END (* of with *)
    END; (* of Ausgabe *)
```

```
PROCEDURE erzeuge (VAR neu: tposition; zeile: tbereich; alt: tposition);
  (* erzeugt neue Position aus Zug (Zeile) und alter Position *)
  BEGIN
    neu := alt;
    neu.damenanzahl := alt.damenanzahl + 1;
    neu.dame[neu.damenanzahl] := zeile
  END; (* of erzeuge *)

FUNCTION zulaessig (stellung: tposition): boolean;
  (* prueft, ob die Stellung zulaessig ist, d.h. ob die zuletzt
     gesetzte Dame nicht von den anderen bedroht ist *)
  VAR
    i, j : tbereich;
  BEGIN
    zulaessig := false;
    WITH stellung DO BEGIN
      IF damenanzahl > 1 THEN BEGIN
        i := damenanzahl;
        FOR j := 1 TO i-1 DO BEGIN
          IF (dame[i] = dame[j]) OR (abs(dame[i]-dame[j]) = i-j) THEN
            exit(zulaessig)
        END (* of for *)
      END (* of then *)
    END; (* of with *)
    zulaessig := true
  END; (* of zulaessig *)

FUNCTION ende (stellung: tposition): boolean;
  (* prueft, ob eine Endstellung erreicht, d.h. ob das Spielbrett
     voll oder kein zulaessiger Zug mehr moeglich ist *)
  VAR
    zeile     : tbereich;
    nachfolger : tposition;
  BEGIN
    ende := false;
    WITH stellung DO BEGIN
      IF damenanzahl < seitenlaenge THEN BEGIN
        FOR zeile := 1 TO seitenlaenge DO BEGIN
          erzeuge(nachfolger, zeile, stellung);
          IF zulaessig(nachfolger) THEN exit(ende)
        END (* of for *)
      END (* of then *)
    END; (* of with *)
    ende := true
  END; (* of Ende *)

FUNCTION gewinn (stellung: tposition): twert;
  (* ordnet einer Endstellung den Gewinnwert zu *)
  BEGIN gewinn := -1 END;

FUNCTION bewertung (stellung: tposition): twert;
  (* berechnet rekursiv den Wert einer Spielstellung *)
  VAR
    minimum,
    wert      : twert;
    zug       : tbereich;
    nachfolger : tposition;
  BEGIN
    aufrufe := aufrufe + 1;
    IF ende(stellung) THEN
      bewertung := gewinn(stellung)
    ELSE BEGIN
      minimum := 1;
      FOR zug := 1 TO seitenlaenge DO BEGIN
        erzeuge(nachfolger, zug, stellung);
        IF zulaessig(nachfolger) THEN BEGIN
          Ausgabe(nachfolger);
          wert := bewertung(nachfolger);
          IF minimum > wert THEN minimum := wert
        END; (* of then *)
        bewertung := - minimum
      END (* of for *)
    END (* of else *)
  END; (* of Bewertung *)
```

```
BEGIN (* Hauptprogramm *)
  writeln;
  writeln('                  Analyse des Spiels "Damen setzen"');
  writeln('                  ----------------------------------');
  writeln;
  writeln('Geben Sie die zu untersuchende Stellung ein!');
  writeln;

  FOR spalte := 1 TO seitenlaenge DO position.dame[spalte] := 0;

  REPEAT
    write('Anzahl der gesetzten Damen? ');
    readln(anzahl)
  UNTIL anzahl IN [0..seitenlaenge];
  position.damenanzahl := anzahl;

  IF anzahl > 0 THEN BEGIN
    FOR spalte := 1 TO anzahl DO BEGIN
      REPEAT
        write('Zeile der ', spalte,'-ten Dame? ');
        readln(zeile)
      UNTIL zeile IN [1..seitenlaenge];
      position.dame[spalte] := zeile
    END (* of for *)
  END; (* of then *)

  writeln;
  aufrufe := 0;
  wert    := bewertung(position);

  writeln; Ausgabe(position); write('ist eine ');

  CASE wert OF
    -1 : writeln('Verlustposition.');
     0 : writeln('Remisposition.');
     1 : writeln('Gewinnposition.')
  END; (* of case *)

  writeln; write(aufrufe,' Prozeduraufruf');
  IF aufrufe <> 1 THEN write('e');
  writeln('.')
END.
```

Die Bezeichnung der Mengen P^+, P^0 und P^- durch die Worte 'Gewinn', 'Remis' und 'Verlust' erklärt sich aus den Möglichkeiten, die der Spieler hat, wenn er von den möglichen Spielpositionen weiß, zu welcher Menge sie gehören. In den Abschnitten 1.1. bis 1.3. haben wir gesehen, wie diese Kenntnisse ausgenutzt werden können: Es ist gegebenenfalls möglich, eine *Gewinnstrategie* zu verfolgen. Diesen Begriff wollen wir jetzt formalisieren und dann in eine algorithmische Fassung bringen.

Eine *Strategie* hatten wir als "vollständigen Verhaltensplan für jede mögliche Situation, in die der Spieler im Verlauf einer Partie gelangen kann" umschrieben. Das heißt: Durch eine Strategie wird die in jeder möglichen Spielsituation zu treffende Entscheidung festgelegt. Eine Strategie ist also eine Anweisung, die jeder Spielposition, die keine Endposition ist, eine Folgeposition zuordnet; im mathematischen Modell also eine Abbildung

$$\sigma: P \setminus P_0 \to P \quad \text{mit } \sigma(x) \in N(x)$$

Nehmen wir an, jeder der beiden Spieler wählt vor Beginn einer Partie Strategie. Damit ist - bei gegebener Anfangsposition x_0 - der Verlauf der Partie, und damit auch ihr Ausgang, eindeutig bestimmt.

Die Partie läßt sich als Folge von Positionen

$$(*) \quad \begin{aligned} & x_0 \\ & x_1 = \sigma(x_0) \\ & x_2 = \rho(x_1) = \rho(\sigma(x_0)) \\ & x_3 = \sigma(x_2) = \sigma(\rho(x_1)) = \sigma(\rho(\sigma(x_0))) \\ & \vdots \end{aligned}$$

darstellen, wobei σ die Strategie des anziehenden Spielers A, ρ die des nachziehenden Spielers B ist. Die Strategie σ heißt *Gewinnstrategie* für A, wenn für jede Strategie ρ von B die Partie (*) in einer Position x endet mit A am Zug und $g(x) = 1$ oder mit B am Zug und $g(x) = -1$.

> Ist P^+, P^0, P^- die von der Gewinnfunktion induzierte Zerlegung der Positionsmenge P und liegt die Anfangsposition x_0 in P^+, so besitzt der der anziehende Spieler eine Gewinnstrategie. Gilt $x_0 \in P^0$, so kann der anziehende Spieler mindestens Remis erreichen.

Das Konstruktionsprinzip der Strategie stimmt in beiden Fällen überein: Man muß dem Gegner immer Positionen möglichst niedrigen Wertes vorlegen. Ist die eigene Position x eine Gewinnposition (wert(x) = 1), so existiert unter den Nachfolgern von x mindestens eine Position y mit wert(y)= -1; wir setzen also $\sigma(x) := y$. Ist x dagegen eine Remisposition (wert(x) = 0), so existiert unter den Nachfolgern wieder eine Position y mit wert(y) = 0. Der Spielgegner muß nun wieder eine Position mit Wert 1 bzw. mit Wert 0 vorlegen.

*

Wir wollen nunmehr das entworfene Spielprogramm so abändern, daß die Rolle eines der Spieler vom Computer übernommen wird. Davon ist hauptsächlich die Prozedur *partie* betroffen; sie bekommt folgende Struktur:

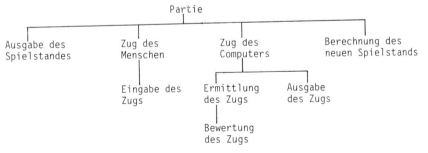

Die algorithmische Formulierung lautet:
PARTIE

```
Spielstandsausgabe
SOLANGE NICHT partieende  WIEDERHOLE
  WENN
    Mensch am Zug    DANN  Zug des Menschen
    Computer am Zug  DANN  Zug des Computers
  ENDE-WENN
  Neuer Spielstand
  Spielstandsausgabe
ENDE-WIEDERHOLE
```

Diese Prozedur ist für das Spiel "Würfel kippen" im folgenden Programm realisiert. Der Computer ermittelt seinen Zug ganz einfach dadurch, daß er alle Nachfolger der aktuellen Position gemäß der rekursiven Funktion wert beurteilt und dann die erste Folgeposition von minimalem Wert auswählt

```
PROGRAM Wuerfel_kippen;
  (* der Benutzer kann gegen den Computer "Wuerfel kippen" spielen *)
  USES
    applestuff;  (* fuer Zufallszahlen *)
  CONST
    zielzahl = 15;
  TYPE
    twert      = -1..1;

    tspieler   = (computer, mensch);

    tposition = RECORD
                  summe : integer;
                  augen : 1..6;
                  am_Zug : tspieler
                END;

    tzug       = 1..6;
  VAR
    gegner          : ARRAY[tspieler] OF tspieler;
    startposition,
    endposition     : tposition;
    partie_ende,
    schluss         : boolean;

  PROCEDURE Spielbeschreibung;
    (* nennt die Spielregeln und gibt Benutzerhinweise *)
    BEGIN
      writeln;
      writeln('                    Wuerfel kippen');
      writeln('                    --------------');
      writeln;
      (* hier muessten die Spielregeln kommen *)
      writeln
    END; (* of Spielbeschreibung *)
```

```
PROCEDURE Initialisierung;
  (* legt allgemeine Anfangsbedingungen fest *)
  BEGIN
    gegner[computer] := mensch; gegner[mensch] := computer;
    randomize  (* initialisiert den Zufallszahlengenerator *)
  END; (* of Initialisierung *)


PROCEDURE Startangaben;
  (* legt spezielle Anfangsbedingungen fest *)
  VAR
    antwort : char;
    wurf    : tzug;
  BEGIN
    REPEAT
      writeln;
      write('Wer soll beginnen, Mensch oder Computer ?(m/c) ');
      read(antwort)
    UNTIL antwort IN ['c','m'];

    IF antwort = 'c' THEN BEGIN
      wurf := 1 + random MOD 6;
      writeln('Ich habe eine ', wurf,' gewuerfelt.');
      startposition.summe  := wurf;
      startposition.augen  := wurf;
      startposition.am_Zug := mensch END
    ELSE BEGIN
      REPEAT
        writeln;
        write('Werfen Sie den Wuerfel! Ihre Augenzahl? ');
        read(antwort)
      UNTIL antwort IN ['1'..'6'];
      wurf := ord(antwort) - ord('0');
      startposition.summe  := wurf;
      startposition.augen  := wurf;
      startposition.am_Zug := computer
    END (* of else *)
  END; (* of Startangaben *)


FUNCTION gewinn (stellung: tposition): twert;
  (* ordnet einer Endstellung ihren Gewinnwert zu *)
  BEGIN
    IF stellung.summe = zielzahl THEN
      gewinn := -1
    ELSE
      gewinn :=  0
  END; (* of Gewinn *)


PROCEDURE Partie;
  (* das eigentliche Spielgeschehen, die Zugfolge *)
  VAR
    position : tposition;

  PROCEDURE erzeuge (VAR neu: tposition; nummer: integer;
                         alt: tposition);
    (* erzeugt neue Position aus obenliegender Nummer und alter Position *)
    BEGIN
      neu.summe  := alt.summe + nummer;
      neu.augen  := nummer;
      neu.am_Zug := gegner[alt.am_Zug]
    END; (* of erzeuge *)

  FUNCTION zulaessig (neu, alt: tposition): boolean;
    (* prueft, ob die neue Position zulaessig aus der alten
       erzeugt wurde *)
    BEGIN
      zulaessig := (neu.summe <= zielzahl)      AND
                   (neu.augen <> alt.augen)     AND
                   (neu.augen <> 7 - alt.augen)
    END; (* of zulaessig *)
```

```
FUNCTION ende (stellung: tposition): boolean;
  (* prueft, ob eine Endstellung erreicht ist *)
  BEGIN
    WITH stellung DO
       ende := (summe = zielzahl) OR (summe = zielzahl-1) AND
               ((augen = 1) OR (augen = 6))
  END; (* of Ende *)

PROCEDURE Ausgabe (stellung: tposition);
  (* gibt den aktuellen Spielstand aus *)
  BEGIN
    writeln;
    writeln('Bisher erreichte Augensumme: ', stellung.summe);
    writeln('Obenliegende Augenzahl:      ', stellung.augen);
    writeln;
    CASE stellung.am_Zug OF
       computer : writeln('Ich bin am Zug.');
       mensch   : writeln('Sie sind am Zug.')
    END (* of case *)
  END; (* of Ausgabe *)

PROCEDURE der_Mensch_zieht (VAR stellung: tposition);
  (* der Zug des Menschen wird eingelesen und ausgefuehrt *)
  VAR
    in_Ordnung : boolean;
    antwort    : char;
    probezug   : tzug;
    nachfolger : tposition;
  BEGIN
    REPEAT
      in_Ordnung := true;
      REPEAT
        writeln;
        write('Welche Augenzahl soll jetzt nach oben kommen? ');
        read(antwort)
      UNTIL antwort IN ['1'..'6'];
      probezug := ord(antwort) - ord('0');

      erzeuge(nachfolger, probezug, stellung);
      IF NOT zulaessig(nachfolger, stellung) THEN BEGIN
        writeln; writeln('Unzulaessiger Zug!');
        in_Ordnung := false
      END (* of then *)
    UNTIL in_Ordnung;

    stellung := nachfolger
  END; (* of der Mensch zieht *)

PROCEDURE der_Computer_zieht (VAR stellung: tposition);
  (* der Zug des Computers wird ermittels und ausgefuehrt *)
  VAR
    zug        : tzug;
    value      : twert;
    nachfolger : tposition;

  PROCEDURE ermittle (VAR bestzug: tzug; VAR bestwert: twert;
                                         stellung: tposition);
    (* der Computer ermittelt seinen besten Zug *)

    VAR
      nachfolger : tposition;
      probezug,
      zug        : tzug;
      minimum,
      wert       : twert;
```

```
      BEGIN
        IF ende(stellung) THEN
          bestwert    := gewinn(stellung)
        ELSE BEGIN
          minimum := 1;
          FOR probezug := 1 TO 6 DO BEGIN
            erzeuge(nachfolger, probezugzug, stellung);
            IF zulaessig(nachfolger, stellung) THEN BEGIN
              ermittle(bestzug, wert, nachfolger);
              IF minimum > wert THEN BEGIN
                minimum := wert;
                bestzug := probezug
              END (* of then *)
            END (* of then *)
          END; (* of for *)
          bestwert := - minimum
        END (* of else *)
      END; (* of ermittle *)

    BEGIN (* der Computer zieht *)
      ermittle(zug, value, stellung);
      writeln;
      writeln('Ich habe ', zug,' Augen nach oben gekippt.');
      erzeuge(nachfolger, zug, stellung);
      stellung := nachfolger
    END; (* of der Computer zieht *)

  BEGIN (* Partie *)
    partie_ende := false;
    position    := startposition;

    WHILE NOT ende(position) DO BEGIN
      CASE position.am_Zug OF
        computer : der_Computer_zieht(position);
        mensch   : der_Mensch_zieht(position)
      END; (* of case *)
      Ausgabe(position)
    END; (* of while *)

    endposition := position;
    partie_ende := true
  END; (* of Partie *)


PROCEDURE Gewinnentscheid;
  (* nennt den Gewinner und fragt nach einer Wiederholung *)
  VAR
    wert    : twert;
    antwort : char;
  BEGIN
    writeln;
    IF NOT partie_ende THEN
      writeln('Die Partie wurde vorzeitig abgebrochen.')
    ELSE BEGIN
      wert := gewinn(endposition);
      CASE wert OF
        -1 : IF endposition.am_Zug = mensch THEN
                write('Sie haben verloren.')
             ELSE
                write('Sie haben gewonnen!');
         0 : writeln('Die Partie endete unentschieden.');
         1 : IF endposition.am_Zug = mensch THEN
                writeln('Sie haben gewonnen!')
             ELSE
                writeln('Sie haben verloren.')
      END (* of case *)
    END; (* of else *)
```

```
writeln; writeln;
REPEAT
  writeln; write('Noch einmal ?(j/n) ');
  read(antwort)
UNTIL antwort IN ['j','n'];
IF antwort = 'n' THEN
  schluss := true
ELSE BEGIN
  schluss := false;
  page(output)
END (* of else *)
END; (* of Gewinnentscheid *)


BEGIN (* Hauptprogramm "Wuerfel kippen" *)

  Spielbeschreibung;

  Initialisierung;

  REPEAT

    Startangaben;

    Partie;

    Gewinnentscheid

  UNTIL schluss
END.
```

Das vorstehende Programm ist universell anwendbar, d.h. der rekursive Algorithmus zum Auffinden des jeweils besten Computerzugs gilt für jedes Positionsspiel. Dieser Vorteil wird durch unerträglich lange Laufzeit erkauft; das Programm ist nur für Startpositionen von geringer Tiefe praktisch verwendbar. (Als *Tiefe* einer Position bezeichnet man die größtmögliche Länge einer von dieser Position ausgehenden Partie.)

Das nun folgende Beispielprogramm bringt eine gewisse Verbesserung: Hier ist es möglich, alle Vorgänger einer Position zu bestimmen. Damit kann das Programm iterativ (nicht rekursiv) vorgehen, was eine wesentliche Erhöhung seiner Effizienz bewirkt.

Allerdings wird hier von besonderen günstigen Bedingungen gerade dieses Spiels Gebrauch gemacht, die bei anderen Spielen i.a. nicht erfüllt sind. Der Algorithmus zum Auffinden des besten Computerzugs ist speziell auf dieses Spiel zugeschnitten.

1.6 Spielanalyse

Wythoffs Nim

Gegeben ist ein schachbrettartiges Spielfeld und eine Damefigur, die wie beim Schachspiel, aber nur in den Richtungen West, Südwest und Süd bewegt werden kann (siehe die Pfeile). Zu Beginn steht die Dame auf dem Rand oben oder rechts. Ziel des Spiels ist es, sie in die linke untereEcke zu 'treiben'. Wem dies gelingt, hat gewonnen (wer nicht mehr ziehen kann, weil die Dame in der Ecke steht, hat verloren).

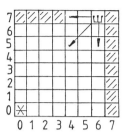

Die Positionen des Spiels bestehen aus allen Paaren (x,y) mit $0 \leq x, y \leq n$, wobei n die Seitenlänge des Schachbretts ist. Die Endposition ist $(0,0)$. Die Nachfolger einer Position (x,y) sind alle Paare $(x-i,y)$, $(x,y-j)$, $(x-k,y-k)$, wobei $0 \leq i \leq x$, $0 \leq j \leq y$ und $0 \leq k \leq \min(x,y)$ erfüllt sein muß; ferner gilt $g(0,0) = -1$.

Die Zerlegung der Positionsmenge in Gewinn- und Verlustpositionen nehmen wir wieder vor, indem wir von der Endposition ausgehen. Ihre Vorgänger sind mit +1 markiert.

	0	1	2	3	4	5	6	7	8
8	+1							+1	
7	+1						+1		
6	+1					+1			
5	+1				+1				
4	+1			+1					
3	+1		+1						
2	+1	+1							
1	+1	+1							
0	-1	+1	+1	+1	+1	+1	+1	+1	

Die beiden nächsten Verlustpositionen (nach der Endposition) sind $(2,1)$ und $(1,2)$. Wir bestimmen wieder deren Vorgänger und markieren sie mit +1. Als Verlustpositionen erhalten wir jetzt $(4,2)$ und $(2,4)$ und so geht es weiter.

	0	1	2	3	4	5	6	7	8
8	+1	+1					+1	+1	
7	+1	+1				+1	+1	+1	
6	+1	+1			+1	+1	+1		
5	+1	+1		+1	+1	+1			
4	+1	+1	+1	+1	+1				
3	+1	+1	+1	+1	+1				
2	+1	-1	+1	+1					
1	+1	+1	-1	+1	+1	+1	+1	+1	
0	-1	+1	+1	+1	+1	+1	+1	+1	

Der Markierungsalgorithmus lautet:

WYTHOFF - SIEB

FÜR x VON 0 BIS n WIEDERHOLE
   FÜR y VON 0 BIS n WIEDERHOLE
      WENN brett (x,y) leer, DANN
         gib position (x,y) aus; (*Verluststellung*)
         markiere alle von (x,y) ausgehenden waagerechten, senkrechten
         und diagonalen reihen mit +1
      ENDE-WENN
   ENDE-WIEDERHOLE
ENDE-WIEDERHOLE

Im folgenden Spielprogramm wird dieser Algorithmus benutzt, um eine optimale Strategie des Computers zu realisieren.

```
PROGRAM Wythoffs_Nim;
   (* nim-aehnliches Spiel, das von den alten Chinesen erfunden
      und von W.A.Wythoff neu entdeckt wurde *)

   USES
      applestuff; (* fuer Zufallszahlen *)

   CONST
      seitenlaenge = 30;

   TYPE
      tbereich = 0..seitenlaenge;

      tspieler = (computer, mensch);

      tposition = RECORD
                     x, y   : tbereich;
                     am_Zug : tspieler
                  END;

   VAR
      startposition,
      endposition   : tposition;
      partie_ende,
      schluss       : boolean;

   PROCEDURE Spielbeschreibung;
      (* nennt die Spielregeln und gibt Benutzerhinweise *)
      BEGIN
         page(output); writeln;
         writeln('            Wythoffs Nim');
         writeln('            ------------');
         writeln;
         (* hier muessten die Spielregeln kommen *)
      END; (* of Spielbeschreibung *)

   PROCEDURE Initialisierung;
      (* setzt allgemeine Anfangsbedingungen *)
      BEGIN
         randomize; (* initialisiert den Zufallszahlengenerator *)
      END; (* of Initialisierung *)
```

```
PROCEDURE Startangaben;
  (* setzt spezielle Anfangsbedingungen *)
  VAR
    antwort : char;
    x,y     : tbereich;
  BEGIN
    writeln;

    REPEAT
      writeln; write('Wer beginnt, Mensch oder Computer ?(m/c) ');
      read(antwort)
    UNTIL antwort IN ['c','m'];

    WITH startposition DO BEGIN
      IF antwort = 'c' THEN BEGIN
        x      := 1 + random MOD 30;
        y      := 1 + random MOD 30;
        am_Zug := mensch END
      ELSE BEGIN
        writeln; writeln;
        writeln('Welche Startposition geben Sie vor?');
        write('Abszisse? '); readln(x);
        write('Ordinate? '); readln(y);
        am_Zug := computer
      END (* of else *)
    END (* of with *)
  END; (* of Startangaben *)


PROCEDURE Partie;
  (* das eigentliche Spielgeschehen, die Zugfolge *)

  TYPE
    tzustand = (leer, markiert, dame);
    tbrett   = ARRAY[tbereich, tbereich] OF tzustand;

    tzug     = RECORD links, unten : tbereich END;

  VAR
    position : tposition;

  PROCEDURE Ausgabe(stellung: tposition);
    (* gibt den aktuellen Spielstand aus *)
    BEGIN
      writeln;
      write('Die Dame steht jetzt auf Feld ');
      writeln(stellung.x,',',stellung.y)
    END; (* of Ausgabe *)

  FUNCTION ende (stellung: tposition): boolean;
    (* prueft, ob eine Endstellung erreicht ist *)
    BEGIN
      ende := (stellung.x = 0) AND (stellung.y = 0)
    END; (* of Ende *)

  PROCEDURE der_Mensch_zieht (VAR stellung: tposition);
    (* der Zug des Menschen wird eingelesen und ausgefuehrt *)
    VAR
      links, unten : integer;
      in_Ordnung   : boolean;
    BEGIN
      writeln;
      writeln('Sie sind dran! (Aussteigen mit -1)');
```

```
      REPEAT
        in_Ordnung := true;
        write('Wieviele Felder ziehen Sie nach links? ');
        readln(links);
        IF links < 0 THEN exit(Partie);
        write('Wieviele Felder ziehen Sie nach unten? ');
        readln(unten);
        IF unten < 0 THEN exit(Partie);
        IF (links > stellung.x) OR (unten > stellung.y) THEN BEGIN
          writeln; writeln('Zu weit!');
          in_Ordnung := false END
        ELSE IF (links = 0) AND (unten = 0) THEN BEGIN
          writeln; writeln('Sie muessen ziehen!');
          in_Ordnung := false END
        ELSE IF (links * unten <> 0) AND NOT (links = unten) THEN BEGIN
          writeln; writeln('Unzulaessiger Zug!');
          in_Ordnung := false
        END (* of then *)
      UNTIL in_Ordnung;

      stellung.x      := stellung.x - links;
      stellung.y      := stellung.y - unten;
      stellung.am_Zug := computer
    END; (* of der Mensch zieht *)

    PROCEDURE der_Computer_zieht (VAR stellung: tposition);
      (* der Zug des Computers wird bestimmt und ausgefuehrt *)
      VAR
        brett : tbrett;
        zug   : tzug;

      PROCEDURE ermittle (VAR zug: tzug; stellung: tposition);
        (* der Computer ermittelt seinen besten Zug *)
        VAR
          x, y : tbereich;

        PROCEDURE waagerecht_Markieren (VAR brett: tbrett;
                                        VAR zug  : tzug; x,y: tbereich);
          (* eine Zeile wird markiert und ggf. die Dame entdeckt *)
          VAR
            i : tbereich;
          BEGIN
            FOR i := 1 TO seitenlaenge - x DO BEGIN
              IF brett[x+i,y] = dame THEN BEGIN
                zug.links := i; zug.unten := 0;
                exit(ermittle)
              END; (* of then *)
              brett[x+i,y] := markiert
            END (* of for *)
          END; (* of waagerecht Markieren *)

        PROCEDURE senkrecht_Markieren (VAR brett: tbrett;
                                       VAR zug  : tzug; x,y: tbereich);
          (* eine Spalte wird markiert und ggf. die Dame entdeckt *)
          VAR
            i : tbereich;
          BEGIN
            FOR i := 1 TO seitenlaenge - y DO BEGIN
              IF brett[x,y+i] = dame THEN BEGIN
                zug.links := 0; zug.unten := i;
                exit(ermittle)
              END; (* of then *)
              brett[x,y+i] := markiert
            END (* of for *)
          END; (* of senkrecht Markieren *)
```

```
    PROCEDURE diagonal_Markieren (VAR brett: tbrett;
                                  VAR zug  : tzug; x,y: tbereich);
      (* eine Diagonale wird markiert und ggf. die Dame entdeckt *)
      VAR
        i : integer;
      BEGIN
        i := 1;
        WHILE (x+i <= seitenlaenge) AND (y+i <= seitenlaenge) DO BEGIN
          IF brett[x+i,y+i] = dame THEN BEGIN
             zug.links := i; zug.unten := i;
             exit(ermittle)
          END; (* of then *)
          brett[x+i,y+i] := markiert;
          i := i+1
        END (* of while *)
      END; (* of diagonal Markieren *)

    BEGIN (* ermittle Zug *)
      writeln; writeln('Bitte etwas Geduld!');

      FOR x := 0 TO seitenlaenge DO
        FOR y := 0 TO seitenlaenge DO brett[x,y] := leer;

      brett[stellung.x, stellung.y] := dame;

      FOR x := 0 TO seitenlaenge DO BEGIN
        FOR y := 0 TO seitenlaenge DO BEGIN
          IF brett[x,y] = leer THEN BEGIN
             (* x,y ist Verluststellung *)
             waagerecht_Markieren(brett, zug, x,y);
             senkrecht_Markieren (brett, zug, x,y);
             diagonal_Markieren  (brett, zug, x,y)
          END (* of then *)
        END (* of for *)
      END; (* of for *)

      (* Verlegenheitszug *)
      CASE random MOD 2 OF
        0 : BEGIN zug.links := 1; zug.unten := 0 END;
        1 : BEGIN zug.links := 0; zug.unten := 1 END
      END (* of case *)
    END; (* of ermittle Zug *)

  BEGIN (* der Computer zieht *)
    ermittle(zug, stellung);

    writeln; write('Mein Zug: ');
    writeln(zug.links,' nach links und ', zug.unten,' nach unten.');

    stellung.x      := stellung.x - zug.links;
    stellung.y      := stellung.y - zug.unten;
    stellung.am_Zug := mensch
  END; (* of der Computer zieht *)

BEGIN (* Partie *)
  partie_ende := false;
  position    := startposition;

  Ausgabe(position);

  WHILE NOT ende(position) DO BEGIN
    CASE position.am_Zug OF
      computer : der_Computer_zieht(position);
      mensch   : der_Mensch_zieht(position)
    END; (* of case *)
    Ausgabe(position)
  END; (* of while *)

  endposition := position;
  partie_ende := true
END; (* of Partie *)
```

```
PROCEDURE Gewinnentscheid;
  (* der Gewinner der Partie wird ermittelt *)
  VAR
    antwort : char;
  BEGIN
    writeln;

    IF NOT partie_ende THEN
      writeln('Die Partie wurde vorzeitig abgebrochen.')
    ELSE IF endposition.am_Zug = mensch THEN
      writeln('Sie haben leider verloren.')
    ELSE
      writeln('Sie haben gewonnen!');

    writeln; writeln;
    REPEAT
      write('Noch einmal ?(j/n) ');
      read(antwort)
    UNTIL antwort IN ['j','n'];

    IF antwort = 'n' THEN
      schluss := true
    ELSE BEGIN
      schluss := false;
      page(output)
    END
  END; (* of Gewinnentscheid *)


BEGIN (* Hauptprogramm "Wythoffs Nim" *)

  Spielbeschreibung;

  Initialisierung;

  REPEAT

    Startangaben;

    Partie;

    Gewinnentscheid

  UNTIL schluss

END.
```

Aufgabe 1.12: Ergänzen Sie das Programm zur Analyse des Damenspiels durch eine Prozedur zur Ausgabe aller 736 Endpositionen.

Aufgabe 1.13: Ein Tetraeder trägt auf seinen Seitenflächen die Zahlen 1 bis 4. Man spielt "Tetraeder kippen" in Analogie zu "Würfel kippen" indem die Spieler abwechselnd das Tetraeder um eine der Grundkanten kippen und die jeweils unten liegende Zahl aufsummieren. Analysieren Sie das Spiel für unterschiedliche Gewinnregeln.

Aufgabe 1.14: Entwickeln Sie ein Programm zur rekursiven Analyse des Spiels "Kringel und Kreuze". Sollten Sie während des Programmlaufs ungeduldig werden, so bedenken Sie Hofstadter's Gesetz: Es dauert immer länger als man denkt, selbst wenn man Hofstadter's Gesetz berücksichtigt.

1.7. Effiziente Strategien

Die bisher als Algorithmus bzw. Programm realisierten Strategien verlangten vom Computer, den Spielbaum von der aktuellen Spielposition aus bis zu den Blättern vollständig zu durchsuchen. Diese erschöpfende Suche läßt sich jedoch nur bei sehr geringfügig verzweigten und flachen Bäumen in annehmbarer Zeit durchführen. Wie kann man - so fragen wir jetzt - die Programme schneller, d.h. die Algorithmen effizienter machen?

Hier gibt es zwei grundsätzlich verschiedene Möglichkeiten. Die erste besteht darin, daß aufgrund mathematischer Überlegungen die Gewinn-, bzw. Verlustpositionen direkt, also nicht rekursiv, identifiziert werden können.

Bei der zweiten Möglichkeit durchsucht der Computer den Spielbaum nicht vollständig, sondern nur bis zu einer gewissen Tiefe. Hier beurteilt er die Positionen gemäß einer Bewertungsfunktion, in die Kenntnisse über das individuelle Spiel einfließen. Dies Vorgehen heißt *heuristische Suche*.

Wir werden im vorliegenden Abschnitt beide Möglichkeiten betrachten: zum einen das Nimspiel als Beispiel eines (aufgrund mathematischer Überlegungen) vollinformierten Programms und zum anderen ein topologisches Spiel namens "Teufelsdreieck" als Beispiel für eine heuristische Suche.

Zunächst sei am Beispiel "Hölzchen nehmen" erläutert, was es heißt, daß die Gewinn- bzw. die Verlustpositionen nicht rekursiv, sondern direkt gekennzeichnet werden. Dort kann man die Gewinnstrategie folgendermaßen beschreiben: "Man nehme (sofern möglich) jeweils soviele Hölzchen, daß ein Vielfaches von k+1 liegenbleibt." Hinter dieser Anleitung steckt eine (wenn auch einfache) mathematische Überlegung, deren - zu beweisendes - Ergebnis lautet: "Beim Spiel 'Hölzchen nehmen' mit maximaler Entnahmezahl k sind alle Vielfachen von k+1 die Verlustpositionen."

Beweis: Es müssen die Eigenschaften (1) und (2) des Kriteriums von Abschnitt 1.6. nachgewiesen werden.

Zunächst (2): Sei $x = (k+1)m$. Wenn t Hölzchen mit $1 \leq t \leq k$ weggenommen werden, so kann damit kein Vielfaches von k+1 entstehen:

$$m(k+1) - t = (m-1)(k+1) + k+1-t, \text{ mit } 1 \leq k+1- t \leq k.$$

Alle Nachfolger eines Vielfachen von k+1 sind also Nicht-Vielfache von k+1. Nun zu (1): Ist x ein Nicht-Vielfaches von k+1, d.h.

$$x = (k+1)m + r, \text{ mit } 1 \leq r \leq k,$$

dann braucht man nur r Hölzchen wegzunehmen, um ein Vielfaches von k+1 zu erzeugen. Zu jedem Nicht-Vielfachen von k+1 gibt es also einen Nachfolger, der ein Vielfaches von k+1 ist.

Die Endposition schließlich ist ein Vielfaches von k+1, nämlich das Nullfache. Damit sind die charakterisierenden Eigenschaften von Gewinn- und Verlustpositionen nachgewiesen.

Das klassische Beispiel für eine explizite Charakterisierung der Verlustpositionen eines Spiels ist das Nimspiel.

NIM

Drei Haufen von Spielmarken liegen auf dem Tisch. Die Spieler nehmen abwechselnd von jeweils einem Haufen soviele Marken, wie sie mögen, aber mindestens eine. Wer nicht mehr ziehen kann, weil alle Haufen abgeräumt sind, hat verloren.

Die Positionen lassen sich als Tripel (x_1, x_2, x_3) darstellen, wobei x_i angibt, wieviele Marken zum i-ten Haufen gehören. Die Nachfolgermenge eines Tripels ist

$$N(x_1, x_2, x_3) = \{(y_1, y_2, y_3) | \text{es gibt genau ein i mit } y_i < x_i\}.$$

Die Gewinnfunktion ist durch $g(0,0,0) = -1$ gegeben.

Alle Tripel $(0, x_2, x_3)$ mit $x_2 = x_3$ sind leicht als Verlustpositionen zu erkennen: Jeder Zug des Gegners kann mit dem gleichen Zug am anderen Haufen beantwortet werden. Ebenso leicht ist (z.B.) $(1,2,3)$ als Verlustposition auszumachen:

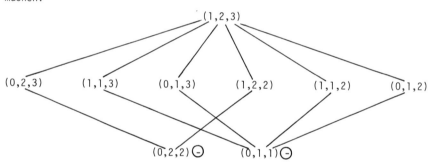

Seit C.L. Bouton (1906) kennt man nun folgende explizite Charakterisierung der Verlustpositionen: Man stelle jede der Komponenten x_i als Dualzahl dar, schreibe diese Dualzahlen stellenrichtig untereinander und addiere ohne Übertrag. Genau dann liegt eine Verlustposition vor, wenn diese Summe Null ergibt.
Beispiel:

$$\begin{array}{rcl} 1 & = & 1 \\ 2 & = & 1\,0 \\ 3 & = & 1\,1 \\ \hline & & 0\,0 \end{array}$$

Leider hat Bouton in seiner Arbeit nicht angegeben, wie er auf diese Charakterisierung gekommen ist; er beweist seine Behauptung auf genau die gleiche Weise, wie wir oben die Verlustpositionen des Hölzchenspiels durch Nachweis der charakteristischen Eigenschaften von Gewinn- und Verlustpositionen hergeleitet haben.

Mit Boutons Kennzeichnung der Verlustpositionen läßt sich leicht ein effizientes Nim - Spielprogramm erstellen.
Die Positionen sind vom Typ

>tstellung = RECORD
>>haufe   : ARRAY[1..9] OF 0..19;
>>am_Zug   : (computer, mensch)
>END;

d.h. es sind bis zu 9 Haufen mit je bis zu 19 Hölzern möglich und haufe[1] = 3, haufe[2] = 5, haufe[3] = 7 ist die Position (3,5,7).
Der Gesamtaufbau des Programms folgt unserem bekannten Schema. Die Prozedur Partie lautet:

>PARTIE

```
Stellung := Anfangsstellung
WIEDERHOLE
  Ausgabe der Stellung
  WENN
    Computer am Zug   DANN der_Computer_zieht (Zug, Stellung)
    Mensch am Zug     DANN der_Mensch_zieht (Zug, Stellung)
  ENDE-WENN
  Aktualisierung (Zug, Stellung)
BIS Endstellung erreicht
```

Kern des Programms ist die Prozedur ermittle, welche zu einer gegebenen Position einen Zug ermittelt, der sie wenn möglich in eine Verlustposition überführt:

>ERMITTLE ZUG

```
FÜR jeden zulässigen Probezug WIEDERHOLE
  erzeuge aus Position und Probezug die Nachfolgerposition
  WENN Nachfolger eine Verlustposition DANN
    Zug := Probezug
    BEENDE (ermittle)
  ENDE-WENN
ENDE-WIEDERHOLE
Zug := Verlegenheitszug
```

Das heißt: wenn unter den Nachfolgern einer Positon keine Verlustposition gefunden werden konnte, so war die Position keine Gewinnposition und es wird ein Verlegenheitszug durchgeführt (etwa durch zufällige Entnahme vom größten Haufen).
Die Prüfung, ob eine Position zu den Verlustpositionen gehört, geschieht in der Funktion Verluststellung, indem sukzessive die Dualziffern der Hölzchen-

zahlen bestimmt werden. Haben wir beispielsweise die Position (3,5,7), so liefert

$$3 \text{ MOD } 2 = 1, 5 \text{ MOD } 2 = 1, 7 \text{ MOD } 2 = 1$$

die drei ersten Dualziffern. Ihre Summe ist ungerade, daher liegt keine Verluststellung vor, eine weitere Untersuchung erübrigt sich.

Das Spielprogramm lautet:

```
PROGRAM Nimspiel;
  (* der Benutzer kann gegen den Computer Nim spielen *)

  USES
    applestuff;   (* fuer Zufallszahlen *)

  CONST
    maxhaufenzahl =  9;
    maxholzanzahl = 19;

  TYPE
    thaufennummer = 1..maxhaufenzahl;
    tholzanzahl   = 0..maxholzanzahl;

    tspieler      = (computer, mensch);

    tstellung     = RECORD
                      haufe  : ARRAY[thaufennummer] OF tholzanzahl;
                      am_Zug : tspieler
                    END;

    tzug          = RECORD
                      nummer   : thaufennummer;
                      entnahme : tholzanzahl
                    END;

  VAR
    haufenanzahl             : thaufennummer;
    naechster                : ARRAY[tspieler] OF tspieler;
    anfangsstellung,
    endstellung              : tstellung;
    schluss,
    abbruch                  : boolean;

  PROCEDURE Spielbeschreibung;
    (* Begruessung und Nennung der Spielregeln *)
    VAR
      antwort : char;
    BEGIN
      page(output);
      writeln;
      writeln('                         Nim');
      writeln('                         ---');
      writeln;
      write('Soll ich Ihnen die Spielregeln nennen ?(j/n) ');
      read(antwort);
      IF antwort = 'j' THEN BEGIN
        writeln; writeln; writeln('Spielregeln:');

        (* hier muessten die Spielregeln stehen *)

      END (* of then *)
    END; (* of Spielbeschreibung *)

  PROCEDURE Initialisierung;
    (* setzt die globalen Anfangswerte fest *)
    BEGIN
      naechster[computer] := mensch;
      naechster[mensch]   := computer;
      randomize (* Initialisierung des Zufallszahlengenerators *)
    END; (* of Initialisierung *)
```

```
PROCEDURE Initialisierung;
  (* setzt die globalen Anfangswerte fest *)
  BEGIN
    naechster[computer] := mensch;
    naechster[mensch]   := computer;
    randomize (* Initialisierung des Zufallszahlengenerators *)
  END; (* of Initialisierung *)

PROCEDURE Startangaben;
  (* setzt die individuellen Anfangswerte fest *)
  VAR
    anziehender,
    antwort    : char;
    i          : thaufennummer;
  BEGIN
    REPEAT
      writeln;
      write('Wer soll beginnen, Mensch oder Computer ?(m/c) ');
      read(anziehender)
    UNTIL anziehender IN ['c','C','m','M'];
    WITH anfangsstellung DO BEGIN
      CASE anziehender OF
        'c','C' : am_Zug := computer;
        'm','M' : am_Zug := mensch
      END; (* of case *)

      REPEAT
        writeln; write('Wieviele Haufen? ');
        read(antwort)
      UNTIL antwort IN ['1'..'9'];
      haufenanzahl := ord(antwort) - ord('0');

      FOR i := 1 TO haufenanzahl DO
        haufe[i] := 1 + random MOD maxholzanzahl;
    END (* of with *)
  END; (* of Startangaben *)


PROCEDURE Partie;
  (* das eigentliche Spielgeschehen, die Zugfolge *)

  VAR
    stellung : tstellung;
    zug      : tzug;

  FUNCTION ende (stellung: tstellung): boolean;
    (* prueft, ob Endstellung erreicht ist *)
    VAR
      i : thaufennummer;
    BEGIN
      ende := false;
      FOR i := 1 TO haufenanzahl DO
        IF stellung.haufe[i] > 0 THEN exit(ende);
      ende := true
    END; (* of ende *)

  PROCEDURE erzeuge (VAR neu: tstellung; zug: tzug; alt: tstellung);
    (* erzeugt neue Stellung aus Zug und alter Stellung *)
    BEGIN
      neu := alt;
      neu.haufe[zug.nummer] := alt.haufe[zug.nummer] - zug.entnahme;
      neu.am_Zug := naechster[alt.am_Zug]
    END; (* of erzeuge *)
```

```
PROCEDURE Ausgabe (stellung: tstellung);
  (* die aktuelle Spielstellung wird ausgegeben *)
  VAR
    i : thaufennummer;
    j : tholzanzahl;
  BEGIN
    writeln; writeln('Spielstellung:'); writeln;
    FOR i := 1 TO haufenanzahl DO BEGIN
      write(i,'. Haufe:   ');
      FOR j := 1 TO stellung.haufe[i] DO write('o');
      writeln
    END; (* of for *)
    writeln; writeln;
    IF stellung.am_Zug = mensch THEN
      writeln('Sie sind am Zug! (Aussteigen mit #)')
  END; (* of Ausgabe *)

PROCEDURE der_Mensch_zieht (stellung: tstellung; VAR zug: tzug);
  (* der Zug des Menschen wird eingelesen *)
  VAR
    antwort   : char;
    i         : thaufennummer;
    anzahl    : integer;
    inordnung : boolean;
  BEGIN
    REPEAT
      inordnung := true;
      REPEAT
        writeln; write('Von welchem Haufen nehmen Sie? ');
        read(antwort)
      UNTIL antwort IN ['1'..'9','#'];
      IF antwort = '#' THEN BEGIN
        abbruch := true;
        exit(Partie)
      END; (* of then *)
      i := ord(antwort) - ord('0');
      IF i > haufenanzahl THEN BEGIN
        writeln; writeln('Haufe existiert nicht!');
        inordnung := false
      END; (* of then *)
      IF stellung.haufe[i] = 0 THEN BEGIN
        writeln; writeln('Da liegt nichts mehr!');
        inordnung := false
      END (* of then *)
    UNTIL inordnung;
    REPEAT
      inordnung := true;
      writeln; write('Wieviel Marken nehmen Sie? ');
      readln(anzahl);
      IF anzahl <= 0 THEN BEGIN
        writeln('Sie muessen etwas wegnehmen!');
        inordnung := false
      END; (* of then *)
      IF anzahl > stellung.haufe[i] THEN BEGIN
        writeln('Soviel Hoelzer gibt es nicht!');
        inordnung := false
      END (* of then *)
    UNTIL inordnung;
    zug.nummer   := i;
    zug.entnahme := anzahl
  END; (* der Mensch zieht *)
```

```
PROCEDURE der_Computer_zieht (stellung: tstellung; VAR zug: tzug);
(* der Zug des Computers wird ermittelt und ausgegeben *)

  FUNCTION verluststellung(stellung: tstellung): boolean;
    (* prueft, ob eine Verluststellung vorliegt *)
    VAR
      summe : integer;
      i     : thaufennummer;
    BEGIN
      verluststellung := true;
      WITH stellung DO BEGIN
        WHILE NOT ende(stellung) DO BEGIN
          summe := 0;
          FOR i := 1 TO haufenanzahl DO
            summe := summe + haufe[i] MOD 2;
          IF odd(summe) THEN BEGIN
            verluststellung := false;
            exit(verluststellung)
          END; (* of then *)
          FOR i := 1 TO haufenanzahl DO
            haufe[i] := haufe[i] DIV 2
        END (* of while *)
      END (* of with *)
    END; (* of Verluststellung *)

  PROCEDURE ermittle (VAR zug: tzug; stellung: tstellung);
    (* ermittelt den optimalen Computerzug *)
    VAR
      i         : thaufennummer;
      j         : tholzanzahl;
      probezug  : tzug;
      nachfolger : tstellung;
    BEGIN
      FOR i := 1 TO haufenanzahl DO BEGIN
        probezug.nummer := i;
        FOR j := stellung.haufe[i] DOWNTO 1 DO BEGIN
          probezug.entnahme := j;
          erzeuge(nachfolger, probezug, stellung);
          IF verluststellung(nachfolger) THEN BEGIN
            zug := probezug;
            exit(ermittle)
          END (* of then *)
        END (* of for *)
      END; (* of for *)
      (* Verlegenheitszug *)
      zug.nummer   := 1 + random MOD haufenanzahl;
      zug.entnahme := 1 + random MOD stellung.haufe[zug.nummer]
    END; (* of ermittle *)

  BEGIN (* der Computer zieht *)
    ermittle(zug, stellung);
    writeln; write('Ich nehme ', zug.entnahme,' Marke');
    IF zug.entnahme > 1 THEN write('n');
    writeln(' von Haufen ', zug.nummer)
  END; (* der Computer zieht *)

PROCEDURE Aktualisierung (VAR stellung: tstellung; zug: tzug);
  (* stellt die aktuelle Spielstellung her *)
  VAR
    neue_stellung : tstellung;
  BEGIN
    erzeuge(neue_stellung, zug, stellung);
    stellung := neue_stellung
  END; (* of Aktualisierung *)

BEGIN (* Partie *)
  abbruch := false;
  stellung := anfangsstellung;
  REPEAT
    Ausgabe(stellung);
    CASE stellung.am_Zug OF
      computer : der_Computer_zieht(stellung, zug);
      mensch   : der_Mensch_zieht(stellung, zug)
    END; (* of case *)
    Aktualisierung(stellung, zug)
  UNTIL ende(stellung);
  endstellung := stellung
END; (* of Partie *)
```

```
PROCEDURE Gewinnentscheid;
  (* der Gewinner der Partie wird ermittelt *)
  VAR
    antwort : char;
  BEGIN
    writeln; writeln;
    IF abbruch THEN
      writeln('Die Partie wurde vorzeitig abgebrochen.')
    ELSE BEGIN
      CASE endstellung.am_Zug OF
        computer : writeln('Sie haben gewonnen!');
        mensch   : writeln('Sie haben leider verloren.')
      END (* of case *)
    END; (* of else *)
    writeln; writeln;
    write('Noch eine Partie ?(j/n) ');
    read(antwort);
    IF antwort <> 'j' THEN
      schluss := true
    ELSE BEGIN
      schluss := false;
      page(output)
    END (* of else *)
  END; (* of Gewinnentscheid *)


PROCEDURE Verabschiedung;
  (* der Computer empfiehlt sich *)
  BEGIN
    page(output);
    gotoxy(14,10);
    writeln('Es war nett, mit Ihnen zu spielen. Auf Wiedersehen.')
  END; (* of Verabschiedung *)



BEGIN (* Hauptprogramm "Nim" *)

  Spielbeschreibung;

  Initialisierung;

  REPEAT

    Startangaben;

    Partie;

    Gewinnentscheid

  UNTIL schluss;

  Verabschiedung

END.
```

Das Programm arbeitet so:

```
                        NIM

    Wer soll beginnen, Mensch oder Computer? (m/c) m
    Wieviele Haufen? 3

    1. Haufe: 000
    2. Haufe: 00000
    3. Haufe: 0000000
    Von welchem Haufen nehmen Sie? 4
    Dieser Haufe existiert nicht!
    Von welchem Haufe nehmen Sie? 3
    Wieviele Marken nehmen Sie? 10
    Soviele Marken gibt es nicht!
    Wieviele Marken nehmen Sie? 6
    ...........
```

Als Beispiel für die heuristische Suche betrachten wir ein interessantes topologisches Spiel, das 1967 von G. Simmons im Journal of Recreational Mathematics vorgestellt worden ist. Er nannte es (nach sich selbst) SIM, wir nennen es "Teufelsdreieck".

Das Spiel vollzieht sich auf den Ecken eines regelmäßigen Sechsecks. Die beiden Spieler zeichnen im Wechsel eine der 15 Verbindungsstrecken, wobei Spieler A eine Farbe (etwa blau) und Spieler B eine andere Farbe (etwa rot) benutzt. Zulässig sind nur Züge, die kein Dreieck der eigenen Farbe erzeugen. Wer nicht mehr ziehen kann, hat verloren.

Eine typische Partie von "Teufelsdreieck" kann folgendermaßen ablaufen:

1. Konkrete Spiele

A verbindet die Ecken   B verbindet die Ecken

A	B	
3 und 6	1 und 2	1 •---• 2 6 •———• 3 5 • • 4
4 und 5	3 und 4	
1 und 6	2 und 6	
1 und 5	2 und 5	
2 und 4	3 und 5	
4 und 6	3 und 5	
2 und 3	und B kann nicht mehr ziehen	

Eine naheliegende Strategie läßt sich folgendermaßen beschreiben: "Man tätige denjenigen Zug, der dem Gegner anschließend die wenigsten Zugmöglichkeiten läßt."

1.7 Effiziente Strategien

Angenommen, die Partie steht so:

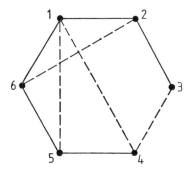

Spieler B (er zieht die gestrichelten Linien) ist am Zug. Folgende Züge stehen ihm offen: (2,4), (2,5), (3,5), (3,6) und (4,6). Dieser letzte Zug ist nicht empfehlenswert, da er dem Gegner keine Zugmöglichkeit nimmt, denn er ist jenem verboten: (4,5,6) wäre ein Dreieck aus durchgezogenen Linien.

Eine andere plausibel erscheinende Strategie besteht darin, daß der Spieler einen Zug ausführt, der ihm für das weitere Spiel möglichst wenig verbaut Würde B etwa den Zug (4,6) machen, so würde er - abgesehen davon, daß er die Wahlmöglichkeiten des Gegners nicht einschränken würde - sich selbst die Zugmöglichkeiten (2,4) und (3,4) zerstören. Die Züge (2,5) und (3,5) dagegen beeinträchtigen die übrigen noch offenen Züge von B nicht.

Das folgende Programm kombiniert beide heuristische Ideen und läßt den Computer unter allen zulässigen Zügen stets einen solchen wählen, für den die Differenz aus der Anzahl der danach noch offenen Computerzüge und der Anzahl der Zugmöglichkeiten des Gegenspielers maximal ist.

Damit ist der Computer keineswegs unschlagbar, aber er spielt schon recht gut. Die vollständige Analyse des Spiels ist unseres Wissens noch ein offenes Problem.

Wir stellen das Spielfeld im Computer als eine Tabelle L(I,J) mit I,J = 1,2,.. ..,6 dar, wobei L(I,J) folgendes bedeutet:

$$L(I,J) = \begin{cases} 0 & \text{keine Verbindung zwischen I und J} \\ 1 & \text{Verbindung durch den Menschen} \quad \text{———} \\ 2 & \text{Verbindung durch den Computer} \quad \text{--------} \\ 3 & \text{illegale Verbindung} \end{cases}$$

Damit entspricht folgende Tabelle der obigen Figur:

	1	2	3	4	5	6
1	3	1	0	2	2	1
2	1	3	1	0	0	2
3	0	1	3	2	0	0
4	2	0	2	3	1	0
5	2	0	0	1	3	1
6	1	2	0	0	1	3

Die Tabelle ist natürlich symmetrisch, d.h. es gilt L(I,J) = L(J,I). Die Prüfung, ob ein Dreieck in Linien des gleichen Spielers vorliegt, ist jetzt ganz einfach: Ist beispielsweise L(I,K) = 1 erfüllt, so fragen wir, ob es ein J gibt mit L(I,J) = 1 und L(J,K) = 1 (Beispiel: es gilt L(4,5) = 1, d.h. der Mensch hat Punkt 4 mit 5 verbunden; ein Dreieck liegt im Fall L(4,2) = 1 und L(2,5) = 1 vor, nämlich das Dreieck 2,4,5.).

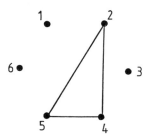

Das Programm lautet:

```
PROGRAM Teufelsdreieck;
  (* topologisches Strategiespiel *)
    TYPE
      tspieler    = (computer, mensch);

      tpunkt      = 1..6;
      tzustand    = (leer, rot, blau, illegal);

      tspielstand = RECORD
                      feld   : ARRAY[tpunkt, tpunkt] OF tzustand;
                      am_Zug : tspieler
                    END;

      tzug        = RECORD von, auf: tpunkt END;
```

```
VAR
  gegner        : ARRAY[tspieler] OF tspieler;
  farbe         : ARRAY[tspieler] OF tzustand;
  anfangsstand,
  endstand      : tspielstand;
  gewinner      : tspieler;
  abbruch,
  schluss       : boolean;


PROCEDURE Spielbeschreibung;
  (* nennt die Spielregeln und gibt Benutzerhinweise *)
  VAR
    antwort : char;
  BEGIN
    page(output);
    writeln;
    writeln('                    Teufelsdreieck');
    writeln('                    --------------');
    writeln;
    write('Soll ich Ihnen die Spielregeln mitteilen ?(j/n) ');
    read(antwort);
    IF antwort = 'j' THEN BEGIN
      writeln; writeln; writeln('Spielregeln: ');

      (* hier muessten die Spielregeln kommen *)

    END (* of then *)
  END; (* of Spielbeschreibung *)


PROCEDURE Initialisierung;
  (* setzt allgemeine Anfangsbedingungen fest *)
  BEGIN
    gegner[computer] := mensch; gegner[mensch] := computer;
    farbe[computer] := rot;    farbe[mensch]  := blau
  END; (* of Initialisierung *)


PROCEDURE Startangaben;
  (* setzt individuelle Anfangsbedingungen fest *)
  VAR
    antwort       : char;
    zeile, spalte : tpunkt;

  BEGIN
    REPEAT
      writeln;
      write('Wer soll beginnen, Mensch oder Computer ?(m/c) ');
      read(antwort)
    UNTIL antwort IN ['c','C','m','M'];

    WITH anfangsstand DO BEGIN
      CASE antwort OF
        'c', 'C' : am_Zug := computer;
        'm', 'M' : am_Zug := mensch
      END; (* of case *)

      FOR zeile := 1 TO 6 DO
        FOR spalte := 1 TO 6 DO
          IF zeile <> spalte THEN
            feld[zeile, spalte] := leer
          ELSE
            feld[zeile, spalte] := illegal;
    END (* of with *)
  END; (* of Startangaben *)
```

```
PROCEDURE Partie;
  (* das eigentliche Spielgeschehen, die Zugfolge *)
  VAR
    spielstand : tspielstand;
    zug        : tzug;

  FUNCTION dreieck (zug: tzug; spieler: tspieler;
                    stand  : tspielstand): boolean;
    (* prueft, ob der Zug eines Spielers beim gegebenen Spielstand
       zu einem Dreieck seiner eigenen Farbe fuehrt *)
    VAR
      reihe : tpunkt;
    BEGIN
      dreieck := false;
      WITH stand DO BEGIN
        FOR reihe := 1 TO 6 DO BEGIN
          IF (feld[zug.von, reihe] = farbe[spieler]) AND
             (feld[reihe, zug.auf] = farbe[spieler]) THEN BEGIN
            dreieck := true;
            exit(dreieck)
          END (* of then *)
        END (* of for *)
      END (* of with *)
    END; (* of dreieck *)

  FUNCTION zulaessig (zug: tzug; spieler: tspieler;
                      stand : tspielstand): boolean;
    (* prueft, ob der Zug eines Spielers beim gegebenen Spielstand
       zulaessig ist, d.h. zu keinem eigenen Dreieck fuehrt *)
    BEGIN
      zulaessig := (stand.feld[zug.von, zug.auf] = leer)
                   AND NOT dreieck(zug, spieler, stand)
    END; (* of zulaessig *)

  FUNCTION ende (stand: tspielstand): boolean;
    (* prueft, ob fuer den am Zug befindlichen Spieler
       noch ein zulaessiger Zug vorhanden ist *)
    VAR
      zeile, spalte : tpunkt;
    BEGIN
      FOR zeile := 1 TO 5 DO
        FOR spalte := zeile+1 TO 6 DO BEGIN
          zug.von := zeile; zug.auf := spalte;
          IF zulaessig(zug, stand.am_Zug, stand) THEN BEGIN
            ende := false;
            exit(ende)
          END (* of ende *)
        END; (* of for *)
      ende    := true;
      gewinner := gegner[stand.am_Zug]
    END; (* of ende *)

  PROCEDURE Ausgabe (stand: tspielstand);
    (* der aktuelle Spielstand wird ausgegeben *)
    VAR
      zeile, spalte : tpunkt;
    BEGIN
      writeln; write('Meine Verbindungslinien:  ');
      FOR zeile := 1 TO 5 DO
        FOR spalte := zeile+1 TO 6 DO
          IF stand.feld[zeile,spalte] = rot THEN
            write(zeile,',',spalte,'  ');
      writeln; write('Ihre Verbindungslinien:   ');
      FOR zeile := 1 TO 5 DO
        FOR spalte := zeile+1 TO 6 DO
          IF stand.feld[zeile,spalte] = blau THEN
            write(zeile,',',spalte,'  ');
    END; (* of Ausgabe *)
```

```
PROCEDURE der_Mensch_zieht;
  (* der Zug des Menschen wird eingelesen und ausgefuehrt *)
  (*$G+*)   (* ermoeglicht Spruenge *)
  LABEL 1;  (* Sprungmarke *)

  VAR
    antwort      : char;

  BEGIN
    1: writeln; writeln; writeln('Ihr Zug (Abbruch mit "#"!):');
    REPEAT
      writeln;
      write('Von welchem Punkt aus ziehen sie ?(1..6) ');
      read(antwort)
    UNTIL antwort IN ['1'..'6','#'];

    IF antwort = '#' THEN BEGIN
      abbruch := true;
      exit(Partie)
    END; (* of then *)
    zug.von:= ord(antwort) - ord('0');

    REPEAT
      writeln;
      write('Zu welchem Punkt ziehen Sie ?(1..6) ');
      read(antwort)
    UNTIL antwort IN ['1'..'6'];
    zug.auf := ord(antwort) - ord('0');
    writeln;

    IF NOT zulaessig(zug, mensch, spielstand) THEN BEGIN
      writeln;
      writeln('Nicht zulaessig!');
      GOTO 1
    END; (* of then *)

    spielstand.feld[zug.von, zug.auf] := blau;
    spielstand.feld[zug.auf, zug.von] := blau;

    spielstand.am_Zug := computer
  END; (* der Mensch zieht *)

PROCEDURE der_Computer_zieht;
  (* der Computer ermittelt seinen besten Zug und fuehrt ihn aus *)

  FUNCTION bewertung (stand: tspielstand; spieler: tspieler): integer;
    (* stellt fest, wieviel Zuege fuer den Spieler noch moeglich sind *)
    VAR
      anzahl         : integer;
      zeile, spalte  : tpunkt;
      probezug       : tzug;
    BEGIN
      anzahl := 0;
      FOR zeile := 1 TO 5 DO BEGIN
        FOR spalte := zeile+1 TO 6 DO BEGIN
          probezug.von := zeile; probezug.auf := spalte;
          IF zulaessig(probezug, spieler, stand) THEN
            anzahl := anzahl + 1
        END (* of for *)
      END; (* of for *)
      bewertung := anzahl
    END; (* of bewertung *)
```

1. Konkrete Spiele

```
  PROCEDURE ermittle (VAR bestzug: tzug; stand: tspielstand);
    (* es wird der beste Zug ermittelt *)
    VAR
      bestwert, wert : integer;
      zeile, spalte  : tpunkt;
      probezug       : tzug;
      neustand       : tspielstand;
  BEGIN
    writeln;
    bestwert := -15;
    FOR zeile := 1 TO 5 DO BEGIN
      FOR spalte := zeile+1 TO 6 DO BEGIN
        probezug.von := zeile; probezug.auf := spalte;
        IF zulaessig(probezug, computer, stand) THEN BEGIN
          neustand := stand;
          neustand.feld[probezug.von, probezug.auf] := rot;
          wert := bewertung(neustand, computer)
                - bewertung(neustand, mensch);
          writeln(probezug.von,',',probezug.auf,':',wert);
          IF bestwert < wert THEN BEGIN
            bestwert := wert;
            bestzug  := probezug
          END (* of then *)
        END (* of then *)
      END (* of for *)
    END (* of for *)
  END; (* of ermittle *)

BEGIN (* der Computer zieht *)
  writeln; writeln;
  writeln('Bitte etwas Geduld, ich bin am Suchen.');

  ermittle(zug, spielstand);

  spielstand.feld[zug.von, zug.auf] := rot;
  spielstand.feld[zug.auf, zug.von] := rot;

  writeln;
  writeln('Ich verbinde Punkt ', zug.von,' mit ', zug.auf);

  spielstand.am_Zug := mensch
END; (* der Computer zieht *)

BEGIN (* Partie *)
  abbruch    := false;
  spielstand := anfangsstand;
  WHILE NOT ende(spielstand) DO BEGIN
    CASE spielstand.am_Zug OF
      computer : der_Computer_zieht;
      mensch   : der_Mensch_zieht
    END; (* of case *)
    Ausgabe(spielstand)
  END (* of while *)
END; (* of Partie *)
```

```
PROCEDURE Gewinnentscheid;
  (* nennt den Gewinner der Partie und fragt nach Wiederholung *)
  VAR
    antwort : char;
  BEGIN
    writeln; writeln;
    IF abbruch THEN
      writeln('Die Partie wurde vorzeitig abgebrochen.')
    ELSE BEGIN
      CASE gewinner OF
        computer : writeln('Sie haben leider verloren.');
        mensch   : writeln('Sie haben gewonnen!')
      END (* of case *)
    END; (* of else *)

    writeln; writeln; write('Noch einmal ?(j/n) ');
    read(antwort);
    IF NOT (antwort IN ['j','J']) THEN
      schluss := true
    ELSE BEGIN
      schluss := false;
      page(output)
    END (* of then *)
  END; (* of Gewinnentscheid *)


PROCEDURE Verabschiedung;
  (* der Computer empfiehlt sich *)
  VAR
    i : integer;
  BEGIN
    writeln; writeln; writeln; writeln;
    write('Es war nett, mit Ihnen zu spielen. Auf Wiedersehen.');
    FOR i := 1 TO 5000 DO; (* Warteschleife *)
    page(output)
  END; (* of Verabschiedung *)


BEGIN (* Hauptprogramm "Teufelsdreieck" *)

  Spielbeschreibung;

  Initialisierung;

  REPEAT

    Startangaben;

    Partie;

    Gewinnentscheid

  UNTIL schluss;

  Verabschiedung

END.
```

Wenn Sie ein wenig mit dem Spiel "Teufelsdreieck" experimentieren, so wird Ihnen auffallen, daß niemals eine Partie zustande kommt, bei der alle 15 Kanten gezogen werden. Die Erklärung liefert der folgende Satz von F.P. Ramsey:

Sind alle 15 Kanten eines vollständigen Sechsergraphen blau oder rot gefärbt, so gibt es mindestens ein Dreieck, dessen Kanten alle die gleiche Farbe haben.

Für diesen Satz gibt es einen schönen Beweis:
Wir greifen einen beliebigen Knotenpunkt A des Graphen heraus. Von A gehen fünf Kanten aus, die rot oder blau gefärbt sind. Unter diesen fünf Kanten gibt es drei von gleicher Farbe - sagen wir blau. Diese drei Kanten verbinden A mit drei Knotenpunkten, die wir B, C und D nennen.

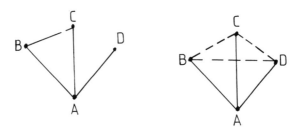

Abb.1.7: Einfarbige Dreiecke A,B,C und B,C,D.

Nun betrachten wir die drei Kanten (B,C), (B,D) und (C,D). Ist eine von ihnen - sagen wir (B,C) - blau gefärbt, so existiert ein einfarbiges blaues Dreieck - in diesem Fall A, B, C.
Ist keine der Kanten (B,C), (B,D) und (C,D) blau, so ist das Dreieck B, C, D einfarbig rot.

Aufgabe 1.15.: Beweisen Sie, daß ein vollständiger Sechsergraph, dessen Kanten in zwei Farben gefärbt sind, stets sogar zwei einfarbige Dreiecke enthält.

Aufgabe 1.16.: Das Spiel "Teufelsdreieck" sei in der Weise geändert, daß der Spieler gewinnt, dem es als erstem gelingt, ein Dreieck in seiner Farbe zu erzeugen.
Welcher Spieler besitzt eine Gewinnstrategie und wie sieht eine solche aus?

2. Algorithmische Theorie

Die bislang untersuchten Beispiele haben bei allen Besonderheiten weitreichende strukturelle Gemeinsamkeiten gezeigt. Dies gibt Anlaß, eine Theorie zu entwickeln, die auf solchen Gemeinsamkeiten basiert und somit eine große Klasse von Strategiespielen umfaßt.
Für den Aufbau der Theorie verwenden wir konsequent rekursive Begriffsbildungen und Algorithmen, die durch die Dynamik des Spielgeschehens in konkreten Partien motiviert werden. Ein derartiger Zugang trägt den Möglichkeiten des Computers zur Darstellung und Analyse strategischer Spiele in besonderer Weise Rechnung.

Strategiespiele der hier untersuchten Art lassen sich durch gerichtete Graphen mit einer Bewertung der Endpunkte beschreiben. Diese Darstellung ist jedoch - wie wir bereits an Beispielen verdeutlicht haben - keineswegs durch das Spiel eindeutig bestimmt. Vielmehr gibt es zu einem Spiel viele adäquate Beschreibungen durch nichtisomorphe Modelle. Wir werden daher auf der Menge möglicher Modelle für Strategiespiele eine geeignete Äquivalenzrelation angeben, so daß Spiele, die durch äquivalente Modelle beschrieben werden, als strukturell gleich anzusehen sind. Damit erhalten wir eine umkehrbar eindeutige Beziehung zwischen Spielen und Äquivalenzklassen von Modellen. Diese Beziehung ermöglicht eine formale Definition des Begriffs *Positionsspiel*. Einige reizvolle kombinatorische Fragestellungen, die die Anzahl solcher Spiele mit gewissen Nebenbedingungen betreffen, werden dadurch leicht lösbar.

Zwei Ergebnisse stehen im Mittelpunkt dieses Kapitels: Zum einen der Repräsentationssatz, der zu jeder Äquivalenzklasse von Modellen - und damit für jedes Positionsspiel - einen bis auf Isomorphie eindeutig bestimmten minimalen Repräsentanten ausweist. Zum anderen der Hauptsatz für Positionsspiele, der eine Aussage über die Existenz optimaler Strategien macht. Für diesen Satz wird ein konstruktiver Beweise geführt, der es ermöglicht, optimale Strategien für einfache Spiele algorithmisch zu ermitteln, wie dies im 1. Kapitel bereits für viele Beispiele praktiziert worden ist.

2.1. Positionsmodelle

Wir stellen die im 1. Kapitel vorgenommene Modellbildung noch einmal zusammenfassend dar:

Eine Partie in einem Strategiespiel wird zwischen zwei im Wechsel ziehenden Spielern ausgetragen. Der anziehende Spieler findet eine Startposition vor, die entweder durch die Spielregeln festgelegt oder im Rahmen der Spielregeln durch die Spielpartner vereinbart worden ist. Durch seinen Zug führt der anziehende Spieler eine neue Position herbei, dann kommt der zweite Spieler zum Zug und so weiter. Die Partie endet, wenn eine Position erreicht worden ist, die durch die Spielregeln als Endposition ausgewiesen ist.

Die zur Bestimmung der zulässigen Partie und deren Ergebnisse erforderlichen Informationen können wir durch ein Tripel (P,N,g) angeben. Dabei ist P eine Menge von *Positionen*, die die möglichen Spielstellungen kennzeichnen. N(x) ist die Menge der Positionen, die von einer Position $x \in P$ aus in einem Zug erreichbar sind. Und für jede Endposition x ist g(x) ein Wert, durch den das Resultat jeder Partie, die in x endet, festgelegt wird.

Ein Strategiespiel, das in solcher Form darstellbar ist, bezeichnen wir als *Positionsspiel*, seine Beschreibung (P,N,g) als *Positionsmodell*.

In den bisherigen Beispielen haben wir uns darauf beschränkt, daß g(x) einen Wert der Menge {-1,0,1} annimmt. Das heißt wir haben nur die Resultate *Sieg* bzw. *Niederlage* oder *Unentschieden* in Betracht gezogen. In vielen Spielen können Sieg und Niederlage aber in unterschiedlicher Höhe ausfallen. Nehmen wir als Beispiel "Ungerade gewinnt" und ändern die Regeln wie folgt: Endet eine Partie in der Weise, daß ein Spieler N1 Marken und der andere Spieler N2 Marken an sich genommen hat, so erhält der Spieler, der eine ungerade Anzahl von Marken genommen hat, von seinem Gegner den Betrag |N1 - N2| ausgezahlt.

Um auch solche Spiele zu erfassen, lassen wir im folgenden für g(x) beliebige reelle Zahlen zu und deuten g(x) als den Gewinn des Spielers, der in der Position x am Zug ist und zugleich als den Verlust, den sein Gegner - also der Spieler, der zuletzt gezogen hat - erleidet. Ein negativer Gewinn wird dabei als Verlust interpretiert und umgekehrt. Entsprechendes gilt für einen negativen Verlust.

Unsere intuitiven Vorüberlegungen und die im 1. Kapitel behandelten Beispiele motivieren

> Definition 2.1: Ein *Positionsmodell* (abgekürzt: P - Modell) ist ein Tripel (P,N,g), für das gilt
> 1. P ist eine endliche, nichtleere Menge.
>   (Ein Element von P wird als *Position* bezeichnet.)
> 2. $N: P \rightarrow 2^P$, d.h. N ist eine Abbildung von P in die Potenzmenge von P.
>   (Eine Position $y \in N(x)$ heißt *Nachfolger* von x, während x *Vorgänger* von y heißt. Eine Position, deren Nachfolgermenge leer ist, heißt *Endposition*. Mit P_0 bezeichnen wir die Menge aller Endpositionen, also $P_0 = \{x \in P \mid N(x) = \emptyset\}$.)
> 3. Es gibt genau eine Position $a \in P$, so daß $N(x) \cap \{a\} = \emptyset$ für alle $x \in P$.
>   (a heißt *Start-* oder *Anfangsposition* des Modells.)
> 4. Für jede Folge von Positionen $x_0, x_1, \ldots, x_n$ mit $x_i \in N(x_{i-1})$ für $i = 1,2,\ldots,n$ gilt $x_0 \neq x_n$.
>   (Eine Folge $a = x_0, x_1, \ldots, x_n$ mit $x_i \in N(x_{i-1})$, wobei a die Startposition von (P,N,g) und x_n eine Endposition ist, bezeichnen wir als eine *Partie der Länge n*. Obige Bedingung garantiert, daß jede Partie von (P,N,g) von beschränkter Länge ist.)
> 5. $g: P_0 \rightarrow \mathbb{G}$ mit $\mathbb{G} \subset \mathbb{R}$, d.h. g ist eine Abbildung, die jeder Endposition eine reelle Zahl zuordnet.
>   (Wir bezeichnen g als *Gewinnfunktion*.)

Zwei P - Modelle sind als nicht wesentlich verschieden anzusehen, wenn ein Isomorphismus existiert, d.h. eine bijektive Zuordnung zwischen den Positionsmengen, die verträglich ist, sowohl mit den Nachfolgerbeziehungen als auch den Gewinnfunktionen beider Modelle.

> Definition 2.2: Zwei P - Modelle (P,N,g) und (P',N',g') heißen zueinander *isomorph*, wenn ein Isomorphismus existiert, d.h. eine bijektive Abbildung $\psi: P \rightarrow P'$, so daß
> 1. $y \in N(x) \Longleftrightarrow \psi(y) \in N'(\psi(x))$ und
> 2. $g(x) = g'(\psi(x))$ für alle $x \in P_0$.
>
> Wir schreiben in diesem Fall $(P,N,g) \sim (P',N',g')$.

*

Ein beliebiger gerichteter Graph läßt sich als ein Paar (P,N) darstellen, wobei P die Knotenpunktmenge des Graphen ist und $N: P \rightarrow 2^P$ eine Abbildung, die die Nachfolgerrelation des Graphen beschreibt. Umgekehrt kann jedes Paar (P,N) mit $N: P \rightarrow 2^P$ als gerichteter Graph gedeutet werden. Entsprechend werden wir ein Tripel (P,N,g) mit $g: P_0 \rightarrow \mathbb{R}$ als gerichteten Graphen mit einer Bewertung der Endpunkte interpretieren. Die graphische Darstellung eines Positionsmodells werden wir insbesondere auch als *Positionsgraphen* bezeichnen.

Sein nun (P,N,g) ein beliebiger gerichteter Graph mit einer Bewertung der Endpunkte. Jedes x ∈ P bestimmt einen Teilgraphen (P^x, N^x, g^x), den man durch Einschränkung von (P,N,g) auf die Menge der Knotenpunkte erhält, die von x aus längs eines gerichteten Weges erreichbar sind. Statt (P^x, N^x, g^x) werden wir auch die Schreibweise (P,N,g;x) benutzen.

> **Definition 2.3:** Sein (P,N,g) ein gerichteter Graph mit bewerteten Endpunkten und sei x ∈ P.
> Mit (P,N,g;x) bezeichnen wir den Teilgraphen (P^x, N^x, g^x) für den gilt
> 1. $z \in P^x \iff \begin{cases} z = x \text{ oder} \\ \text{es gibt ein } y \in P^x \text{ mit } z \in N(y) \end{cases}$
> 2. N^x ist die Einschränkung von N auf die Menge P^x.
> 3. g^x ist die Einschränkung von g auf die Menge $P_o \cap P^x$.

Sofern (P,N) endlich und kreisfrei ist, ist (P,N,g;x) ein P - Modell mit der Startposition x. (Vgl. Abb. 2.1). Ist (P,N,g) ein P - Modell mit Startposition a, so gilt insbesondere (P,N,g) = (P,N,g;a).

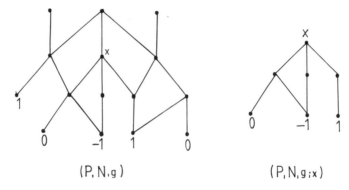

Abb.2.1: Der Positionsgraph (P,N,g;x) als Teil des bewerteten Graphen (P,N,g). Die Richtung der Kanten ist stets "von oben nach unten".

Eine zu dem P - Modell (P,N,g;a) gehörende Partie ist gemäß Definition 2.1 eine Folge von Positionen, die einen gerichteten Weg durch den Graphen vom Startpunkt a bis zu irgendeinem Endpunkt markiert. Jede Position dieser Folge bestimmt ein P - Modell (P,N,g;x). Das mit x beginnende Reststück der Partie ist selbst eine Partie von (P,N,g;x). Anders ausgedrückt: In einer Partie von (P,N,g;a) spielt der erste Spieler eine Position x ∈ N(a) an - sofern a keine Endposition ist. Anschließend wird eine Partie von (P,N,g;x) gespielt, in welcher der zweite Spieler anzieht. Diese Sichtweise vom Verlauf einer Partie ist es, die rekursive Begriffsbildungen und rekursive Algorithmen nahelegt.

Wir definieren nun die *Tiefe* einer Position x, um dadurch eine obere Grenze für die Länge einer von x ausgehenden Partie zu kennzeichnen.

Definition 2.4:
$$\text{tiefe}(x) = \begin{cases} 0 & \text{falls } x \in P_0, \\ 1 + \max\{\text{tiefe}(y) | y \in N(x)\} & \text{sonst.} \end{cases}$$

Es wird sich als zweckmäßig erweisen, alle Positionen, deren Tiefe einen Wert $k \in \mathbb{N}_0$ nicht überschreitet, zu einer Menge P_k zusammenzufassen. Diese Menge läßt sich offenbar auch wie folgt charakterisieren:

Definition 2.5:
$$P_k = \begin{cases} \{x \in P | N(x) = \emptyset\} & \text{falls } k = 0, \\ \{x \in P | N(x) \subset P_{k-1}\} & \text{sonst.} \end{cases}$$

Aufgabe 2.1: Für das im 1. Kapitel behandelte Damenspiel auf einem nxn - Brett ändern wir die Gewinnregeln wie folgt:
In einer Partie, die mit k Zügen endet, gewinnt der Spieler, der die letzte Dame gesetzt hat, den Betrag n-k, entsprechend der Anzahl der frei gebliebenen Spalten.
Geben Sie ein geeignetes Modell an.
Eine Analyse dieser Version des Damenspiels auf einem 8x8 - Brett zeigt, daß die Startposition - die dem leeren Schachbrett entspricht - eine Remisposition ist.
Läßt sich daraus herleiten, für welchen der Spieler in der ursprünglichen Version (es gewinnt der Spieler, der den letzten Zug tut) eine Gewinnstrategie existiert?

Aufgabe 2.2: Bestimmen Sie in dem Spiel "Würfel kippen" für alle möglichen Startpositionen die Tiefe in Abhängigkeit von der Zielzahl z.

Aufgabe 2.3: Wir spielen ein Zwei - Haufen - Spiel, in dem anfänglich auf dem ersten Haufen k_1 und auf dem zweiten Haufen k_2 Spielmarken liegen. Ein Zug besteht darin, entweder eine beliebige Anzahl von einem der beiden Haufen zu entfernen oder von beiden Haufen gleichviele Marken zu entfernen. Sieger ist der Spieler, der den letzten Zug tut.
Zeigen Sie, daß dieses Spiel gleichwertig ist zu Wythoffs Nim auf einem geeigneten Brett, indem Sie für die Spiele isomorphe Modelle angeben.

2.2. Äquivalente Positionsmodelle

Ein konkretes Strategiespiel kann durch sehr unterschiedliche Modelle adäquat beschrieben werden. Betrachten wir das Beispiel "Ungerade gewinnt" aus Abschnitt 1.2: Das Spiel beginne mit 15 Spielmarken auf einem Haufen. Die beiden Spieler nehmen in jedem Zug mindestens eine aber höchstens drei Marken an sich. Sieger ist der Spieler, der eine ungerade Anzahl von Marken in seinen Besitz gebracht hat, wenn alle 15 Marken von den Spielern entfernt worden sind.

Modell 1: Die Startposition nennen wir 0. Die übrigen Positionen beschreiben wir durch die Folge der bisherigen Züge. Dabei wird ein Zug durch eine der Zahlen 1, 2 oder 3 gekennzeichnet, je nachdem, wieviele Marken in dem betreffenden Zug genommen werden.

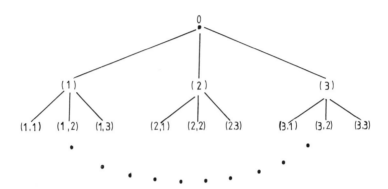

Abb.2.2: Spielbaum von "Ungerade gewinnt" (Ausschnitt)

Das zugehörige Modell (P1,N1,g1) ist bestimmt durch

1.
$$x \in P1 \iff \begin{cases} x = 0 \text{ oder} \\ x = (x_1, x_2, \ldots, x_k) \text{ mit } 1 \leq x_i \leq 3 \text{ für } i = 1,2,\ldots,k \\ \text{und } x_1 + x_2 + \ldots + x_k \leq 15 \end{cases}$$

2. Sei $x, y \in P1$. Dann gilt

$$y \in N1(x) \iff \begin{cases} x = 0 \text{ und } y \in \{(1),(2),(3)\} \text{ oder} \\ x = (x_1, x_2, \ldots, x_k) \text{ und } y = (x_1, x_2, \ldots, x_k, x_{k+1}). \end{cases}$$

3. Sei $x \in P1_0$, d.h. $x = (x_1, x_2, \ldots, x_k)$ mit $x_1 + x_2 + \ldots + x_k = 15$. Dann ist

$$g1(x) = \begin{cases} -1 \text{ falls } x_{k-1} + x_{k-3} + \ldots \text{ gerade ist,} \\ 1 \text{ falls } x_{k-1} + x_{k-3} + \ldots \text{ ungerade ist,} \end{cases}$$

da $x_{k-1} + x_{k-3} + \ldots$ die Anzahl der Marken ist, die der in x am Zug befindliche Spieler an sich genommen hat.

Bei dem Positionsgraphen, der durch (P1,N1) beschrieben wird, handelt es sich um einen *Baum* mit *Wurzel* 0.

Jedes Positionsspiel kann mit Hilfe eines Baumes repräsentiert werden, bei dem die von einer Position ausgehenden Kanten den zulässigen Spielzügen entsprechen.

Im allgemeinen ist jedoch eine solche Darstellung unnötig aufwendig und daher für die Analyse eines Spiels unzweckmäßig.

Wieviele Positionen gehören zu diesem Modell?

Sei $x \in P1$ eine Position mit der Eigenschaft, daß noch n Marken im Spiel sind. Die Anzahl der Positionen, die in dem durch x bestimmten Restspiel auftreten können, hängt nur von n ab. Wir bezeichnen die Anzahl dieser Positionen (einschließlich x) mit A_n. Offenbar gilt die rekursive Beziehung

$$A_n = 1 + A_{n-1} + A_{n-2} + A_{n-3} \text{ mit } A_0 = 1, A_1 = 2, A_2 = 4.$$

Daraus ergibt sich folgende Tabelle:

n	A_n
0	1
1	2
2	4
3	8
4	15
5	28
6	52
7	96
8	177
9	326
10	606
11	1104
12	2031
13	3736
14	6872
15	12640

Modell 1 beinhaltet somit 12640 Positionen.

Modell 2: Wir beschreiben eine Position durch ein Paar (x,y), so daß x angibt, wieviele Marken der am Zug befindliche Spieler bereits genommen hat, während y die Anzahl der Marken im Besitz des anderen Spielers angibt. (Diese Darstellung wurde in Abschnitt 1.2 verwandt.)

Ein entsprechendes Modell (P2,N2,g2) bestimmen wir durch

1. $(x,y) \in P2 \iff 0 \leq x \leq 11$ und $0 \leq y \leq 12$.
   Startposition ist (0,0). (x,y) ist Endposition genau dann, wenn $x + y = 15$. (Begründen Sie, daß der Spieler, der den letzten Zug getan hat, mindestens 4 und höchstens 12 Marken hat!)
2. Für $(x,y), (u,v) \in P2$ gilt
   $(u,v) \in N2(x,y) \iff u = y$ und $x + 1 \leq v \leq x + 3$.

3. Für $(x,y) \in P2_0$ gilt

$$g2(x,y) = \begin{cases} -1 & \text{falls x gerade,} \\ 1 & \text{falls x ungerade.} \end{cases}$$

Zu diesem Modell gehören lediglich 12 x 13 = 156 Positionen. Modell 2 ist also eine weitaus ökonomischere Darstellung des Spiels als Modell 1.

Modell 3: Wir beschreiben eine Position durch ein Tripel (x mod 2, y mod 2, r). Dabei sollen x und y die gleiche Bedeutung haben wie in Modell 2. Die beiden ersten Komponenten geben also an, ob der am Zug befindliche Spieler bzw. sein Gegner eine gerade oder ungerade Anzahl von Marken in ihren Besitz gebracht haben. r ist die Anzahl der noch verbliebenen Marken, d.h. r = 15 - (x+y). (P3,N3,g3) wird festgelegt durch
1. $(a,b,r) \in P3 \iff$ (i) $a,b \in \{0,1\}$,
   (ii) $0 \leq r \leq 15$,
   (iii) $(a+b+r) \bmod 2 = 1$.
   Startposition ist (0,0,15). Eine Position (a,b,r) ist Endposition genau dann, wenn r = 0.
2. Für zwei Positionen (a,b,r) und (c,d,s) gilt
   $(c,d,s) \in N3(a,b,r) \iff$ (i) c = b,
   (ii) es gibt ein $z \in \{1,2,3\}$, so daß $d = (a+z) \bmod 2$ und s = r - z.
3. $g3(a,b,0) = \begin{cases} -1 & \text{falls a = 0,} \\ 1 & \text{falls a = 1.} \end{cases}$

P3 enthält 32 Positionen; darunter die Positionen (1,1,15) und (1,0,14), die von der Startposition (0,0,15) aus nicht erreicht werden können. Das P - Modell (P3,N3,g3;a) mit a = (0,0,15) enthält lediglich 30 Positionen, die den Markierungen der nachstehenden Tabelle entsprechen.

(a,b)\r	15	14	13	12	...	2	1	0
00	*		*			*		
01		*		*	...		*	*
10		(*)		*	...		*	*
11	(*)		*			*		

Das Beispiel gibt Anlaß zu zwei Problemstellungen, die uns im folgenden beschäftigen werden:
1. Wie entscheidet man, ob zwei P - Modelle äquivalent sind in dem Sinne, daß sie zur Beschreibung ein und desselben Spiels geeignet sind?
2. Wie bestimmt man zu einem gegebenen P - Modell ein zugehöriges Minimalmodell, d.h. ein äquivalentes P - Modell mit minimaler Anzahl von Positionen?

Die Idee zur Lösung beider Probleme soll zunächst anhand eines Beispiels deutlich gemacht werden:
Wir gehen aus von einem P - Modell (P,N,g), wie es in Abbildung 2.3 a dargestellt ist.

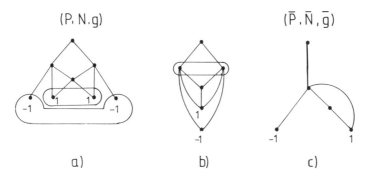

Abb.2.3: Konstruktion eines Minimalmodells

Wird ein Zug in eine Endposition ausgeführt, so ist für den Ausgang der Partie allein der Gewinnwert dieser Endposition wesentlich. Wir fassen daher alle Endpositionen mit gleichem Gewinnwert in einer Klasse zusammen. In einem ersten Reduktionsschritt ersetzen wir das Modell (P,N,g) durch ein äquivalentes Modell, das wir erhalten, indem wir jede Klasse gleichwertiger Endpositionen des ursprünglichen Modells durch eine einzige Position des neuen Modells repräsentieren. (Abbildung 2.3 b)

Die Bedeutung einer Position, die keine Endposition ist, für den Ablauf einer Partie, hängt allein davon ab, welche Nachfolgepositionen man anspielen kann. Deshalb identifizieren wir weiter - in Richtung zunehmender Tiefe - alle Positionen, die bezüglich ihrer Nachfolger übereinstimmen. In unserem Beispiel erhalten wir so das durch Abbildung 2.3 c dargestellte Modell $(\overline{P},\overline{N},\overline{g})$.

In $(\overline{P},\overline{N},\overline{g})$ ist keine weitere Identifizierung verschiedener Positionen möglich, ohne daß die durch die Nachfolgerrelation und die Bewertung der Endpunkte definierte Struktur des Modells zerstört würde: $(\overline{P},\overline{N},\overline{g})$ ist ein *Minimalmodell*.

Betrachten wir nun das Modell (P',N',g'), das durch Abbildung 2.4. a dargestellt wird. Ein Reduktionsprozess wie soeben beschrieben, führt zu dem Modell $(\overline{P}',\overline{N}',\overline{g}')$ der Abbildung 2.4. b.

Die Übereinstimmung von Abbildung 2.3 c mit Abbildung 2.4 b bedeutet, daß die Modelle $(\overline{P},\overline{N},\overline{g})$ und $(\overline{P}',\overline{N}',\overline{g}')$ zueinander isomorph sind. Konsequenterweise sollen auch die Modelle (P,N,g) und (P',N',g') als äquivalent angesehen werden.

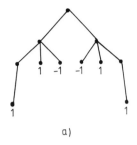 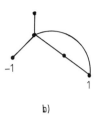

Abb.2.4: Zwei äquivalente Modelle

Der Begriff der Äquivalenz von P - Modellen ist im folgenden so zu präzisieren, daß verschiedene Repräsentanten eines Spiels stets äquivalent sind und daß umgekehrt Spiele, die durch äquivalente Modelle repräsentiert werden, als strukturell (oder abstrakt) gleichartig anzusehen sind. Die dadurch gegebene bijektive Beziehung zwischen Klassen von strukturgleichen Spielen einerseits und Äquivalenzklassen von P - Modellen andererseits berechtigt dazu, ein *abstraktes Spiel* als Klasse äquivalenter P - Modelle zu definieren.

Die strukturelle Gleichartigkeit mathematischer Objekte wird üblicherweise durch die Existenz von Homomorphismen, d.h. strukturerhaltender Abbildungen, definiert. Für P - Modelle präzisieren wir den Begriff 'Homomorphismus' wie folgt:

Definition 2.6: (P,N,g) und (P',N',g') seien zwei Positionsmodelle. Eine Abbildung $\Psi: P \to P'$ mit den Eigenschaften
1. $y \in N(x) \iff \Psi(y) \in N'(\Psi(x))$ und
2. $g(x) = g'(\Psi(x))$ für alle $x \in P_0$

heißt ein *Homomorphismus* von (P,N,g) in (P',N',g').
Ist der Homomorphismus eine Abbildung von P <u>auf</u> P', so heißt (P',N',g') *homomorphes Bild* von (P,N,g).

Ein Homomorphismus erhält also sowohl die Nachfolgerbeziehung als auch die Bewertung der Endpositionen eines P - Modells. Insbesondere gibt es zu jeder Partie $x_0, x_1, \ldots, x_n$ von (P,N,g) eine entsprechende Partie $\Psi(x_0), \Psi(x_1), \ldots \Psi(x_n)$ von (P',N',g') mit $g(x_n) = g'(\Psi(x_n))$. Es ist deshalb naheliegend, zwei P - Modelle $(P,N;g)$ und (P',N',g') genau dann als äquivalent zu bezeichnen, wenn ein Homomorphismus von (P,N,g) in (P',N',g') und ebenfalls ein Homomorphismus von (P',N',g') in (P,N,g) existiert; etwas salopp ausgedrückt: wenn in jedem der Modelle die Struktur des anderen wiederzufinden ist.

Wir werden - wie schon in dem einführenden Beispiel - einen anderen, kon-

struktiven Weg einschlagen, der jedoch zur gleichen Äquivalenzklassenbildung
führt. Und zwar definieren wir rekursiv zwei P - Modelle (P,N,g;x) und
(P',N',g';x') als genau dann äquivalent, wenn entweder g(x) = g'(x') oder
wenn sich zu jedem y ε N(x) ein y' ε N'(x') findet und zu jedem y' ε N'(x')
ein y ε N(x), so daß die Modelle (P,N,g;y) und (P',N',g';y') äquivalent sind.
Bezeichnen wir mit $(\overline{P,N,g;x})$ die Klasse der zu (P,N,g;x) äquivalenten Modelle,
so ist die letzte Bedingung gleichbedeutend mit

$$\{(\overline{P,N,g;y})|y \in N(x)\} = \{(\overline{P',N',g';y'})|y' \in N'(x')\}.$$

Das führt zu

Definition 2.7:

$$(P,N,g;x) \sim (P',N',g';x') \iff \begin{cases} g(x) = g'(x') \quad \text{falls } x \in P_o \text{ und } x' \in P'_o, \\ \{(\overline{P,N,g;y})|y \in N(x)\} = \{(\overline{P',N',g';y'})| y' \in N'(x)\} \quad \text{sonst}. \end{cases}$$

Der Nachweis, daß ein Homomorphismus von (P,N,g;x) in (P',N',g';x') genau
dann existiert, wenn beide Modelle äquivalent sind im Sinne der Definition
2.7, ist leicht durch vollständige Induktion zu erbringen und sei dem Leser
überlassen.

Jedes P - Modell einer Äquivalenzklasse repräsentiert die gleiche durch Nachfolgerbeziehung und Gewinnfunktion festgelegte Spielstruktur. Das berechtigt
zu

Definition 2.8: Die Klasse $(\overline{P,N,g;x})$ äquivalenter P - Modelle bezeichnen wir
als das durch (P,N,g;x) repräsentierte *abstrakte Spiel*. Statt $(\overline{P,N,g;x})$
schreiben wir auch Sp(P,N,g;x) oder - sofern keine Verwechslung zu befürch-
ten ist - Sp(x).

Aus den Definitionen 2.7 und 2.8 folgt unmittelbar:

Satz 2.1: Für zwei P - Modelle (P,N,g;x) und (P',N',g';x') gilt

$$Sp(x) = Sp(x') \iff \begin{cases} g(x) = g(x') \quad \text{falls } x \in P_o \text{ und } x' \in P'_o, \\ \{Sp(y)|y \in N(x)\} = \{Sp(y')|y' \in N'(x')\} \text{ sonst}. \end{cases}$$

Abbildung 2.5 zeigt drei äquivalente P - Modelle. Zum Nachweis der Äquivalenz
benennen wir die Knotenpunkte der Graphen und vergleichen - beginnend mit den
Endpunkten - die zugehörigen Spiele.

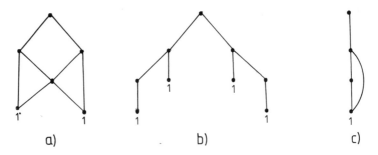

Abb.2.5: Äquivalente P - Modelle

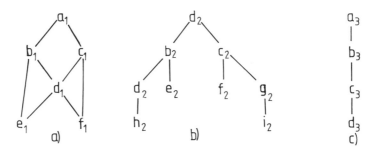

Abb.2.6: Zum Nachweis der Äquivalenz

Da alle Endpositionen den gleichen Gewinnwert 1 haben, gilt
Sp(e1) = Sp(f1) = Sp(e2) = Sp(f2) = Sp(h2) = Sp(i2) = Sp(d3).
Gemäß Satz 2.1 folgt weiter
Sp(d1) = Sp(d2) = Sp(g2) = Sp(c3),
Sp(b1) = Sp(c1) = Sp(b2) = Sp(c2) = Sp(b3)
und somit
Sp(a1) = Sp(a2) = Sp(a3). Das bedeutet aber gerade, daß die zugehörigen Modelle äquivalent sind.
Dem Leser sei empfohlen, den Nachweis der Äquivalenz zusätzlich dadurch zu führen, daß er geeignete homomorphe Abbildungen angibt.

Für zwei P - Modelle (P,N,g) und (P',N',g') sei $x \in P$ und $x' \in P'$. Man wird erwarten, daß beide Positionen die gleiche Tiefe haben, sofern die zugehörigen Spiele Sp(x) uns Sp(x') gleich sind. In der Tat gilt

Satz 2.2: Sp(x) = Sp(x') $\Rightarrow$ tiefe(x) = tiefe(x')

Beweis (durch vollständige Induktion):
(i) Sei tiefe(x) = 0.
    Sp(x) = Sp(x') $\Rightarrow$ tiefe(x) = tiefe(x') = 0 (nach Satz 2.1)
(ii) Sei tiefe(x) = k+1.
    Es gilt
    Sp(x) = Sp(x') $\Rightarrow$ {Sp(y)|y ϵ N(x)} = {Sp(y')|y' ϵ N'(x')}
    und max{tiefe(y)|y ϵ N(x)} = k.
    Falls die Behauptung des Satzes für alle Positionen, deren Tiefe höchstens
    k ist, richtig ist, so folgt weiter:
    {tiefe(y)|y ϵ N(x)} = {tiefe(y')|y' ϵ N'(x')}
    und somit
    tiefe(x') = 1 + max{tiefe(y')|y' ϵ N'(x')}
              = 1 + max{tiefe(y)|y ϵ N(x)} = 1 + k.

Die Tiefe der Startposition in einem Spiel ist also unabhängig von der Wahl des Repräsentanten. Das ermöglicht es, die Tiefe eines Spiels durch die Tiefe der Startposition in irgendeinem zugehörigen Modell zu definieren.

Definition 2.9: Sei (P,N,g;x) ein P - Modell mit Startposition x. Dann ist
       tiefe(Sp(x)) = tiefe(x).

Die Formulierungen "Tiefe eines Spiels" und "Tiefe der Startposition eines Spiels" sind somit gleichbedeutend.

Wir können die Tiefe eines Spiels auch in analoger Weise wie die Tiefe einer Position direkt definieren.

Definition 2.9a:
$$\text{tiefe}(Sp(x)) = \begin{cases} 0 & \text{falls } x \in P_0, \\ 1 + \max\{\text{tiefe}(Sp(y))|y \in N(x)\} & \text{sonst.} \end{cases}$$

Der offensichtliche Induktionsbeweis für die Gleichwertigkeit beider Definitionen sei dem Leser überlassen.

Seien (P,N,g) und (P',N',g') zwei P - Modelle. Falls für k ϵ N_0 mit k < tiefe(Sp(P,N,g)) gilt {Sp(x)|x ϵ P und tiefe(x) > k} = {Sp(x')|x' ϵ P' und tiefe(x') > k}, so gilt wegen Satz 2.1 auch {Sp(x)|x ϵ P und tiefe(x) = k} = {Sp(x')|x' ϵ P' und tiefe(x') = k}. Induktion nach abnehmender Tiefe zeigt somit
Sp(P,N,g) = Sp(P',N',g') $\Rightarrow$ {Sp(x)|x ϵ P} = {Sp(x')|x' ϵ P'}.

Die Umkehrung dieser Aussage ist ebenfalls richtig, da die Startposition eines P - Modells die einzige Position von maximaler Tiefe ist. Daraus folgt

> **Satz 2.3:**
>
> $$Sp(P,N,g) = Sp(P',N',g') \iff \{Sp(x) | x \in P\} = \{Sp(x') | x' \in P'\}.$$

Aufgabe 2.4: Für das Spiel "Ungerade gewinnt" wurden drei Modelle angegeben. Bestimmen Sie für jedes Modell die Anzahl der verschiedenen Partien.

Aufgabe 2.5: Welche der graphisch dargestellten Modelle sind äquivalent? Führen Sie den Nachweis sowohl durch rekursives Vorgehen als auch durch die Angabe homomorpher Abbildungen. Konstruieren Sie jeweils ein Minimalmodell.

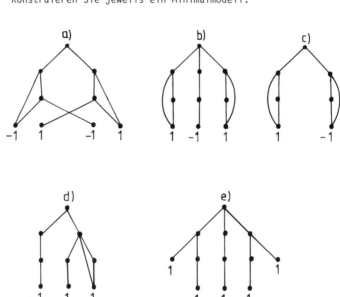

Aufgabe 2.6: Beweisen Sie: Zwei P - Modelle (P1,N1,g1) und (P2,N2,g2) sind genau dann äquivalent im Sinne der Definition 2.7, wenn ein Homomorphismus ψ_1: P1 → P2 und zugleich ein Homomorphismus ψ_2: P2 → P1 existiert.

2.3. Minimale Repräsentanten

Das Verfahren, nach dem wir zu einem Modell (P,N,g) ein äquivalentes Minimalmodell konstruiert haben, soll nun allgemein formuliert werden. Zunächst definieren wir dazu eine Äquivalenzrelation auf P.

> Definition 2.10: Für (P,N,g) und x_1, $x_2 \in P$ gilt
> $$x_1 \sim x_2 \iff \begin{cases} g(x_1) = g(x_2) & \text{falls } x_1, x_2 \in P_0, \\ \{\overline{y_1} | y_1 \in N(x_1)\} = \{\overline{y_2} | y_2 \in N(x_2)\} & \text{sonst.} \end{cases}$$
> Dabei sind $\overline{y_1}$ und $\overline{y_2}$ die zu y_1 und y_2 gehörenden Klassen äquivalenter Positionen von P.

Aus
$$\overline{x_1} = \overline{x_2} \iff \begin{cases} g(x_1) = g(x_2) & \text{falls } x_1, x_2 \in P_0, \\ \{\overline{y} | y \in N(x_1)\} = \{\overline{y} | y \in N(x_2)\} & \text{sonst} \end{cases}$$

und
$$Sp(x_1) = Sp(x_2) \iff \begin{cases} g(x_1) = g(x_2) & \text{falls } x_1, x_2 \in P_0, \\ \{Sp(y) | y \in N(x_1)\} = \{Sp(y) | y \in N(x_2)\} & \text{sonst} \end{cases}$$

ergibt sich durch vollständige Induktion

> Satz 2.4: Für zwei Positionen x_1 und x_2 eines P - Modells gilt
> $$Sp(x_1) = Sp(x_2) \iff \overline{x_1} = \overline{x_2}$$

Die Äquivalenz zweier Positionen x_1 und $x_2 \in P$ gemäß Definition 2.10 ist somit gleichbedeutend damit, daß die Modelle $(P,N,g;x_1)$ und $(P,N,g;x_2)$ äquivalent im Sinne der Definition 2.7 sind.

Wir identifizieren nun äquivalente Positionen von (P,N,g). Dadurch erhalten wir ein Modell $(\overline{P},\overline{N},\overline{g})$, dessen Positionen den Äquivalenzklassen von (P,N,g) entsprechen.

> Definition 2.11: Sei (P,N.g) ein beliebiges P - Modell. Mit $(\overline{P},\overline{N},\overline{g})$ bezeichnen wir das durch
> (i) $\overline{P} = \{\overline{x} | x \in P\}$,
> (ii) $\overline{N}(\overline{x}) = \{\overline{y} | y \in N(x)\}$,
> (iii) $\overline{g}(\overline{x}) = g(x)$ für alle $x \in P_0$,
> bestimmte P - Modell.

$(\overline{P},\overline{N},\overline{g})$ ist ein bis auf Isomorphie eindeutig bestimmter minimaler Repräsentant von Sp(P,N,g).

Genauer gilt der von G. Schrage 1982 bewiesene

> Satz 2.5 (Repräsentationssatz für Positionsspiele):
> 1. $(\overline{P},\overline{N},\overline{g}) \sim (P,N,g)$,
> 2. $\#\overline{P} \leq \# P$,
> 3. $(P,N,g) \sim (P',N',g') \iff (\overline{P},\overline{N},\overline{g}) \sim (\overline{P'},\overline{N'},\overline{g'})$,
> 4. $\# P = \# \overline{P} \iff (P,N,g) \sim (\overline{P},\overline{N},\overline{g})$.

Beweis:

1. Es sei $x \in P$. Wir unterscheiden die Fälle $\text{tiefe}(x) = 0$ und $\text{tiefe}(x) > 0$:
   (i) $x \in P_0 \implies g(x) = \overline{g}(\overline{x})$ (gemäß Definition 2.11),
       $g(x) = \overline{g}(\overline{x}) \implies Sp(x) = Sp(\overline{x})$ (gemäß Satz 2.1).
   (ii) Sei $x \in P_{n+1} \setminus P_0$, d.h. $0 < \text{tiefe}(x) \leq n+1$. Falls $Sp(\overline{y}) = Sp(y)$ für alle $y \in P_n$, so gilt $\{Sp(y) | y \in N(x)\} = \{Sp(\overline{y}) | \overline{y} \in \overline{N}(\overline{x})\}$ und somit $Sp(x) = Sp(\overline{x})$ (gemäß Satz 2.1).

   Aus (i) und (ii) folgt durch Induktion $Sp(x) = Sp(\overline{x})$ für alle $x \in P$ und damit $(P,N,g) \sim (\overline{P},\overline{N},\overline{g})$.

2. $\# \overline{P} = \# \{\overline{x} | x \in P\} \leq \# P$.

3. Betrachten wir das Modell $(\hat{P},\hat{N},\hat{g})$ mit
   (i) $\hat{P} = \{Sp(x) | x \in P\}$,
   (ii) $\hat{N}(Sp(x)) = \{Sp(y) | y \in N(x)\}$,
   (iii) $\hat{g}(Sp(x)) = g(x)$ für alle $x \in P_0$.

   Der Vergleich mit der Definition 2.11 des Modells $(\overline{P},\overline{N},\overline{g})$ zeigt, daß die Abbildung $\Psi: \overline{P} \to \hat{P}$ mit $\Psi(\overline{x}) = Sp(x)$ ein Isomorphismus von $(\overline{P},\overline{N},\overline{g})$ nach $(\hat{P},\hat{N},\hat{g})$ ist. Wir sind daher fertig, wenn wir beweisen können $(P,N,g) \sim (P',N',g') \iff (\hat{P},\hat{N},\hat{g}) = (\hat{P}',\hat{N}',\hat{g}')$.

   $\implies$: Hier ist zu zeigen: $(P,N,g) \sim (P',N',g') \implies$ (i) $\hat{P} = \hat{P}'$,
   (ii) $\hat{N} = \hat{N}'$,
   (iii) $\hat{g} = \hat{g}'$.

   (i) $(P,N,g) \sim (P',N',g') \implies \hat{P} = \{Sp(x) | x \in P\}$
   $= \{Sp(x') | x' \in P'\} = \hat{P}'$ (nach Satz 2.1)

   (ii) Sei $\hat{x} \in \hat{P}$. Wegen $\hat{P} = \hat{P}'$ gibt es Positionen $x \in P$ und $x' \in P'$, so daß $Sp(x) = Sp(x') = \hat{x}$.

   Ist $\hat{x} \in \hat{P}_0$, so haben $Sp(x)$ und $Sp(x')$ die Tiefe 0, d.h. $\hat{N}(\hat{x}) = \hat{N}'(\hat{x}) = \emptyset$.

   Für $\hat{x} \in \hat{P} \setminus \hat{P}_0$ gilt
   $\hat{N}(\hat{x}) = \hat{N}(Sp(x)) = \{Sp(y) | y \in N(x)\}$
   und ebenso
   $\hat{N}'(\hat{x}) = \hat{N}'(Sp(x')) = \{Sp(y') | y' \in N'(x')\}$.
   Aus $Sp(x) = Sp(x')$ folgt nach Satz 2.1
   $\{Sp(y) | y \in N(x)\} = \{Sp(y') | y' \in N'(x')\}$ und damit
   $\hat{N}(\hat{x}) = \hat{N}'(\hat{x})$.

(iii) Sei $\hat{x} \in \hat{P}_0$. Wegen $\hat{P} = \hat{P}'$ und $\hat{N} = \hat{N}'$ gilt auch $\hat{P}_0 = \hat{P}'_0$.
Also gibt es $x \in P_0$ und $x' \in P'_0$, so daß $Sp(x) = Sp(x') = x$.
Nach der Definition von $\hat{g}$ gilt $\hat{g}(\hat{x}) = \hat{g}(Sp(x)) = g(x)$ und
andererseits $\hat{g}'(\hat{x}) = \hat{g}'(Sp(x')) = g'(x')$.
Aus $Sp(x) = Sp(x')$ folgt nach Satz 2.1 $g(x) = g(x')$ und somit
$\hat{g}(\hat{x}) = \hat{g}'(\hat{x})$.

$\Leftarrow$: $\hat{P} = \hat{P}'$ ist gleichbedeutend mit $\{Sp(x) | x \in P\} = \{Sp(x') | x' \in P\}$.
Nach Satz 2.3 folgt daraus
$Sp(P,N,g) = Sp(P',N',g')$, was gleichbedeutend ist mit
$(P,N,g) \sim (P',N',g')$.

4. $(P,N,g) \sim (\overline{P},\overline{N},\overline{g})$ ist gleichbedeutend mit der Existenz einer bijektiven Abbildung $\Psi: P \to \overline{P}$, so daß
   1. $y \in N(x) \iff \Psi(y) \in \overline{N}(\Psi(y))$ und
   2. $g(x) = \overline{g}(\Psi(x))$.

   Falls $\# P = \# \overline{P}$, so ist die Abbildung $\Psi: P \to \overline{P}$ mit $x \to \overline{x}$ bijektiv. Die Eigenschaften 1. und 2. folgen aus Definition 2.11.
   Somit gilt $\# P = \# \overline{P} \implies (P,N,g) \sim (\overline{P},\overline{N},\overline{g})$. Die Umkehrung dieser Aussage folgt unmittelbar aus der Definition der Isomorphie von P - Modellen.

Aufgabe 2.7: Führen Sie den Nachweis, daß im Spiel "Ungerade gewinnt" die Positionsbeschreibung (x mod 2, y mod 2, r) wie sie im dritten Modell in Abschnitt 2.2 gegeben wurde, zu einem minimalen Modell führt.

Aufgabe 2.8: Geben Sie zum Spiel "Würfel kippen" ein Minimalmodell an. Spielen Sie einige Partien und verfolgen Sie diese am Modell.

2.4. Anzahlen abstrakter Positionsspiele

Wir werden in diesem Abschnitt der Frage nachgehen, wie viele strukturell verschiedene Strategiespiele es gibt. Die Anzahl aller solcher Spiele ist natürlich unbegrenzt. Wir schränken daher das Problem in zweierlei Hinsicht ein und fragen nach der Anzahl abstrakter Spiele, deren Tiefe eine Zahl k nicht überschreitet und deren Gewinnwerte Elemente einer vorgegebenen endlichen Menge $\mathbf{G} \subset \mathbf{R}$ sind.

Die Menge all dieser Spiele bezeichnen wir mit $\sum_{k}^{\mathbf{G}}$. Die Antwort auf die Frage nach der Ordnung dieser Menge ergibt sich aus Satz 2.1. Danach ist ein Spiel der Tiefe 0 durch seinen Gewinnwert eindeutig bestimmt; es gilt also

$\# \sum_{0}^{\mathfrak{G}} = \# \mathfrak{G}$. Jedes Spiel, dessen Tiefe größer als 0 ist, ist umkehrbar eindeutig bestimmt durch die nichtleere Menge der Nachfolgerspiele. Für k > 0 besteht demnach eine umkehrbar eindeutige Beziehung zwischen der Menge $\sum_{k}^{\mathfrak{G}} \setminus \sum_{0}^{\mathfrak{G}}$ und der Menge aller nichtleeren Teilmengen von $\sum_{k-1}^{\mathfrak{G}}$. Das heißt: $\# \sum_{k}^{\mathfrak{G}} - \# \mathfrak{G} = \# \left(2^{\sum_{k-1}^{\mathfrak{G}}}\right) - 1$.

Zusammenfassend ergibt sich

Satz 2.6:
$$\# \sum_{k}^{\mathfrak{G}} = \begin{cases} \# \mathfrak{G} & \text{falls } k = 0, \\ 2^{\# \sum_{k-1}^{\mathfrak{G}}} + \# \mathfrak{G} - 1 & \text{falls } k > 0. \end{cases}$$

Wenden wir dieses Ergebnis auf solche Spiele an, für die als Ergebnis einer Partie nur "Sieg" oder "Niederlage" festgestellt wird. In diesem Fall gilt $\# \mathfrak{G} = 2$ und wir erhalten folgende Tabelle:

$\# \mathfrak{G} = 2$

k	0	1	2	3	......
$\# \sum_{k}^{\mathfrak{G}}$	2	5	33	8589150977	......

Für viele Gesellschaftsspiele gilt die Regel, daß der Spieler gewinnt, der den letzten Zug tut. Man spricht dann auch von einem Spiel mit *normaler* Gewinnregel oder von einem *Normalspiel*. Für solche Spiele gilt $\mathfrak{G} = \{-1\}$. Verliert der Spieler, der den letzten Zug tut, so spricht man von einem *Misèrespiel*. (Der Ausdruck "Misère stammt aus der Terminologie des Whistspiels, eines Kartenspiels, bei dem die Spieler bemüht sind, Stiche zu vermeiden.) Für Misèrespiele gilt $\mathfrak{G} = \{1\}$. In beiden Fällen erhalten wir die gleiche Tabelle:

$\# \mathfrak{G} = 1$

k	0	1	2	3	4	5	...
$\# \sum_{k}^{\mathfrak{G}}$	1	2	4	16	65536	2^{65563}	$>10^{19668}$

Abbildung 2.7 zeigt die Minimalmodelle sämtlicher Normal- bzw. Misèrespiele bis zur Tiefe 3 sowie sechs solcher Modelle der insgesamt 65520 Spiele der Tiefe 4.

Das Konstruktionsverfahren ergibt sich aus den Überlegungen zu Satz 2.6.

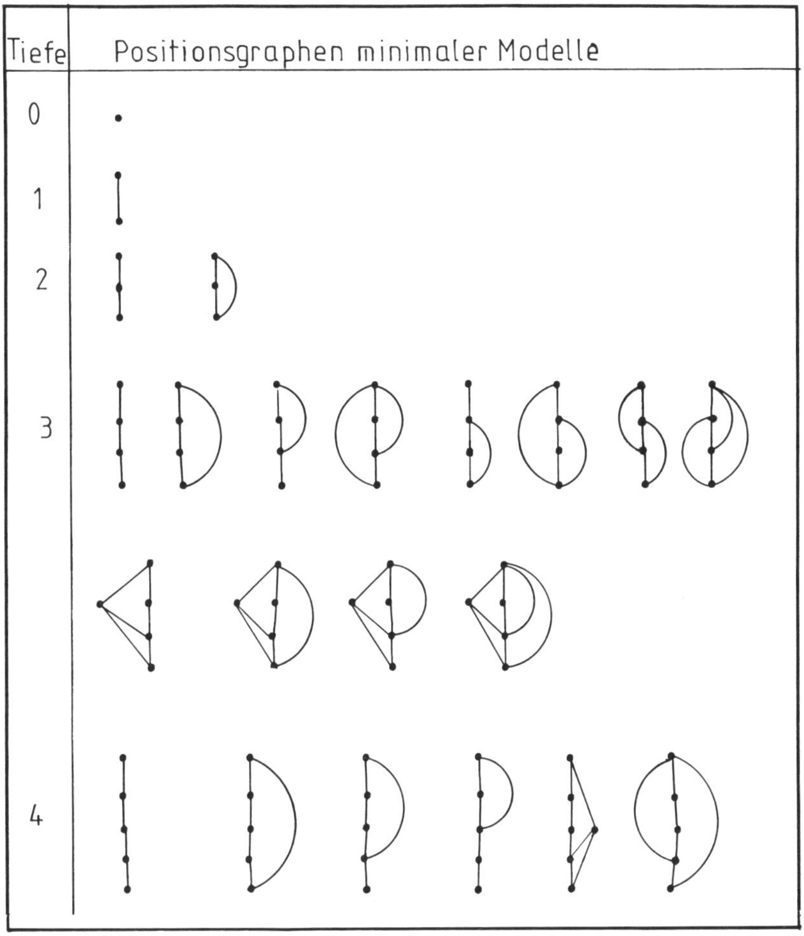

Tiefe	Positionsgraphen minimaler Modelle
0	•
1	(Graph)
2	(Graphen)
3	(Graphen)
4	(Graphen)

Abb.2.7: Minimale Repräsentanten

Betrachten wir schließlich noch solche Spiele, bei denen "Sieg", "Niederlage" oder "Remis" als Ergebnis möglich ist:

$\#\mathfrak{E} = 3$

k	0	1	2	3	...
$\#\sum_k^{\mathfrak{E}}$	3	10	1026	$2^{1026} + 2 > 10^{307}$	...

Es ist wohl unmöglich, sich zutreffende Vorstellungen von den gewaltigen Zahlen zu machen, die hier schon bei geringen Spieltiefen auftreten. Der menschlichen Phantasie beim Erfinden immer neuer Spiele sind jedenfalls keine Grenzen gesetzt.

Aufgabe 2.9: Zeichnen Sie alle minimalen Positionsgraphen der zu $\sum_{2}^{\{-1,1\}}$ und der zu $\sum_{1}^{\{-1,0,1\}}$ gehörenden Spiele.

2.5. Bewertung und Analyse

In einem konkreten Spiel trifft der am Zug befindliche Spieler seine Entscheidung in Abhängigkeit vom aktuellen Spielstand. Wir fassen die Folge der Entscheidungen, die ein Spieler im Verlauf einer Partie trifft, als Realisierung eines Planes auf, durch den jeder Zug festgelegt ist. Ein solcher Plan wird als *Strategie* bezeichnet.

Im Rahmen unserer Theorie ist eine zu einem Modell (P,N,g) gehörige Strategie eine Abbildung, die jeder Position, die nicht Endposition ist, einen Nachfolger zuweist.

> Definition 2.12: Eine zu (P,N,g) gehörige Strategie ist eine Abbildung
> $\alpha: P \setminus P_0 \to P$ mit $\alpha(x) \in N(x)$.

Hat sich jeder der beiden Spieler auf eine Strategie festgelegt, so ist der Verlauf der Partie dadurch bestimmt. Ist σ die Strategie des zuerst ziehenden Spielers und ρ die Strategie seines Gegner, so wird die zugehörige Partie mit Startposition x beschrieben durch

$$\text{partie}(x,\sigma,\rho) = \begin{cases} x & \text{falls } x \in P_0, \\ x, \text{partie}(\sigma(x),\rho,\sigma) & \text{sonst.} \end{cases}$$

Durch das Tripel (x,σ,ρ) ist also eine bestimmte Partie und damit das zu einer Partie gehörende Spielergebnis festgelegt. Den Gewinn des Spielers, der die Strategie einsetzt, bezeichnen wir mit $G(x,\sigma,\rho)$. Dieser Wert läßt sich rekursiv bestimmen.

> Definition 2.13:
> $$G(x,\sigma,\rho) = \begin{cases} g(x) & \text{falls } x \in P_0, \\ -G(\sigma(x),\rho,\sigma) & \text{sonst.} \end{cases}$$

Jedem $x \in P$ werden wir nun einen *Wert* zuordnen, der - wie anschließend gezeigt wird - folgendermaßen zu interpretieren ist:

Ist wert(x) = w, so existiert für den in x am Zug befindlichen Spieler eine Strategie σ^*, die ihm einen Gewinn in Höhe von mindestens w garantiert, ganz gleich, was sein Gegner unternimmt. Für den Gegenspieler existiert gleichzeitig eine Strategie ρ^*, mit der dieser verhindern kann, daß der erste Spieler einen Gewinn erzielt, der höher ist als w. Wenn also einer der Spieler von der Strategie σ^* bzw. ρ^* abweicht, so kann er sich nicht verbessern, sofern ihm sein Gegner nicht dabei hilft. Er kann nicht damit rechnen, besser abzuschneiden, als es ihm die Strategie σ^* (für den ersten Spieler) bzw. ρ^* (für den zweiten Spieler) garantiert.

In diesem Sinn wollen wir die Strategien σ^* und ρ^* als optimal bezeichnen. Das geordnete Strategienpaar (σ^*,ρ^*) heißt eine *Lösung* des Spiels.

Definition 2.14: Sei (P,N,g) ein P - Modell. Die Funktion *wert* ist definiert durch wert: $P \to \mathbb{R}$ mit

$$\text{wert}(x) = \begin{cases} g(x) & \text{falls } x \in P_0, \\ -\min\{\text{wert}(y) | y \in N(x)\} & \text{sonst.} \end{cases}$$

Wir werden nun zeigen, daß der Wert einer Position x lediglich von dem zugehörigen Spiel Sp(x) abhängt, nicht dagegen von dem speziellen Repräsentanten.

Satz 2.7: (P,N,g;x) und (P',N',g';x') seien zwei äquivalente P - Modelle, d.h. Sp(x) = Sp(x'). Die Werte der Positionen x bzw. x' seien wert(x) bzw. wert'(x'). Dann gilt
    wert(x) = wert'(x').

Beweis: Für wert(x) und wert'(x') gilt definitionsgemäß:

$$\text{wert}(x) = \begin{cases} g(x) & \text{falls } x \in P_0, \\ -\min\{\text{wert}(y) | y \in N(x)\} & \text{sonst,} \end{cases}$$

und

$$\text{wert}'(x') = \begin{cases} g'(x') & \text{falls } x' \in P_0, \\ -\min\{\text{wert}(y') | y' \in N'(x')\} & \text{sonst.} \end{cases}$$

Wir unterscheiden zwei Fälle:
1. tiefe(x) = tiefe(x') = 0:
   Sp(x) = Sp(x') $\Rightarrow$ g(x) = g'(x')   (nach Definition 2.7)
   g(x) = g'(x') $\Rightarrow$ wert(x) = wert'(x').
2. tiefe(x) = tiefe(x') = n+1:
   Sp(x) = Sp(x') $\Rightarrow$ {Sp(y)|y $\in$ N(x)} = {Sp(y')|y' $\in$ N'(x')}.

Falls die Aussage des Satzes für alle Positionen gilt, deren Tiefe
höchstens n ist, so folgt
{wert(y)|y ∈ N(x)} = {wert'(y')|y' ∈ N'(x')}
und somit wert(x) = wert'(x').
Der Beweis ergibt sich nun durch vollständige Induktion.
Satz 2.7 berechtigt uns, statt vom Wert der Position x auch vom Wert des
Spiels Sp(x) zu sprechen.

In Analogie zu Definition 2.14 können wir den Wert eines Spiels auch durch
eine rekursive Definition festlegen:

Definition 2.15: Für $Sp(x) = Sp(P,N,g;x)$ ist

$$\text{wert}(Sp(x)) = \begin{cases} g(x) & \text{falls } x \in P_o, \\ -\min\{\text{wert}(Sp(y))|y \in N(x)\} & \text{sonst.} \end{cases}$$

Man beachte, daß die Definitionen 2.14 und 2.15 Funktionen mit unterschiedlichen Definitionsbereichen beschreiben. Aufgrund der Beziehung
wert(Sp(x)) = wert(x) haben wir für beide Funktionen den gleichen Namen gewählt. Wenn im folgenden einfach von der Funktion "wert" gesprochen wird,
so ist damit die Funktion im Sinne von Definition 2.14 gemeint.
Existenz und Eindeutigkeit der Funktion "wert" sind durch die rekursive Definition garantiert. Die oben bereits gegebene Interpretation und damit
auch die Motivation für diese Definition ergibt sich aus

Satz 2.8 (Hauptsatz für Positionsspiele):
Sei $T = \{\alpha|\alpha:P \setminus P_o \to P, \alpha(x) \in N(x)\}$ die Menge aller Strategien von
(P,N,g). Es gibt Strategien σ^* und ρ^*, so daß für jedes $x \in P$ und für alle
$\sigma,\rho \in T$ gilt: $G(x,\sigma,\rho^*) \leq \text{wert}(x) \leq G(x,\sigma^*,\rho)$.

In anderen Worten: Jedes Positionsspiel hat eine Lösung. Daß dies keine selbstverständliche Aussage ist, mag das folgende Beispiel verdeutlichen:

Finger ziehen

Zwei Spieler - nennen wir sie Spieler I und Spieler II - zeigen gleichzeitig
eine beliebige Anzahl von Fingern. Ist die Summe eine ungerade Zahl, so gewinnt Spieler I, andernfalls gewinnt Spieler II.

Wir stellen die Situation durch eine Matrix dar, die für jedes mögliche Verhalten der beiden Spieler den Gewinnwert für Spieler I angibt. (1 bedeutet
Sieg für Spieler I, -1 bedeutet Niederlage für Spieler I.)

		Spieler II	
		gerade	ungerade
Spieler I	gerade	-1	1
	ungerade	1	-1

Die Entscheidung eines Spielers besteht darin, die Zahl der zu zeigenden Finger festzulegen, wobei für das Ergebnis nur relevant ist, ob diese Zahl gerade oder ungerade ist. Was immer die Entscheidung des Siegers war, der Verlierer hätte durch eine andere Wahl als die von ihm getroffene, das Spiel für sich entscheiden können. Es gibt also keine Wahl, an der festzuhalten für beide Spieler sinnvoll ist - im Gegensatz zu einem Lösungspaar eines Positionsspiels. Mit der Frage nach rationalem Verhalten in Spielen von der Art dieses Beispiels werden wir uns später beschäftigen.

Beweis des Hauptsatzes: $T^* \subset T$ sei die Menge von Strategien mit der Eigenschaft

$$\alpha \in T^* \iff \text{wert}(\alpha(x)) = \min\{\text{wert}(y) \mid y \in N(x)\} \quad \text{für alle } x \in P \setminus P_0.$$

Da P eine endliche Menge ist, gibt es zu jedem $x \in P \setminus P_0$ eine Position $y^* \in N(x)$, so daß $\text{wert}(y^*) = \min\{\text{wert}(y) \mid y \in N(x)\}$.
T^* ist also nicht leer, sofern $P \setminus P_0 \neq \emptyset$. Die Intention einer Strategie $\alpha \in T^*$ ist es, den Gegner in einer Position von möglichst geringem Wert zum Zug zu bringen. Wir nehmen im folgenden an, daß σ^* und ρ^* derartige Strategien sind.

Die Aussage des Satzes ist trivialerweise richtig für $x \in P_0$. Falls sie für alle $x \in P_n$ gilt, so folgern wir für $x \in P_{n+1}$:

(i) $G(x,\sigma,\rho^*) = - G(\sigma(x),\rho^*,\sigma)$
$\leq - \text{wert}(\sigma(x))$
$\leq - \min\{\text{wert}(y) \mid y \in N(x)\}$
$= \text{wert}(x),$

(ii) $G(x,\sigma^*,\rho) = - G(\sigma^*(x),\rho,\sigma^*)$
$\geq - \text{wert}(\sigma^*(x))$
$= - \min\{\text{wert}(y) \mid y \in N(x)\}$
$= \text{wert}(x).$

Aus (i) und (ii) folgt
$G(x,\sigma,\rho^*) \leq \text{wert}(x) \leq G(x,\sigma^*,\rho).$

Der Beweis des Satzes ergibt sich nunmehr durch Induktion nach der Tiefe von x.

*

Nach dem Hauptsatz gilt insbesondere:

$G(x,\sigma^*,\rho^*) \leq \text{wert}(x) \leq G(x,\sigma^*,\rho^*)$ und somit

$G(x,\sigma^*,\rho^*) = \text{wert}(x)$ bzw.

$G(x,\sigma,\rho^*) \leq G(x,\sigma^*,\rho^*) \leq G(x,\sigma^*,\rho)$ für alle $\sigma,\rho \in T$ und für alle $x \in P$.

Dieses Ergebnis soll noch in anderer Weise gedeutet werden, wodurch zugleich der Zusammenhang zur Theorie der Matrixspiele und damit zum 4. Kapitel dieses Buches hergestellt wird: Die zu (P,N,g) gehörenden Strategien sein von 1 bis n numeriert. a_{ik} sei der Gewinn, den der anziehende Spieler - sagen wir Spieler I - erzielt, wenn er gemäß Strategie i spielt, während sein Gegner, Spieler II, die Strategie k anwendet. Der Zusammenhang zwischen den Strategien der beiden Spieler und dem Resultat der zugehörigen Partie läßt sich dann durch die Matrix $A = [a_{ik}]$ beschreiben.

$$
\begin{array}{c|cccc}
 & \multicolumn{4}{c}{\text{Spieler II}} \\
 & 1 & 2 & \cdots & n \\
\hline
1 & a_{11} & a_{12} & \cdots & a_{1n} \\
2 & a_{21} & a_{22} & \cdots & a_{2n} \\
\vdots & \vdots & \vdots & & \vdots \\
n & a_{n1} & a_{n2} & \cdots & a_{nn}
\end{array}
$$

(Spieler I)

Eine solche Matrix bezeichnen wir als die zu (P,N,g) gehörende *Auszahlungsmatrix*. Der Hauptsatz für Positionsspiele besagt, daß es eine Zeile i* und eine Spalte k* gibt, so daß $a_{ik^*} \leq a_{i^*k^*} \leq a_{i^*k}$ für alle $i,k \in \{1,2,\ldots,n\}$.

Das bedeutet

1. $a_{i^*k^*}$ ist maximales Element der Spalte k*.

   (Die durch k* bezeichnete Strategie garantiert Spieler II, daß sein Verlust den Wert $a_{i^*k^*}$ nicht überschreitet.)

2. $a_{i^*k^*}$ ist minimales Element der Zeile i*.

   (Die durch i* bezeichnete Strategie garantiert Spieler I einen Gewinn, dessen Wert mindestens $a_{i^*k^*}$ ist.)

Ein Paar (i*,k*) mit der Eigenschaft $a_{ik^*} \leq a_{i^*k^*} \leq a_{i^*k}$ für alle i,k wird in anschaulicher Weise als Sattelpunkt der Matrix bezeichnet.

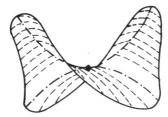

Eine Matrix kann durchaus mehrere Sattelpunkte haben. Nehmen wir an, (i*,k*) und (j*,l*) seien zwei Sattelpunkte einer Matrix. Aus der Sattelpunkteigenschaft folgt

1. $a_{j*k*} \leq a_{i*k*} \leq a_{i*l*}$

2. $a_{i*l*} \leq a_{j*l*} \leq a_{j*k*}$

und somit $a_{i*k*} = a_{j*l*}$. Alle zu einer Matrix gehörenden Sattelpunkte haben also denselben Wert.

Der Hauptsatz für Positionsspiele kann nun auch so formuliert werden:

> Satz 2.8a: Jede zu einem Positionsspiel gehörende Auszahlungsmatrix besitzt einen Sattelpunkt. Der eindeutig bestimmte Wert eines solchen Sattelpunktes ist der Wert des Positionsspiels.

*

Ein Positionsspiel zu analysieren bedeutet, die Funktion "wert" zu bestimmen. Ist diese Funktion bekannt, so kann man in jeder Position einen optimalen Zug ermitteln.

Ist das Bild der Funktion "wert" beschränkt auf G = {-1,0,1}, so klassifizieren wir die Elemente von P wie folgt:

x ∈ P heißt *Verlustposition* (für den am Zug befindlichen Spieler), wenn wert(x) = -1.

x ∈ P heißt *Remisposition*, wenn wert(x) = 0.

x ∈ P heißt *Gewinnposition* (für den am Zug befindlichen Spieler), wenn wert(x) = 1.

Als Beispiel betrachten wir "Ungerade gewinnt" mit den Parametern n = 7 und k = 3. Die Gewinnregel ändern wir wie folgt: Haben die Spieler bei Spielende a bzw. b Marken an sich gebracht, so erhält der Spieler, der eine ungerade Anzahl von Marken hat, den Betrag |a - b| von seinem Gegner ausgezahlt.

Eine Spielposition stellen wir als Paar (x,y) dar, wobei x die Anzahl der Mar-

ken angibt, die der am Zug befindliche Spieler besitzt und y die Zahl der
Marken seines Gegners. Das führt zu folgendem Modell (P,N,g), wobei wir der
Einfachheit halber einige Positionen mit aufnehmen, die in keiner Partie erreicht werden können:

$P = \{(x,y) \mid 0 \leq x,y \leq 7\}$;
$P_o = \{(x,y) \in P \mid x+y = 7\}$;
$(u,v) \in N(x,y) \iff u = y$ und $v = x+z$ mit $1 \leq z \leq 3$;

$$g(x,y) = \begin{cases} |x - y| & \text{falls x ungerade,} \\ -|x - y| & \text{sonst.} \end{cases}$$

Die Elemente von P repräsentieren wir durch die Zellen einer 8x8 - Matrix. Die
zugehörigen Werte werden ausgehend von P_o iterativ gemäß Definition 2.14 ermittelt.

x \ y	0	1	2	3	4	5	6	7
0	1	1	-1	1	1	5	5	-7
1	1	1	-1	1	1	-3	5	
2	-1	3	3	1	1	-3		
3	-1	3	3	-1	1			
4	7	3	3	1				
5	7	-5	3					
6	7	-5						
7	7							

Der anziehende Spieler kann demnach erzwingen, daß er mindestens den Betrag
1 gewinnt. Er muß dazu im ersten Zug zwei Marken nehmen. Der andere Spieler
muß in seinem ersten Zug dann drei Marken nehmen, um nicht noch höher zu
verlieren u.s.w. . Bei optimalem Verhalten beider Spieler endet die Partie
in Position (3,4).

*

In speziellen Fällen ist es möglich, Aussagen über den Wert eines Spiels zu
machen, ohne eine vollständige Analyse durchzuführen. Ein solcher Fall soll
nun untersucht werden.

Satz 2.9: Sei (P,N,g) ein Positionsmodell und $x,y \in P$ mit der Eigenschaft,
$y \in N(x)$ und $N(y) \subset N(x)$. Dann gilt
$$\text{wert}(x) \geq |\text{wert}(y)|.$$

Der in x am Zug befindliche Spieler ist demnach in einer günstigen Position,

wenn unter den Nachfolgepositionen von x eine solche ist, deren Nachfolger
alle auch Nachfolger von x sind.

Beweis: $y \in N(x)$ und $N(y) \subset N(x)$ $\Rightarrow$

1. wert(x) = - min{wert(z)|z $\in$ N(x)}
   $\geq$ - min{wert(z)|z $\in$ N(y)} = wert(y)

und

2. wert(x) = - min{wert(z)|z $\in$ N(x)}
   = max{-wert(z)|z $\in$ N(x)} $\geq$ - wert(y)

Aus 1. und 2. folgt wert(x) $\geq$ |wert(y)|.

Beispiel (vgl. H. Freudenthal (1973), Bd. 1, S. 145):

Gegeben ist ein endlicher gerichteter Graph mit einem tiefsten und einem
höchsten Knoten (die beide verschieden sind). Zwei Leute spielen ein Spiel.
Sie setzen abwechselnd auf die Knoten des Graphen. Wenn ein Knoten besetzt
ist, sind alle niedrigeren verboten. Wer gezwungen ist, den höchsten Knoten
zu besetzen, hat verloren.

Sei K die Menge aller Knotenpunkte des Graphen und a der niedrigste Knotenpunkt. Eine Position des Spiels beschreiben wir durch die Menge aller noch besetzbaren Knoten.
Startposition des zugehörigen Positionsmodells (P,N,g) ist also K. Endposition ist $\emptyset$ und es gilt $g(\emptyset) = 1$. Indem der erste Spieler den Knotenpunkt a besetzt, führt er Position K - {a} herbei. Es gilt somit (K - {a}) $\in$ N(K).
Besetzt anschließend der zweite Spieler irgendeinen Knotenpunkt $x \in K$, so sind der Knotenpunkt x und alle niedrigeren Knotenpunkte nicht mehr besetzbar, alle anderen dagegen sind noch frei. Das gleiche hätte aber auch der erste Spieler erreichen können, wenn er in seinem ersten Zug den Punkt x besetzt hätte. Das bedeutet aber N(K - {a}) $\subset$ N(K).

Da der Wert einer Position in unserem Spiel 1 oder -1 ist, folgt aus Satz 2.9
wert(K) = 1, d.h. der anziehende Spieler kann den Sieg erzwingen, ganz gleich
wie der Graph im einzelnen aufgebaut ist.
Dieses Ergebnis läßt sich auch ohne formale Theorie direkt begründen: Entweder
ist die Position, die durch die Besetzung des niedrigsten Knotenpunktes erzeugt wird, eine Verlustposition oder unter deren Nachfolgern muß es eine Verlustposition geben, die aber auch im ersten Zug durch den anziehenden Spieler herbeigeführt werden kann. Der erste Spieler hat also auf jeden Fall die Möglichkeit, durch seinen ersten Zug den Gegner in einer Verlustposition zum Zug zu bringen.
Der Beweis von Satz 2.9 verallgemeinert und formalisiert diese Idee.

Untersuchen wir ein zweites Beispiel:

Euklid (vgl. A.J. Cole, A.J.T. Davie (1969))

Gegeben sei ein Paar natürlicher Zahlen. Der am Zug befindliche Spieler subtrahiert beliebig oft - solange das Ergebnis nicht negativ wird - die kleinere von der größeren Zahl. Die größere Zahl wird ersetzt durch das Ergebnis dieser Subtraktion. Dadurch erhalten wir ein neues Zahlenpaar, mit dem der nächste Spieler entsprechend verfährt u.s.w. . Sieger wird der Spieler, der den größten gemeinsamen Teiler erzeugt und das bedeutet - gemäß Euklid's Algorithmus - daß eine der beiden Zahlen 0 wird.

Beispiel für eine Partie:
$(87,39) \to (39,9) \to (21,9) \to (9,3) \to (3,0)$
Sieger dieser Partie ist der zweite Spieler.

Eine Position beschreiben wir durch ein Paar natürlicher Zahlen (unter Einschluß der 0) (a,b), so daß $a \geq b$. a ist eindeutig darstellbar in der Form $a = nb + r$ mit $0 \leq r < b$.
Es gilt
$$(c,d) \in N(a,b) \iff (c,d) = \begin{cases} (a-kb, b) & \text{mit } k < n \text{ oder} \\ (b, a-nb). \end{cases}$$

Jede Position $(a,b) = (nb + r, b)$ mit $n \geq 2$ ist nach Satz 2.9 Gewinnposition, da der einzige Nachfolger von $(b+r,b)$ nämlich (b,r) auch Nachfolger von (a,b) ist. Damit ist zugleich klar, daß der Spieler, der in $(a,b) = (nb+r,b)$ zum Zug kommt, eine der beiden Positionen $(b+r,b)$ oder (b,r) herbeiführen muß, um nicht dem Gegner eine Gewinnposition zu hinterlassen.

Zu $(a,b) = (b+r,b)$ mit $r < b$ gibt es nur die eine Nachfolgerposition (b,r). Ist (b,r) Gewinnposition, so ist (a,b) Verlustposition und umgekehrt. Ist $2r \leq b$, d.h. $b \geq \frac{2}{3} a$, so ist nach obigen Überlegungen (b,r) eine Gewinnposition und damit (a,b) eine Verlustposition.

Halten wir fest:
(a,b) ist $\begin{cases} \text{Gewinnposition, falls } 0 < b \leq \frac{1}{2} a \text{ oder } b = a, \\ \text{Verlustposition, falls } \frac{2}{3} a \leq b < a \text{ oder } b = 0. \end{cases}$

Fassen wir (a,b) als Punkt der Ebene bezüglich eines zweidimensionalen Koordinatensystems auf, so wird in Abbildung 2.8 diese Situation graphisch dargestellt.

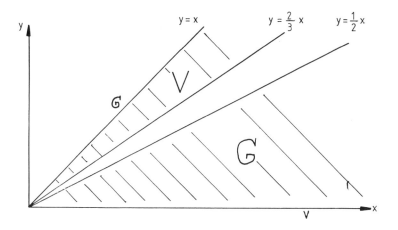

Abb.2.8: Gewinn- und Verlustzonen des Spiels "Euklid"

Unentschieden ist noch, wann ein Punkt (a,b) mit $\frac{1}{2} a < b < \frac{2}{3} a$ eine Gewinnposition markiert und wann eine Verlustposition. Die Graphik legt die Vermutung nahe, daß Verlustpositionen und Gewinnpositionen durch eine Gerade $y = cx$ voneinander getrennt werden.

Um eine solche Gerade - sofern sie existiert - zu finden, gehen wir heuristisch vor:
Ein Punkt dieses Bereiches (a,b) wird bei einem Spielzug ersetzt durch (b,a-b). Wir bestimmen nun c so, daß die Transformation $(x,y) \rightarrow (y,x-y)$ die Grenzgerade $y = cx$ auf sich selbst abbildet, d.h.

$$\frac{cx}{x} = \frac{x - cx}{cx} .$$

Es folgt $c^2 = 1-c$ und $c = \frac{1}{2} (\sqrt{5} - 1)$. $c = \frac{1}{2} (\sqrt{5} - 1)$ ist die Zahl des Goldenen Schnitts, die hier überraschend auftaucht.
Anmerkung: Eine Strecke $\overline{AB}$ der Länge a wird in Punkt C im Verhältnis des *Goldenen Schnitts* geteilt, wenn für die Länge x der Strecke $\overline{AC}$ gilt $x^2 = a(a-x)$. $\frac{x}{a} = \frac{1}{2} (\sqrt{5} - 1)$ ist die *Zahl des Goldenen Schnitts*.

Ist (a,b) eine Position mit Nachfolger (b,a-b), so gilt
$b < ca \Rightarrow a-b > (\frac{1}{c} - 1)b = cb$ und
$b > ca \Rightarrow a-b < (\frac{1}{c} - 1)b = cb$.

Liegt der Punkt (a,b) unterhalb der Geraden $y = cx$, so liegt also der Nachfolger (b,a-b) oberhalb und umgekehrt.

Sei $G = \{(a,b) | a = b \text{ oder } \frac{b}{a} < c\}$ und
$V = \{(a,b) | b = 0 \text{ oder } \frac{b}{a} > c\}$.

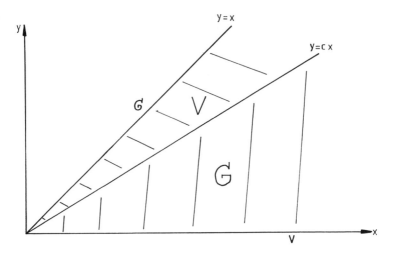

Abb.2.9: Gewinn- Verlustzerlegung für das Spiel "Euklid"

Jedes Element $x \in V$ hat alle Nachfolger in G und jedes Element $x \in G$ hat einen Nachfolger in V. Da jede Endposition $(a,0)$ zu V gehört und wert$(a,0) = -1$ ist, erhalten wir

$$\text{wert}(x) = \begin{cases} -1 & \text{für } x \in V, \\ 1 & \text{für } x \in G. \end{cases}$$

Ein optimales Spielverhalten kann - wie Abbildung 2.9 zeigt - auf die einfache Formel gebracht werden: Mache stets einen solchen Zug, daß für die resultierende Position (a,b) entweder gilt $b = 0$, oder - sofern dies nicht möglich ist - daß das Verhältnis $b:a$ so groß wie möglich wird.

Aufgabe 2.10: Wir betrachten das Damenspiel (Abschnitt 1.6) mit der Gewinnregel, daß in einer Partie der Länge k derjenige Spieler, der den letzten Zug getan hat, den Betrag n-k gewinnt. Ändern Sie das Programm Damensetzen in der Weise ab, daß es das Spiel gemäß dieser Gewinnregel analysiert. Ist das Spiel fair?

Aufgabe 2.11: Führen Sie für einige Fälle (etwa n = 15, k = 3 und k = 4) die Analyse des Spiels "Ungerade gewinnt" aus.
Schreiben Sie ein entsprechendes Programm.

Aufgabe 2.12: Die Lösung der Aufgabe 2.11 legt folgende Vermutung nahe: Eine Position (x,y,r) hat genau dann den Wert -1, wenn eine der in der Tafel angegebenen Bedingungen zutrifft.

k \ x	ungerade	gerade
ungerade	$r \equiv 1 \mod (2k+2)$ oder $r \equiv k+1 \mod (2k+2)$	$r \equiv 0 \mod (2k+2)$ oder $r \equiv k+2 \mod (2k+2)$
gerade	$r \equiv 1 \mod (k+2)$	$r \equiv 0 \mod (k+2)$ oder $r \equiv k+1 \mod (k+2)$

Beweisen Sie diese Vermutung.

Aufgabe 2.13: Beweisen Sie (ohne das Spiel zu analysieren), daß bei "Kringel und Kreuze" der nachziehende Spieler keine Gewinnstrategie hat. Hinweis: Nehmen Sie an, der zweite Spieler hätte eine Gewinnstrategie und leiten Sie daraus einen Widerspruch her, indem Sie zeigen, daß dann der erste Spieler eine Gewinnstrategie haben muß.

Aufgabe 2.14: Es wird eine natürliche Zahl n verabredet. Die Spieler nennen abwechselnd Teiler von n, die jedoch keine Teiler einer bereits genannten Zahl sein dürfen. Verlierer ist der Spieler, der die Zahl n nennt.
Zeigen Sie: Ist $n > 1$, so hat immer der anziehende Spieler eine Gewinnstrategie.

Aufgabe 2.15: In einer Schachtel befinden sich Zettel, die von 1 bis n durchnummeriert sind. Der am Zug befindliche Spieler wählt einen Zettel. Die Nummer sei z. Er entfernt diesen Zettel aus der Schachtel und ebenfalls jeden Zettel, dessen Nummer ein Teiler von z ist.
a) Sieger ist, wer den letzten Zettel entfernt.
b) Verlierer ist, wer den letzten Zettel entfernt.
Beweisen Sie: Für beide Versionen hat der zuerst ziehende Spieler eine Gewinnstrategie, sofern $n > 1$.

Aufgabe 2.16: (Bundeswettbewerb Mathematik 1984, 1. Runde)
Es sei n eine natürliche Zahl und $M = \{1,2,3,4,5,6\}$. Zwei Personen A und B spielen in folgender Weise: A schreibt eine Ziffer aus M auf, B hängt eine Ziffer aus M an, und so wird abwechselnd je eine Ziffer aus M angehängt, bis die 2n - stellige Dezimaldarstellung einer Zahl entstanden ist. Ist diese Zahl durch 9 teilbar, so gewinnt B, andernfalls gewinnt A.
Für welche n kann A, für welche n kann B den Gewinn erzielen?

2.6. Anzahlen von Gewinn-, Remis- und Verlustspielen

Wir beschränken die weitere Untersuchung auf Positionsspiele der Art, daß $\mathbb{G} = \{-1, 0, 1\}$; d.h. als Ergebnis kommen nur Sieg oder Niederlage für einen Spieler oder Remis in Betracht.

Ein Spiel Sp(x) bezeichnen wir als

- Gewinnspiel, falls wert(Sp(x)) = 1,
- Remisspiel, falls wert(Sp(x)) = 0,
- Verlustspiel, falls wert(Sp(x)) = -1.

In einem Gewinnspiel existiert also eine Gewinnstrategie für den ersten, d.h. den anziehenden Spieler, in einem Verlustspiel existiert eine Gewinnstrategie für den zweiten Spieler.

Es wurde bereits gezeigt (vgl. Satz 2.6), daß es

$$\#\sum_n = \begin{cases} 3 & \text{falls } n = 0, \\ 2^{\#\sum_{n-1}} + 2 & \text{falls } n > 0 \end{cases}$$

abstrakte Spiele dieser Art gibt, deren Tiefe höchstens n ist.

Wir klassifizieren diese Spiele gemäß

$$\sum_n^{-1} = \{Sp(x) \in \sum_n | \text{wert}(Sp(x)) = -1\} \quad \text{(Verlustspiele)},$$

$$\sum_n^{0} = \{Sp(x) \in \sum_n | \text{wert}(Sp(x)) = 0\} \quad \text{(Remisspiele)},$$

$$\sum_n^{1} = \{Sp(x) \in \sum_n | \text{wert}(Sp(x)) = 1\} \quad \text{(Gewinnspiele)}.$$

Für $Sp(x) = Sp(P,N,g;x)$ bezeichnen wir mit $N(Sp(x)) = \{Sp(y) | y \in N(x)\}$ die Menge der Nachfolgerspiele von $Sp(x)$.

Aus Definition 2.15 folgt:

1. $Sp(x) \in \sum_{n+1}^{-1} \iff \begin{cases} x \in P_0 \text{ und } g(x) = -1 \\ \text{oder} \\ N(Sp(x)) \cap \sum_k^{1} \neq \emptyset \text{ und } N(Sp(x)) \\ \qquad \cap (\sum_n^{-1} \cup \sum_n^{0}) = \emptyset, \end{cases}$

2. $Sp(x) \in \sum_{n+1}^{0} \iff \begin{cases} x \in P_0 \text{ und } g(x) = 0 \\ \text{oder} \\ N(Sp(x)) \cap \sum_n^{0} \neq \emptyset \text{ und } N(Sp(x)) \cap \sum_n^{-1} = \emptyset, \end{cases}$

3. $\mathrm{Sp}(x) \in \sum_{n+1}^{1} \Longleftrightarrow \begin{cases} x \in P_0 \text{ und } g(x) = 1 \\ \text{oder} \\ N(\mathrm{Sp}(x)) \cap \sum_{n}^{-1} \neq \emptyset. \end{cases}$

Jede nichtleere Teilmenge von $\sum_{n}^{1}$ entspricht gemäß Satz 2.1 umkehrbar eindeutig einem Spiel $\mathrm{Sp}(x) \in \sum_{n+1}^{-1}$, dessen Tiefe größer als null ist. Da außerdem zu $\sum_{n+1}^{-1}$ noch genau ein Spiel der Tiefe null gehört, gilt

$$\# \sum_{n+1}^{-1} = 2^{\# \sum_{n}^{1}}$$

Entsprechend ergeben sich aus 2. und 3. die Ordnungen der Mengen $\sum_{n+1}^{0}$ und $\sum_{n+1}^{1}$ und wir erhalten

---

Satz 2.9:

1. $\# \sum_{n+1}^{-1} = 2^{\# \sum_{n}^{1}}$

2. $\# \sum_{n+1}^{0} = 2^{\# \sum_{n}^{0} + \# \sum_{n}^{1}} - 2^{\# \sum_{n}^{1}} + 1,$

3. $\# \sum_{n+1}^{1} = 2^{\# \sum_{n}^{1}} - 2^{\# \sum_{n}^{0} + \# \sum_{n}^{1}} + 1.$

Mit den Anfangswerten

$\# \sum_{0} = 3$ und $\# \sum_{0}^{-1} = \# \sum_{0}^{0} = \# \sum_{0}^{1} = 1$

ergibt sich folgende Tabelle:

n	$\#\Sigma_n$	$\#\Sigma_n^{-1}$	$\#\Sigma_n^0$	$\#\Sigma_n^1$
0	3	1	1	1
1	10	2	3	5
2	1026	32	225	769
3	$2^{1026}+2$	2^{769}	$2^{994}-2^{769}+1$	$2^{1026}-2^{994}+1$
⋮	⋮	⋮	⋮	⋮

Den Quotienten $\dfrac{\#\Sigma_{n+1}^1}{\#\Sigma_{n+1}}$ schätzen wir ab durch

$$1 > \frac{\#\Sigma_{n+1}^1}{\#\Sigma_{n+1}} = \frac{2^{\#\Sigma_n} - 2^{\#(\Sigma_n^0 \cup \Sigma_n^1)} + 1}{2^{\#\Sigma_n} + 2}$$

$$= 1 - \frac{2^{\#(\Sigma_n^0 \cup \Sigma_n^1)} + 1}{2^{\#\Sigma_n} + 2}$$

$$= 1 - \frac{2^{\#\Sigma_n}}{2^{\#\Sigma_n^{-1}}(2^{\#\Sigma_n}+2)} \quad \frac{1}{2^{\#\Sigma_n}+2}$$

$$> 1 - \frac{1}{2^{\#\Sigma_n^{-1}}} - \frac{1}{2^{\#\Sigma_n}}$$

Da die Ordnungen von $\sum_n$ und $\sum_n^{-1}$ mit n unbeschränkt wachsen, gilt

Satz 2.10:
$$\lim_{n\to\infty} \frac{\#\sum_n^1}{\#\sum_n} = 1.$$

In diesem Sinn können wir sagen, daß fast alle Positionsspiele, in denen es um Sieg, Remis oder Niederlage geht, Gewinnspiele für den anziehenden Spieler sind.

3. Die Theorie von Sprague und Grundy

Für viele Strategiespiele gilt die Konvention, daß der Spieler verliert, der als erster nicht mehr ziehen kann. Ein solches Spiel bezeichnen wir als Spiel mit *normaler Gewinnregel* oder einfacher als *Normalspiel*. Sp(P,N,g) ist also genau dann ein Normalspiel, wenn g(x) = -1 für alle x ϵ P_o. Wir können daher auf die Angabe der Funktion g verzichten und kennzeichnen das Modell eines Normalspiels der Einfachheit halber durch das Paar (P,N).

Die zentrale Aufgabe dieses Kapitels ist die Untersuchung von Normalspielen, die - wie z.B. das Nimspiel - aus mehreren Komponenten bestehen, die selbst Normalspiele sind. Die dafür wesentlichen Ideen haben unabhängig voneinander R.P. Sprague (1936) und P.M. Grundy (1939) entwickelt.

3.1. Summenspiele

Es seien n Normalspiele durch die Modelle (P1,N1), (P2,N2), ..., (Pn,Nn) gegeben.

Wir erklären ein neues Normalspiel, das wir als *disjunktive Summe* dieser Spiele bezeichnen, durch die Vereinbarung, daß der jeweils am Zug befindliche Spieler eines der Spiele, in dem noch keine Endposition erreicht ist, auswählt und in diesem Spiel einen Zug macht. (Da wir ausschließlich *disjunktive* Summen untersuchen, d.h. zusammengesetzte Spiele, in denen für einen Zug jeweils ein Einzelspiel auszuwählen ist, sprechen wir auch einfach von *Summenspielen.*)

Das Summenspiel ist beendet, wenn in jeder Spielkomponente, d.h. in jedem der n Einzelspiele eine Endstellung erreicht ist.

Definition 3.1:

(P,N) heißt disjunktive Summe der Modelle (P1,N1) bis (Pn,Nn), wenn

1. P = {(x1, ..., xn)|xi ϵ Pi für i = 1,...,n}
   und
2. (y1,...,yn) ϵ N(x1,...,xn) $\Longleftrightarrow$ es gibt ein i ϵ {1,...,n}, so daß yi ϵ Ni(xi) und yj = xj für i $\neq$ j.

Das Nimspiel mit n Haufen etwa kann aufgefaßt werden als Summe von n Spielen mit je einem Haufen. Ein anderes Beispiel haben wir, wenn das Damenspiel gleichzeitig auf zwei Brettern gespielt wird und der am Zug befindliche Spieler sich jeweils aussuchen darf, auf welches Brett er die nächste Dame stellt. Es können aber durchaus auch völlig unterschiedliche Normalspiele miteinander zu einem Summenspiel kombiniert werden. Von besonderem Interesse sind solche Spiele, die durch die Züge der Spieler eventuell in mehrere Komponenten zerfallen. Beispiele werden in diesem Kapitel behandelt.

Die grundsätzliche Frage, der wir im folgenden nachgehen werden, lautet: Läßt sich die Analyse eines Summenspiels auf die Analyse der Komponenten zurückführen?

Bei der Bewertung von Spielpositionen wie sie in den vorhergehenden Kapiteln durchgeführt wurde, ergibt sich für ein Normalspiel eine Zerlegung in Gewinn- und Verlustpositionen. Es ist naheliegend, zunächst zu untersuchen, ob die Zugehörigkeit einer Position x = (x1, ..., xn) eines Summenspiels zur Menge der Gewinn- bzw. Verlustpositionen dadurch bestimmt ist, welche der Komponenten x1 bis xn Gewinnpositionen und welche Verlustpositionen sind.

Daß dies nicht der Fall ist, zeigt das einfache Beispiel der Abbildung 3.1.

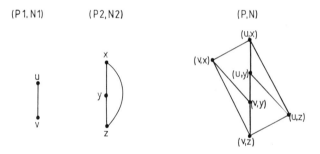

Abb.3.1: Einzelspiele und Summenspiel

u, x und y sind in ihren jeweiligen Modellen Gewinnpositionen. (u,x) ist als Position des Summenspiels eine Gewinnposition, (u,y) dagegen ist eine Verlustposition.

Um den Wert einer Position im Summenspiel zu ermitteln, benötigen wir also mehr Informationen über die zugehörigen Einzelpositionen. Diese Information ist in der sogenannten Grundyfunktion enthalten, mit der wir uns ausführlich beschäftigen werden.

3.2. Werterhaltende Abbildungen

Die für das weitere Vorgehen entscheidende Idee soll zunächst an einem Beispiel verdeutlicht werden.

Froschhüpfen

Ein rechtsseitig begrenzter Streifen ist in Felder unterteilt. Auf einigen dieser Felder liegt jeweils eine Spielmarke. Ein Zug besteht darin, eine der Marken über beliebig viele unbesetzte Felder nach rechts zu verschieben. Die Marke darf also weder auf noch über ein belegtes Feld bewegt werden. Sieger ist wie üblich der zuletzt ziehende Spieler.

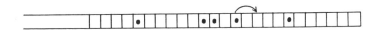

Abb.3.2: Froschhüpfen. Position (5,0,1,4,6)

Eine Spielposition beschreiben wir, indem wir von links nach rechts für jede Spielmarke angeben, um wieviele Felder sie im nächsten Zug maximal weitergerückt werden darf.
Abbildung 3.2 zeigt also die Position (5,0,1,4,6). Der Pfeil deutet einen Zug in die Nachfolgeposition (5,0,3,2,6) an. Endposition ist (0,0,...,0).
Sei $(a_1, a_2,..., a_k)$ eine beliebige Position unseres Spiels. Wir vergleichen diese Position mit der Position $f(a_1, a_2,..., a_k) = (a_1, a_3,...)$ eines Nimspiels, die wir erhalten, indem wir in der Darstellung $(a_1, a_2,..., a_k)$ jede zweite Zahl streichen. Der Position aus Abbildung 3.2 wird zum Beispiel die Nimposition (5,1,6) zugeordnet.

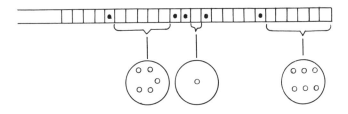

Abb.3.3: Froschhüpfen und zugeordnete Nimposition.

Gehen wir aus von einer beliebigen Position im Spiel Froschhüpfen und der korrespondierenden Nimposition.

Die Zuordnung hat offenbar folgende Eigenschaften:

1. Der Endposition im Spiel Froschhüpfen entspricht die Endposition des Nimspiels.

2. Zu jedem Zug im Nimspiel gibt es einen entsprechenden Zug im Spiel Froschhüpfen, so daß die resultierenden Positionen beider Spiele wieder einander entsprechen.

3. Wird im Spiel Froschhüpfen ein Zug ausgeführt, dem eine Vergrößerung eines Nimhaufens entspricht, so kann der nachfolgende Spieler einen Zug ausführen, der in der zugeordneten Nimposition diesen Haufen wieder auf seine ursprüngliche Größe reduziert.

Man kann das Spiel Froschhüpfen demgemäß interpretieren als ein verallgemeinertes Nimspiel, in dem neben den üblichen Zügen des Nimspiels auch gewisse Züge zulässig sind, die einen der Haufen vergrößern. Einen solchen Zug bezeichnen wir als *reversibel*, da die Vergrößerung eines Nimhaufens im nächsten Zug wieder rückgängig gemacht werden kann. Die Existenz solcher reversiblen Züge hat keinen Einfluß auf die Bewertung einer Position. Denn derjenige Spieler, der im normalen Nimspiel eine Gewinnstrategie hat, kann auch in der verallgemeinerten Version, dem "Froschhüpfen", den Sieg erzwingen, indem er jeden reversiblen Zug seines Gegners umgehend rückgängig macht und so die alte Position wiederherstellt, während er im übrigen die Gewinnstrategie für das normale Nimspiel anwendet.

Die Position $(a_1, a_2, \ldots, a_k)$ des Spiels "Froschhüpfen" ist also genau dann eine Gewinnposition, wenn die Position $f(a_1, a_2, \ldots, a_k)$ eine Gewinnposition für das Nimspiel ist. Die Abbildung f läßt den Wert einer Position unverändert. Die Position (5,0,1,4,6) der Abbildung 3.2 zum Beispiel ist eine Gewinnposition für den am Zug befindlichen Spieler, weil (5,1,6) eine Gewinnposition im Nimspiel ist.

Die obigen Überlegungen sollen nun verallgemeinert werden.

Definition 3.2:

(P,N) und (P',N') seien Modelle zweier Normalspiele. <u>wert</u> sei die Bewertungsfunktion für das Modell (P,N) und <u>wert'</u> diejenige für das Modell (P',N'). Eine Abbildung f : P → P' heißt *werterhaltend*, wenn für alle x ∈ P gilt
wert(x) = wert'(f(x)).

Eine werterhaltende Abbildung ordnet also jeder Gewinnposition von (P,N) eine Gewinnposition von (P',N') zu und jeder Verlustposition von (P,N) eine Verlustposition von (P',N').

Bezeichnen wir im vorangegangenen Beispiel mit (P,N) das Modell des Spiels "Froschhüpfen" und mit (P',N') das Modell des Nimspiels. Es soll noch einmal notiert werden, welche Eigenschaften der Abbildung f : P → P' in unsere intuitiven Überlegungen eingegangen sind, um zu zeigen, daß f eine werterhaltende Abbildung ist:

1. Die Endstellung des Spiels "Froschhüpfen" wird auf die Endstellung des Nimspiels abgebildet. Das heißt:
   $x \in P_0 \rightarrow f(x) \in P'_0$.

2. Ist x eine Position des Spiels "Froschhüpfen" und x' = f(x) die entsprechende Nimposition, so gibt es zu jeder Nachfolgeposition y' von x' eine Nachfolgeposition y von x, so daß f(y) = y'.
   Es gilt also: $N'(x') \subset f(N(x))$.
   (Dabei wird f(N(x)) als abkürzende Schreibweise für $\{f(y) | y \in N(x)\}$ benutzt.)

3. Gibt es im Spiel "Froschhüpfen" zu einer Position x einen Nachfolger y von der Art, daß f(y) nicht Nachfolger von x' = f(x) ist, so gibt es zu y einen Nachfolger z mit der Eigenschaft f(z) = f(x). Das heißt:
   $y \in N(x)$ und $f(y) \notin N(f(x)) \Rightarrow$ es gibt ein $z \in N(y)$ mit $f(z) = f(x)$.
   (Wegen dieser Eigenschaft hatten wir den Zug von x nach y als reversibel bezeichnet.)

Die folgende Verallgemeinerung unserer Überlegungen ist nun naheliegend:

Satz 3.1:
(P,N) und (P',N') seien Modelle zweier Normalspiele. Eine Abbildung f : P → P' mit den Eigenschaften

1. $x \in P_0 \Rightarrow f(x) \in P'_0$

2. $N'(f(x)) \subset f(N(x))$

3. $y \in N(x)$ und $f(y) \notin N'(f(x)) \Rightarrow$ es gibt ein $z \in N(y)$, so daß $f(z) = f(x)$.

ist werterhaltend.

Beweis (durch vollständige Induktion nach der Tiefe von $x \in P$):
1. Sei $x \in P_0$. Dann ist $f(x) \in P'_0$ und somit wert(x) = wert'(f(x)) = -1.
2. Sei tiefe(x) = k + 1.
   Nehmen wir an, daß für alle $z \in P$ mit tiefe(z) $\leq$ k gilt:
   wert(z) = wert'(f(z)).
   Zwei Fälle sind zu unterscheiden:
   a) wert(f(x)) = -1, d.h. f(x) ist Verlustposition.
      Jeder Nachfolger von f(x) ist damit eine Gewinnposition, hat also den Wert 1.

Betrachten wir nun eine Position $y \in N(x)$. Es gilt entweder $f(y) \in N'(f(x))$ oder es gibt ein $z \in N(y)$, so daß $f(z) = f(x)$. Da tiefe(y) $\leq$ k, gilt im ersten Fall
wert(y) = wert'(f(y)) = 1.

Im zweiten Fall gilt wegen tiefe(z) < k,
wert(z) = wert'(f(x)) = -1 und folglich wert(y) = 1.

Jeder Nachfolger von x hat also den Wert 1 und somit gilt
wert(x) = wert'(f(x)) = -1.

b) wert'(f(x)) = 1, d.h. f(x) ist Gewinnposition. Wegen Eigenschaft 2 gibt es eine Position $y \in N(x)$ mit $f(y) \in N'(f(x))$ und wert'(f(y)) = -1. Da tiefe(y) $\leq$ k, gilt weiter wert(y) = -1 und somit
wert(x) = wert'(f(x)) = 1.

Wenn zu den Spielmodellen (P,N) und (P',N') eine Abbildung der in Satz 3.1 angegebenen Art bekannt ist, so läßt sich also die Analyse von (P,N) zurückführen auf die Analyse von (P',N').

3.3. Grundyfunktionen

Sei nun (P',N') ein Nimspiel mit nur einem Haufen. Jede Position läßt sich darstellen als nichtnegative ganze Zahl. Umgekehrt kann jede nichtnegative ganze Zahl als Position eines Einhaufen-Nim gedeutet werden. Wir identifizieren daher P' mit $\mathbb{N}_0$ und betrachten das Modell ($\mathbb{N}_0$, N'). $y \in N'(x)$ ist gleichbedeutend mit $y < x$. Einzige Verlustposition ist die Endstellung $x = 0$. Für $x \in \mathbb{N}_0$ gilt also

$$\text{wert}'(x) = \begin{cases} -1 & \text{falls } x = 0, \\ 1 & \text{falls } x > 0. \end{cases}$$

(P,N) sei Modell eines beliebigen Normalspiels. Es wird nun eine Abbildung $G : P \to \mathbb{N}_0$ angegeben, die die Bedingungen des Satzes 3.1 erfüllt und somit den Wert jeder Position erhält.

3.3 Grundyfunktionen

Definition 3.3:
Sei (P,N) Modell eines beliebigen Normalspiels. Als *Grundfunktion* von (P,N) bezeichnen wir die Abbildung

$G : P \to \mathbb{N}_0$ für die gilt

$$G(x) = \begin{cases} 0 & \text{für } x \in P_0, \\ \min(\mathbb{N}_0 \setminus \{G(y) \mid y \in N(x)\}) & \text{sonst.} \end{cases}$$

Mit anderen Worten: Die Grundyzahl einer Position x ist die kleinste nichtnegative ganze Zahl, die nicht Grundyzahl einer Nachfolgeposition von x ist. Die rekursive Definition gewährleistet die eindeutige Berechenbarkeit der Grundyfunktion für jedes Modell (P,N).
Die Grundyfunktion ist gemäß Satz 3.1 werterhaltend, da

1. $x \in P_0 \Rightarrow G(x) = 0$. 0 ist Endposition von $(\mathbb{N}_0, N')$.
2. $k \in N'(G(x)) \Rightarrow k < G(x)$.
   $k < G(x) \Rightarrow$ es gibt ein $y \in N(x)$ mit $G(y) = k$.
   D.h. $N'(G(x)) \subset G(N(x))$.
3. $y \in N(x)$ und $G(y) \notin N'(G(x)) \Rightarrow G(y) > G(x)$.
   $G(y) > G(x) \Rightarrow$ es gibt ein $z \in N(y)$ mit $G(z) = G(x)$.

Eine Position $x \in P$ ist also genau dann eine Gewinnposition, wenn $G(x) > 0$. Und ein optimales Verhalten für einen Spieler, der in einer Gewinnposition x zum Zuge kommt, besteht darin, eine Position y mit $G(y) = 0$ anzuspielen.

Davon kann man sich auch direkt überzeugen:
Nach Definition 3.3 gilt $G(x) = 0$ genau dann, wenn $x \in P_0$ oder wenn $G(y) > 0$ für alle $y \in N(x)$.
Eine Position x mit $G(x) = 0$ hat also nur Nachfolger, deren Grundwert > 0 ist. Das heißt, wer in einer Position x mit $G(x) = 0$ zum Zug kommt, hat entweder schon verloren oder er muß eine Position y anspielen mit $G(y) > 0$.
Wer dagegen in einer Position x mit $G(x) > 0$ zum Zug kommt, kann stets in eine Position ziehen, deren Grundwert 0 ist, und er kann somit den Sieg erzwingen. Damit ist zunächst noch nicht viel gewonnen, da der Aufwand, eine Grundyfunktion gemäß Definition 3.3 zu berechnen, etwa der gleiche ist wie der, die Funktion wert gemäß Definition 2.11 zu ermitteln.
Unsere Überlegungen zahlen sich aus, wenn es darum geht, zusammengesetzte Normalspiele zu analysieren. Es wird sich nämlich zeigen, daß die Grundyzahl einer Position des Summenspiels in einfacher Weise aus den Grundyzahlen der zugehörigen Einzelpositionen ermittelt werden kann. Damit wird die Analyse eines Summenspiels im wesentlichen auf die Analyse (mittels Grundyfunktion) der Komponenten reduziert. Und das ist erheblich ökonomischer als eine direkte Analyse des Summenspiels.

Die heuristische Idee ist naheliegend: Sei (P,N) die Summe von n Einzelspielen. Eine Position xi der Komponente (Pi,Ni) hat den gleichen Wert wie die Position $G(x_i)$ eines Einhaufen - Nim, da G werterhaltend ist.
Die Position $x = (x_1, x_2, ..., x_n)$ ist gleichwertig (wie zu beweisen sein wird) der Position $(G(x_1), G(x_2),..., G(x_n))$ eines n - Haufen - Nim, das ja nichts anderes ist, als die Summe von n Einhaufenspielen. Wie aber das allgemeine Nimspiel zu analysieren ist, wissen wir bereits aus Kapitel 1.

*

Wir werden uns nun nochmals mit dem Dualzahlverfahren auseinandersetzen, mit dessen Hilfe eine Nimposition als Gewinn- oder Verlustposition klassifiziert wird und dabei zeigen, daß dieses Verfahren gerade die Grundyzahl der Nimposition liefert.

Um beispielsweise die Nimposition (5,12) als Gewinn- oder Verlustposition zu identifizieren, sind wir folgendermaßen vorgegangen: Wir haben 5 und 12 als Dualzahlen dargestellt und diese Dualzahlen stellenweise modulo 2 addiert.

```
     5       1 0 1
    1 2    1 1 0 0
    ─────────────────
     9     1 0 0 1
```

Das Ergebnis dieser Operation ist die Zahl 9.

Wir definieren nun allgemein eine solche Operation, die als Nimaddition bezeichnet wird.

Definition 3.4:

$a = a_n 2^n + a_{n-1} 2^{n-1} + ... + a_1 2 + a_0$ mit $0 \leq a_i \leq 1$ und
$b = b_n 2^n + b_{n-1} 2^{n-1} + ... + b_1 2 + b_0$ mit $0 \leq b_i \leq 1$ seien zwei beliebige nichtnegative ganze Zahlen.

Als Nimsumme $a \stackrel{*}{+} b$ bezeichnen wir die Zahl

$c = c_n 2^n + c_{n-1} 2^{n-1} + ... + c_1 2 + c_0$ für die gilt

$c_i = (a_i + b_i) \mod 2$ für $i = 0,1,...,n$

Insbesondere gilt $a \stackrel{*}{+} 0 = a$ und $a \stackrel{*}{+} a = 0$ für alle $a \in \mathbb{N}_0$. Man überzeugt sich leicht davon, daß $(\mathbb{N}_0, \stackrel{*}{+})$ eine abelsche Gruppe ist.

Folgende Überlegungen führen uns zu einem rekursiven Verfahren zur Berechnung von Nimsummen:

Wir stellen a,b und $c = a \stackrel{*}{+} b$ als Dualzahlen dar:

$$a = a_n 2^n + a_{n-1} 2^{n-1} + \ldots + a_1 2 + a_0$$

$$b = b_n 2^n + b_{n-1} 2^{n-1} + \ldots + b_1 2 + b_0$$

$$\overline{}$$

$$c_n 2^n + c_{n-1} 2^{n-1} + \ldots + c_1 2 + c_0$$

Es gilt $c_0 = (a + b) \bmod 2$ und
$2(c_1 + 2c_2 + \ldots + 2^{n-1} c_n) = 2(a \text{ div } 2 \stackrel{*}{+} b \text{ div } 2)$
und somit $a \stackrel{*}{+} b = (a + b) \bmod 2 + 2(a \text{ div } 2 \stackrel{*}{+} b \text{ div } 2)$.
(a div b bezeichnet die Ganzzahldivision von a durch b. D.h. wenn $a = kb + r$ mit $0 \leq r < b$, so ist a div b = k.)
Berücksichtigen wir noch die Anfangsbedingung $0 \stackrel{*}{+} 0 = 0$, so erhalten wir die rekursive Definition der Nimsumme.

Definition 3.5:

$$a \stackrel{*}{+} b = \begin{cases} 0 & \text{falls } a = b = 0, \\ (a+b) \bmod 2 + 2(a \text{ div } 2 \stackrel{*}{+} b \text{ div } 2) & \text{sonst.} \end{cases}$$

Zum Beispiel berechnen wir $7 \stackrel{*}{+} 15$ rekursiv wie folgt:

$7 \stackrel{*}{+} 15 = 0 + 2(3 \stackrel{*}{+} 7)$

$\qquad 3 \stackrel{*}{+} 7 = 0 + 2(1 \stackrel{*}{+} 3)$

$\qquad\qquad 1 \stackrel{*}{+} 3 = 0 + 2(0 \stackrel{*}{+} 1)$

$\qquad\qquad\qquad 0 \stackrel{*}{+} 1 = 1$

$\qquad\qquad 1 \stackrel{*}{+} 3 = 2$

$\qquad 3 \stackrel{*}{+} 7 = 4$

$7 \stackrel{*}{+} 15 = 8$.

Die rekursive Definition der Nimsumme läßt sich unmittelbar in eine Pascal - Funktion übertragen:

```
FUNCTION Nimsumme (a,b :INTEGER) :INTEGER;
BEGIN
   IF (a=0) AND (b=0) THEN Nimsumme := 0
   ELSE Nimsumme := (a+b) MOD 2 * Nimsumme (a DIV 2, b DIV 2)
END;
```

Tabelle 3.1 zeigt den Anfang einer Tafel für die Nimaddition.

Tabelle 3.1: Nimaddition

$\overset{*}{+}$	0	1	2	3	4	5	6	7	8	9	10	11	12	13	14	15	...
0	0	1	2	3	4	5	6	7	8	9	10	11	12	13	14	15	
1	1	0	3	2	5	4	7	6	9	8	11	10	13	12	15	14	
2	2	3	0	1	6	7	4	5	10	11	8	9	14	15	12	13	
3	3	2	1	0	7	6	5	4	11	10	9	8	15	14	13	12	
4	4	5	6	7	0	1	2	3	12	13	14	15	8	9	10	11	
5	5	4	7	6	1	0	3	2	13	12	15	14	9	8	11	10	
6	6	7	4	5	2	3	0	1	14	15	12	13	10	11	8	9	
7	7	6	5	4	3	2	1	0	15	14	13	12	11	10	9	8	
8	8	9	10	11	12	13	14	15	0	1	2	3	4	5	6	7	
9	9	8	11	10	13	12	15	14	1	0	3	2	5	4	7	6	
10	10	11	8	9	14	15	12	13	2	3	0	1	6	7	4	5	
11	11	10	9	8	15	14	13	12	3	2	1	0	7	6	5	4	
12	12	13	14	15	8	9	10	11	4	5	6	7	0	1	2	3	
13	13	12	15	14	9	8	11	10	5	4	7	6	1	0	3	2	
14	14	15	12	13	10	11	8	9	6	7	4	5	2	3	0	1	
15	15	14	13	12	11	10	9	8	7	6	5	4	3	2	1	0	
⋮																	

Wir kommen nun zur entscheidenden Aussage dieses Kapitels.

Satz 3.2:
Sei (P,N) Modell eines Summenspiels.
Für $x_i \in P_i$ bezeichne $G(x_i)$ die Grundyzahl der Position x_i bezüglich des Modells (P_i, N_i). Dann gilt für die Grundyzahl $G(x)$ der Position $x = (x_1 \ldots x_n)$
$$G(x) = G(x_1) \overset{*}{+} G(x_2) \overset{*}{+} \ldots \overset{*}{+} G(x_n).$$

Dieser Satz verallgemeinert die Theorie des Nimspiels für beliebige Normalspiele. Zur Bewertung einer Position $x = (x_1 \ldots x_n)$ eines Summenspiels ermittelt man zunächst die Grundyzahlen $G(x_1), G(x_2), \ldots, G(x_n)$ - wobei im speziellen Fall des Nimspiels gilt $G(x_i) = x_i$.

Die Grundyzahl $G(x)$ berechnet man dann als Nimsumme er einzelnen Grundyzahlen. x ist Gewinnposition, wenn $G(x) > 0$, und x ist Verlustposition, wenn $G(x) = 0$.

Beweis (durch vollständige Induktion):

Zur Abkürzung setzen wir $H(x) = G(x_1) \overset{*}{+} G(x_2) \overset{*}{+} \ldots \overset{*}{+} G(x_n)$. Die Grundyfunktion von (P,N) ist definiert durch

$$G(x) = \begin{cases} 0 & \text{falls } x \in P_0, \\ \min(\mathbb{N}_0 \setminus \{G(y) | y \in N(x)\}) & \text{sonst.} \end{cases}$$

Um zu beweisen, daß $H(x) = G(x)$ für alle $x \in P$, zeigen wir

1. $x \in P_0 \Rightarrow H(x) = 0$ und

2. Falls $H(z) = G(z)$ für alle $z \in P$, deren Tiefe höchstens k ist, so gilt für jede Position $x \in P$, deren Tiefe k+1 ist, $H(x) = \min(\mathbb{N}_0 \setminus \{H(y) | y \in N(x)\})$
$$= \min(\mathbb{N}_0 \setminus \{G(y) | y \in N(x)\}).$$

1. $x \in P_0 \Rightarrow xi \in Pi_0$ für $i = 1...n$.
   $xi \in Pi_0 \Rightarrow G(xi) = 0$
   $G(xi) = 0$ für $i = 1...n \Rightarrow H(x) = 0$.

2. $H(x) = \min(\mathbb{N}_0 \setminus \{H(y) | y \in N(x)\})$ bedeutet, daß
   (i) $H(x) \neq H(y)$ für alle $y \in N(x)$ und
   (ii) $0 \leq r < H(x) \Rightarrow$ es gibt ein $y \in N(x)$ mit $H(y) = r$.
   Diese beiden Eigenschaften sind also nachzuweisen.

   (i) Ist $y = (y1,..., yn)$ Nachfolger von $x = (x1,...,xn)$, so bedeutet dies, daß für genau ein $i \in \{1,...,n\}$ gilt $yi \in N(xi)$ und somit $G(yi) \neq G(xi)$. Da $(\mathbb{N}_0, \overset{*}{+})$ eine abelsche Gruppe ist, gilt
   $a \overset{*}{+} b = a \overset{*}{+} c \Rightarrow b = c$. (Die Nimaddition ist eine reguläre Operation.) Daraus folgt
   $G(x1) \overset{*}{+} G(x2) \overset{*}{+} ... \overset{*}{+} G(xn) \neq G(y1) \overset{*}{+} ... \overset{*}{+} G(yn)$ sofern die beiden Summen in genau einem Summanden nicht übereinstimmen, und somit $H(x) \neq H(y)$ für $y \in N(x)$.
   Anschaulicher kann man auch so argumentieren:
   Wenn ich in einer Nimsumme einen Summanden verändere, so ändert sich auch die Summe. Das wird ganz offensichtlich, wenn man die einzelnen Summanden als Dualzahlen darstellt.
   Beispiel:

   ```
   1 0 1 1           1 0 1 1
   0 1 0 1          ①1①⓪
   1 1 0 0           1 1 0 0
   ─────            ─────
   0 0 1 0          ①0⓪①
   ```

   Ändert man einzelne Ziffern der Dualzahldarstellung eines Summanden, so ändern sich im Ergebnis die Ziffern an den gleichen Stellen.

   (ii) Wegen $H(x) \overset{*}{+} H(x) = 0$ gilt $H(x) \overset{*}{+} (H(x) \overset{*}{+} r) = r$. Wir müssen zeigen, daß ein i existiert mit $G(xi) \overset{*}{+} (H(x) \overset{*}{+} r) < G(xi)$. Dann nämlich gibt es ein $yi \in Ni(xi)$ mit $G(yi) = G(xi) \overset{*}{+} (H(x) \overset{*}{+} r)$, und es gilt mit diesem yi

$G(x1) \stackrel{*}{+} \ldots \stackrel{*}{+} G(x(i-1)) \stackrel{*}{+} G(yi) \stackrel{*}{+} G(x(i+1)) \stackrel{*}{+} \ldots \stackrel{*}{+} G(xn) = r$.
$y = (x1,\ldots,x(i-1),yi,x(i+1),\ldots,xn)$, ist aber Nachfolger von $x = (x1,\ldots,xn)$, und wegen tiefe$(y) \leq k$ gilt (gemäß Induktionsvoraussetzung)
$G(x1) \stackrel{*}{+} \ldots \stackrel{*}{+} G(x(i-1)) \stackrel{*}{+} G(y) \stackrel{*}{+} G(x(i+1)) \stackrel{*}{+} \ldots \stackrel{*}{+} G(xn) = G(y)$
und somit $G(y) = r$

$H(x) \stackrel{*}{+} (H(x) \stackrel{*}{+} r) < H(x)$ ist gleichbedeutend damit, daß die höchste Stelle, die in der Dualschreibweise von $(H(x) \stackrel{*}{+} r)$ von Null verschieden ist, auch in der Dualzahldarstellung von $H(x)$ von Null verschieden ist.

Beispiel: a) 20 - 1 0 1 0 0
                 7 -   1 1 1
                      1 0 0 1 1 $20 \stackrel{*}{+} 7 < 20$

           b) 20 - 1 0 1 0 0
               12 -   1 1 0 0
                      1 1 0 0 0 $20 \stackrel{*}{+} 12 > 20$

Wenn aber in der Dualzahldarstellung von $H(x)$ an dieser Stelle die Ziffer 1 steht, so muß es auch mindestens einen Summaneden $G(xi)$ geben, der an dieser Stelle seiner Dualzahlentwicklung die Ziffer 1 trägt. Und gemäß obigen Überlegungen gilt für dieses i: $G(xi) \stackrel{*}{+} (H(x) \stackrel{*}{+} r) < G(xi)$.

Verfolgen wir diese Überlegungen noch einmal am Beispiel:

        $G(x1) = 11$ -   1 0 1 1
$\stackrel{*}{+}$ $G(x2) = 18$ - 1 0 0 1 0
$\stackrel{*}{+}$ $G(x3) = 12$ -   1 1 0 0
        $H(x) = 21$ - 1 0 1 0 1

Es sei $r = 19$

        $H(x) = 21$ - 1 0 1 0 1
$\stackrel{*}{+}$ $r = 19$ - 1 0 0 1 1
          6 - 0 0 1 1 0

$G(x3)$ hat die Eigenschaft $G(x3) \stackrel{*}{+} (H(x) \stackrel{*}{+} r) < G(x3)$.

     $G(x3)$ = 12 - 1 1 0 0
$\stackrel{*}{+}$ $H(x) \stackrel{*}{+} r = 6$ -   1 1 0
           10 - 1 0 1 0

Es muß also einen Nachfolger y3 von x3 geben mit $G(y3) = 10$. Damit gilt $(x1,x2,x3) \in N((x1,x2,x3))$ und $G(x1) \stackrel{*}{+} G(x2) \stackrel{*}{+} G(y3) = r = 19$.

3.4. Einige Anwendungen

Es werden nun Beispiele behandelt, die die Leistungsfähigkeit der Theorie von Sprague und Grundy demonstrieren.

Grundys Spiel

Dieses von Grundy selbst erfundene Spiel wird mit einer beliebigen Anzahl K von Spielsteinen gespielt, die zu Beginn auf einem Haufen liegen. Ein Zug besteht darin, einen Haufen in zwei Haufen ungleicher Größe zu zerlegen. Haufen, die aus einem oder aus zwei Steinen bestehen, können also nicht weiter zerlegt werden. Sieger ist der Spieler, der den letzten Zug tut.

Beispiel für eine Partie mit K = 7:

```
0 0 0 0 0 0 0           (7)
0 0 0    0 0 0 0        (3,4)
0 0 0    0    0 0 0     (3,1,3)
0   0 0  0    0 0 0     (1,2,1,3)
0   0 0  0    0   0 0   (1,2,1,1,2)
```
Sieger der Partie ist Spieler II.

Eine beliebige Position des Spiels besteht aus einer Anzahl von Haufen, von denen jeder einzelne ein eigenes Grundyspiel bestimmt. Das zu der Position gehörende Restspiel ist die Summe dieser Einzelspiele. Der Grundywert der Position errechnet sich somit als Nimsumme der zu den Einzelspielen gehörenden Grundywerte.

So ist etwa in der obigen Partie das zur Position (3,4) gehörende Restspiel die Summe der beiden Grundyspiele mit den Positionen 3 und 4. Es gilt daher die Beziehung:

$$G(3,4) = G(3) \stackrel{*}{+} G(4)$$

Der Grundywert einer beliebigen Position ist in analoger Weise stets leicht zu ermitteln, sofern die Grundywerte der Spielkomponenten bekannt sind, die aus einem Einzelhaufen bestehen.

Das folgende Programm ermittelt den zu einem Einzelhaufen mit K Steinen gehörenden Grundywert für K = 1,2,...,N.

```
PROGRAM Grundy;

  CONST
    n = 100;

  VAR
    i,j,k,g  : integer;
    gfeld    : ARRAY[1..n] OF integer;
    nwert    : ARRAY[0..n] OF boolean;

  FUNCTION nimsumme (a,b: integer): integer;
    VAR
      gs : integer;
    BEGIN
      IF (a = 0) AND (b = 0) THEN
        nimsumme := 0
      ELSE
        nimsumme := (a+b) MOD 2 + 2 * nimsumme (a DIV 2, b DIV 2)
    END; (* of Nimsumme *)

  BEGIN (* Hauptprogramm *)
    gfeld[1] := 0;
    gfeld[2] := 0;
    FOR k := 3 TO n DO BEGIN
      FOR j := 0 TO (k+1) DIV 2 DO nwert[j] := false;
      FOR i := 1 TO (k-1) DIV 2 DO BEGIN
        g := nimsumme (gfeld[i], gfeld[k-i]);
        nwert[g] := true
      END; (* of for *)
      g := 0;
      WHILE nwert[g] DO g := g+1;
      gfeld[k] := g
    END; (* of for *)
    FOR i := 1 TO n DO BEGIN
      write(gfeld[i]);
      IF i MOD 10 = 0 THEN write(' ');
      IF i MOD 50 = 0 THEN writeln
    END (* of for *)
  END.
```

Erläuterung: Die Grundywerte für k = 1,...,n werden in einem Feld der Länge n mit Namen gfeld gespeichert. k = 1 und k = 2 entsprechen Endpositionen. Es gilt also gfeld [1]:= 0 und gfeld[2] := 0. Im übrigen kennzeichnen wir die Nachfolgepositionen zu einem aus k Steinen bestehenden Haufen in der Form (i,k-i) mit i = 1,2,...,(k-1) DIV 2. Für jeden dieser Nachfolger wird der zugehörige Grundywert berechnet durch g := Nimsumme(gfeld[i],gfeld[k-i]). Dieser Wer wird in dem Feld nwert durch nwert[g] := TRUE markiert. Danach wird der zu k gehörige Grundywert ermittelt als die kleinste ganze Zahl, die nicht Grundywert einer Nachfolgeposition ist.
WHILE nwert[g] DO g:=g+1;
gfeld[k]:=g;
Schließlich wird noch gfeld ausgedruckt.
Für k = 1,2,...,100 liefert das Programm folgende Grundwerte:

  1 - 50: 0010210210 2132132430 4304304123 1241241241 5415415410
 51 - 100: 2102152132 1324324324 3243243245 2452437437 4374352352

Grundys Spiel - zweidimensional

Wir gehen aus von einem RxT - Rechteck, das im Verlauf einer Partie in mehrere Rechtecke mit ganzzahligen Seitenlängen zerlegt wird. Stellen Sie sich etwa eine Tafel Schokolade vor, die längs der seitenparallelen Rillen gebrochen werden kann. Ein zulässiger Zug besteht darin, eines der Rechtecke auszuwählen und in zwei Rechtecke ungleicher Größe zu zerteilen.

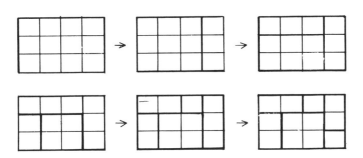

Abb.3.4: Partie in einem 3x4 Grundyspiel

Ein RxT - Rechteck kann genau dann nicht weiter zerlegt werden, wenn $R \leq 2$ und $T \leq 2$. Ein RxT - Rechteck mit $R \leq 2$ oder $T \leq 2$ kann höchstens in einer Richtung zerlegt werden. Daher ist ein Spiel, das mit einem 1xT- oder mit einem 2xT - Rechteck startet, äquivalent zum einfachen Grundyspiel mit T Spielsteinen.

Im folgenden bezeichnen wir mit (R,T) die durch ein RxT - Rechteck gegebene Startposition und mit G(R,T) den zugehörigen Wert der Grundyfunktion. Die Bezeichnung G(k) soll sich dagegen auf das einfache Grundyspiel mit k Steinen beziehen.

Folgende Eigenschaften sind offensichtlich:
a) $G(R,T) = G(T,R)$ und
b) $G(1,T) = G(2,T) = G(T)$.

Die Menge der zu (R,T) gehörenden Nachfolgepositionen ist

$$N(R,T) = \begin{cases} \emptyset & \text{falls } R \leq 2 \text{ und } T \leq 2, \\ \{((r,T),(R-r,T)) \mid 0 < r < R \text{ und } r \neq R-r\} \\ \{((R,t),(R,T-t)) \mid 0 < t < T \text{ und } t \neq T-t\} & \text{sonst.} \end{cases}$$

Für den Grundywert G(R,T) gilt demnach

$$G(R,T) = \begin{cases} 0 & \text{falls } R = 2 \text{ und } T = 2, \\ \min(\mathbb{N}_0 \setminus (\{G(r,T) \stackrel{*}{+} G(R-r,T) | 0 < r < R \text{ und } r \neq R-r\} \\ \{G(R,t) \stackrel{*}{+} G(R,T-t) | 0 < t < T \text{ und } t \neq T-t\})) & \text{sonst.} \end{cases}$$

Analoge Rechnung, wie wir sie für den einfachen Fall durchgeführt haben, liefert Tabelle 3.2 der Grundywerte G(R,T) für $1 \leq R, T \leq 18$.

Tabelle 3.2: G-Werte des zweidimensionalen Grundyspiels

R\T	1	2	3	4	5	6	7	8	9	10	11	12	13	14	15	16	17	18	...
1	0	0	1	0	2	1	0	2	1	0	2	1	3	2	1	3	2	4	
2	0	0	1	0	2	1	0	2	1	0	2	1	3	2	1	3	2	4	
3	1	1	1	1	1	1	1	1	1	1	1	1	1	1	1	1	1	1	
4	0	0	1	0	2	1	0	2	1	0	2	1	3	2	1	3	2	4	
5	2	2	1	2	1	1	2	1	1	2	1	1	1	1	1	1	1	1	
6	1	1	1	1	1	1	1	1	1	1	1	1	1	1	1	1	1	1	
7	0	0	1	0	2	1	0	2	1	0	2	1	3	2	1	3	2	4	
8	2	2	1	2	1	1	2	1	1	2	1	1	1	1	1	1	1	1	
9	1	1	1	1	1	1	1	1	1	1	1	1	1	1	1	1	1	1	
10	0	0	1	0	2	1	0	2	1	0	2	1	3	2	1	3	2	4	
11	2	2	1	2	1	1	2	1	1	2	1	1	1	1	1	1	1	1	
12	1	1	1	1	1	1	1	1	1	1	1	1	1	1	1	1	1	1	
13	3	3	1	3	1	1	3	1	1	3	1	1	1	1	1	1	1	1	
14	2	2	1	2	1	1	2	1	1	2	1	1	1	1	1	1	1	1	
15	1	1	1	1	1	1	1	1	1	1	1	1	1	1	1	1	1	1	
16	3	3	1	3	1	1	3	1	1	3	1	1	1	1	1	1	1	1	
17	2	2	1	2	1	1	2	1	1	2	1	1	1	1	1	1	1	1	
18	4	4	1	4	1	1	4	1	1	4	1	1	1	1	1	1	1	1	

Diese Tabelle läßt vermuten, daß G(R,T) stets durch die Werte G(R) und G(T) bestimmt ist, wie es der folgende Satz angibt:

Satz 3.3.

Für alle $R,T \in \mathbb{N}$ gilt

$$G(R,T) = \begin{cases} G(T) & \text{falls } G(R) = 0, \\ G(R) & \text{falls } G(T) = 0, \\ 1 & \text{falls } G(R) > 0 \text{ und } G(T) > 0. \end{cases}$$

Der Beweis für diesen Satz wurde von G. Schrage (1985) geführt. Da er recht langwierig ist, soll an dieser Stelle darauf verzichtet werden.

Vom ehemaligen Schachweltmeister Edmund Lasker wurde folgendes Spiel angegeben:

Lasker Nim

Eine Position besteht aus mehreren Haufen von Spielmarken. Der am Zug befindliche Spieler hat die Wahl, entweder von einem Haufen beliebig viele Marken zu entfernen oder einen der Haufen in zwei (nichtleere) Haufen zu zerlegen.

Sei $G(N)$ der Grundywert der Position, die aus einem Haufen mit N Spielmarken besteht. $G(N)$ soll für beliebiges $N \in \mathbb{N}_0$ ermittelt werden.

Aus den Spielregeln und der Definition der Grundyfunktion ergibt sich
$$G(N) = \begin{cases} 0 & \text{falls } N = 0, \\ \min(\mathbb{N}_0 \setminus (\{G(x) | x < N\} \cup \{G(x,y) | x+y = N\})) & \text{sonst.} \end{cases}$$

Daraus errechnen sich folgende Anfangswerte:

N	0	1	2	3	4	5	6	7	8	9	10	11	12	...
G(N)	0	1	2	4	3	5	6	8	7	9	10	12	11	...

Allgemein gilt:

> **Satz 3.4.**
> $$G(N) = \begin{cases} N-1 & \text{falls } N > 0 \text{ und } N \equiv 0 \bmod 4, \\ N+1 & \text{falls } N \equiv 3 \bmod 4, \\ N & \text{sonst.} \end{cases}$$

Beweis (durch vollständige Induktion):

Die Anfangswerte haben wir in der Tabelle überprüft. Wir nehmen an, die Aussage des Satzes sei richtig für alle $N \leq n$ und werden zeigen, daß sie dann auch für $N = n+1$ zutrifft.

Zwei offensichtliche Eigenschaften der Nimaddition werden benötigt:

a) $n_1 \stackrel{*}{+} n_2 \leq n_1 + n_2$ und

b) $n_1 \stackrel{*}{+} n_2$ ist genau dann ungerade, wenn einer der Summanden eine gerade Zahl ist und der andere ungerade ist.

Zur Induktion unterscheiden wir vier Fälle:

1. $n+1 = 4k + 1$

   Aus der Annahme ergibt sich

   $\{G(n) | n < 4k+1\} = \{x | x < 4k+1\}$.

   Durch Entfernen einer geeigneten Anzahl von Marken kann man also für jedes $x \leq 4k$ eine Position erreichen, deren Grundywert x ist.

   Daraus folgt

   $$G(4k+1) \geq 4k+1 \qquad (*)$$

Andererseits kann man durch Entfernen von Spielmarken keine Position erreichen, deren Grundywert größer als 4k+1 ist. Zerlegt man den Haufen in zwei Haufen, deren Umfang r_1 bzw. r_2 ist, so ist der Grundywert dieser neuen Position $G(r_1, r_2) = G(r_1) \stackrel{*}{+} G(r_2)$. Wegen $r_1 + r_2 = 4k+1$ kommen für r_1 und r_2 folgende Möglichkeiten in Betracht:

(i) $r_1 \equiv 0 \mod 4$ und $r_2 \equiv 1 \mod 4$ (oder umgekehrt).

In diesem Fall sind $G(r_1)$ und $G(r_2)$ beide ungerade und somit ist $G(r_1) \stackrel{*}{+} G(r_2)$ gerade - also $G(r_1) \stackrel{*}{+} G(r_2) \neq 4k+1$.

(ii) $r_1 \equiv 2 \mod 4$ und $r_2 \equiv 3 \mod 4$ (oder umgekehrt).

In diesem Fall sind $G(r_1)$ und $G(r_2)$ beide gerade und somit ist auch $G(r_1) \stackrel{*}{+} G(r_2)$ gerade - also wiederum $G(r_1) \stackrel{*}{+} G(r_2) \neq 4k+1$.

Da also der Grundywert jeder Nachfolgeposition ungleich 4k+1 ist, muß gelten

$G(4k+1) \leq 4k+1$. (**)

Aus (*) und (**) folgt $G(4k+1) = 4k+1$.

2. $n + 1 = 4k + 2$

Der Beweis, daß $G(4k+2) = 4k+2$, verläuft ganz analog dem Beweis für den 1. Fall.

3. $n + 1 = 4k + 3$

Wie im 1. Fall $G(4k+1) \geq 4k+1$, so folgt hier $G(4k+3) \geq 4k+3$. Zerlegt man den Haufen so, daß einer der neuen Haufen genau eine Marke und der zweite 4k+2 Marken enthält, so gilt für diese Position $G(1, 4k+2) = G(1) \stackrel{*}{+} G(4k+2) = 4k+2 \stackrel{*}{+} 1 = 4k+3$.

Demnach gilt $G(4k+3) \geq 4k+4$.
Nun gilt für jede Zerlegung (r_1, r_2) mit $r_1 + r_2 = 4k+3$, daß $G(r_1) \stackrel{*}{+} G(r_2)$ ungerade ist und somit $G(r_1) \stackrel{*}{+} G(r_2) \neq 4k+4$.

4. $n + 1 = 4k + 4$

Nach Induktionsannahme erhält man durch Entfernen einer geeigneten Anzahl von Marken genau zu jedem x mit $x \leq 4k+2$ oder $x = 4k+4$ eine Nachfolgeposition, deren Grundywert x ist.
Es folgt

$G(4k+4) \geq 4k+3$ und $G(4k+4) \neq 4k+4$.

Für jede Zerlegung des Haufens vom Umfang 4k+4 in solche vom Umfang r_1 bzw. r_2 gilt, daß $G(r_1)$ und $G(r_2)$ entweder beide gerade oder beide ungerade sind.
Also gilt $G(r_1) \stackrel{*}{+} G(r_2) \neq 4k+3$ und damit $G(4k+4) = 4k+3$.

Berechnen wir als Beispiel den Grundywert der Position (4,7,12):

$G(4,7,12) = G(4) \overset{*}{+} G(7) \overset{*}{+} G(12) = 3 \overset{*}{+} 8 \overset{*}{+} 11 = 0$

(4,7,12) ist also eine Verluststellung für den am Zug befindlichen Spieler.

Anmerkung: E. Lasker war Schachweltmeister der Jahre 1894 bis 1921. Allerdings hat er seinen Titel zuletzt 1910 verteidigt. Bis zum Jahre 1921 fand danach kein Weltmeisterschaftsturnier statt.

Aufgabe 3.1: Ein Streifen wird in K Felder unterteilt.

Jeder Spieler hat in seinem Zug die Wahl, entweder ein freies Feld oder zwei freie Nachbarfelder zu besetzen. Sieger ist der Spieler, der das letzte Feld besetzt.
Bestimmen Sie den Grundywert der Startposition für K = 1,2,... .

Aufgabe 3.2:

Auf einem in K Felder unterteilten Kreisring wird nach den gleichen Regeln gespielt wie in Aufgabe 3.1.
Bestimmen Sie den Grundywert eines Ringes mit K Feldern für K = 1,2,... .

Aufgabe 3.3: Wir ändern die Spielregeln der Aufgaben 3.1 und 3.2 wie folgt: Jeder Spieler besetzt in seinem Zug ein freies Feld, das an kein schon besetztes Feld grenzt. Sieger ist wieder der Spieler, der den letzten Zug tut.

Aufgabe 3.4: Erfinden Sie weitere Spiele!

Aufgabe 3.5: Formulieren Sie Grundys Spiel für drei (für n) Dimensionen. Läßt sich die in Satz 3.3 angegebene Beziehung des zweidimensionalen zum einfachen Grundyspiel für höhere Dimensionen verallgemeinern?

3.5. Misère - Nim

Wir haben soweit eine einfach zu handhabende Theorie für Summenspiele mit normaler Gewinnregel entwickelt. Jede Komponente eines solchen Spiels entspricht einem Nimhaufen, dessen Größe durch die Grundyzahl der Komponente gegeben ist. Jede Position eines Summenspiels korrespondiert somit eindeutig mit einer Nimposition und der Gewinnwert der Position des Summenspiels ist der gleiche wie der der korrespondierenden Nimposition.

Nim und andere Positionsspiele werden häufig nach der Regel gespielt, daß derjenige Spieler verliert, der gezwungen ist, den letzten Zug zu tun. Ein Spiel mit dieser Gewinnregel wird als Misèrespiel bezeichnet. Für Misèrespiele existiert keine allgemeine Theorie, die der Theorie von Sprague und Grundy für Normalspiele vergleichbar wäre. Wohl aber liegen viele Einzelergebnisse vor. Vgl. E.R. Berlekamp, J.H. Conway, R.K. Guy (1982).

Im folgenden soll als prominenter Vertreter das Nimspiel in seiner Misèreform analysiert werden.

Ein Spieler hat eine Partie im Misère - Nim offenbar dann für sich entschieden, wenn er einen Zug tut, der eine ungerade Anzahl von nichtleeren Haufen hinterläßt und wenn jeder dieser Haufen aus genau einem Spielstein besteht. Im Verlauf einer jeden Partie eines Nimspiels (sofern zur Startposition mindestens ein Haufen gehört, dessen Umfang größer als 1 ist) tritt eine Position auf, in der noch genau ein Haufen existiert, der mehr als einen Stein enthält. Eine Position von diesem Typ ist Gewinnstellung sowohl für das Nimspiel mit normaler Gewinnregel als auch für das Misère - Nim. Der in einer solchen Position am Zug befindliche Spieler hat nämlich die Wahl, den Haufen mit mehr als einem Spielstein ganz oder bis auf den letzten Stein zu entfernen. Damit entscheidet er darüber, ob eine gerade oder eine ungerade Anzahl von Einzelsteinen im Spiel verbleibt und folglich, wer den letzten Zug tut.

Daraus ergibt sich:

> 1. Eine Nimposition, zu der mindestens ein Haufen mit mehr als einem Stein gehört, ist im Misère - Nim genau dann eine Gewinnposition, wenn sie auch für das normale Nimspiel Gewinnposition ist.
>
> 2. Eine Position, die aus n Haufen mit jeweils genau einem Spielstein besteht, ist genau dann Gewinnposition für das Misère - Nim, wenn n ungerade ist.
>
> 3. Wer in einer Gewinnposition zum Zuge kommt, kann das Misèrespiel für sich entscheiden, indem er sich gemäß folgender Regel verhält:
> Spiele wie im normalen Nim Positionen derart an, daß die Nimsumme über die Umfänge der Einzelhaufen jeweils 0 ergibt, solange bis Du in einer Position zum Zuge kommst, in der nur einer der Haufen mehr als einen Stein enthält. Dann ziehe so, daß die resultierende Position aus einer ungeraden Anzahl von Haufen mit jeweils einem Stein besteht.

Aufgabe 3.6: Entwickeln Sie ein Programm, das eine optimale Strategie für das Nimspiel in seiner Misèreform realisiert.

Aufgabe 3.7: Das Spiel "Teufelsdreieck" (Kap. 1.7.) wird wie folgt geändert: Es gewinnt der Spieler, dem es gelingt, als erster ein Dreieck in seiner Farbe zu erzeugen. Ermitteln Sie eine Gewinnstrategie. Ändern Sie das Programm Teufelsdreieck entsprechend ab.

4. Matrixspiele

4.1. Begriffsbestimmung

Jede reellwertige m x n - Matrix $A = [a_{ik}]$ definiert ein Spiel zwischen zwei Parteien, die wir als Spieler I und Spieler II bezeichnen wollen, wie folgt:

(i) Für eine Partie wählt Spieler I eine der Zeilen 1 bis m und gleichzeitig wählt Spieler II eine der Spalten 1 bis n.

(ii) Hat Spieler I Zeile i gewählt, während Spieler II sich für Spalte k entschieden hat, so gewinnt Spieler I den Betrag a_{ik} von Spieler II. (Negativer Gewinn ist als Verlust zu interpretieren und umgekehrt.)

Wir bezeichnen dieses Spiel als das zu A gehörende Matrixspiel und A als Auszahlungsmatrix des Spiels. Da in jeder Partie der Gewinn des einen Spielers der Verlust des anderen Spielers ist, spricht man von einem Zweipersonen - Nullsummenspiel.

Die Wahlmöglichkeiten der Spieler sind die Zeilen- bzw. Spaltennummern. Sie sind die zulässigen (reinen) Strategien der beiden Parteien.

Beispiel:

Spieler II

Spieler I	1	2
1	-5	5
2	2	3

a)

Spieler II

Spieler I	1	2	3
1	4	-2	3
2	-2	3	-3

b)

In Spiel a) ist es für Spieler II vorteilhaft, Spalte 1 zu wählen, ganz gleich, wie die Wahl von Spieler I ausfällt. Bei rationaler Spielweise wird Spieler I dies berücksichtigen und seinerseits Zeile 2 wählen, womit ihm ein Gewinn von mindestens 2 sicher ist. Es wäre offenbar leichtsinnig und töricht von Spieler I, sich für Zeile 1 zu entscheiden, in der Hoffnung, daß der Gegner auf Spalte 2 setzt.

In b) ist die Entscheidung schwieriger. Wählt Spieler I Zeile 1 in der Hoffnung, den Betrag 3 oder 4 zu gewinnen, so kann es sein, daß Spieler II Spalte

2 wählt und damit Spieler I den Verlust 2 beibringt. Wählt Spieler I dagegen Zeile 2, so muß er mit der Möglichkeit rechnen, daß sein Gegner ihm den Verlust 2 oder 3 beibringt. Es gibt also keine Strategie, die ihm garantiert, daß er in einer Partie einen Gewinn erzielt. Ebenso sieht man, daß aber auch Spieler II keine Wahl hat, die ihm einen Gewinn garantiert und an der festzuhalten sich bei einer längeren Spielserie lohnen würde.

Stellen wir uns eine Wettbewerbssituation, in der zwei Parteien (Personen, Organisationen, Firmen, Staaten, ...) miteinander konkurrieren, von folgender Art vor:
(i) Jede Partei kann sich für eine von endlich vielen Aktionen entscheiden.
(ii) Beide Parteien treffen ihre Entscheidungen unabhängig voneinander, d.h. ohne zu wissen, welche Entscheidung die Gegenpartei trifft.
(iii) Mit jedem Paar (i,k) möglicher Aktionen ist für eine der Parteien ein Gewinn a_{ik} verbunden, der zu Lasten der anderen Partei geht.

Eine solche Situation ist offenbar äquivalent zu dem durch $A = [a_{ik}]$ beschriebenen Matrixspiel. Viele Konkurrenzsituationen des sozialen und wirtschaftlichen Bereichs lassen sich in dieser Weise modellhaft durch Matrixspiele beschreiben. Gesellschafts- und Wirtschaftswissenschaften sind deshalb wichtige Anwendungsgebiete der Spieltheorie.

Eine Wettbewerbssituation der oben beschriebenen Art kann zum Beispiel durch ein Positionsspiel gegeben sein, wobei eine Aktion eines Spielers in der Befolgung einer bestimmten Strategie besteht. Die entsprechende Darstellung des Spiels durch seine Auszahlungsmatrix wird als *Normalform* des Spiels bezeichnet - im Gegensatz zur Darstellung des Spiels in *extensiver* Form, die den vorigen Kapiteln zugrunde lag.

Die Auszahlungsmatrix eines Positionsspiels besitzt nach dem Hauptsatz stets einen Sattelpunkt. Die Auszahlungsmatrix des obigen Beispiels b) oder die Matrix $\begin{bmatrix} -1 & 1 \\ 1 & -1 \end{bmatrix}$, die wir als Auszahlungsmatrix des Spiels "Fingerziehen" kennengelernt haben, besitzt keinen Sattelpunkt. Sie können also auch nicht als Auszahlungsmatrix irgendeines Positionsspiels gedeutet werden. Die Klasse der Matrixspiels ist umfassender als die der Positionsspiele.

Beispiel für die Repräsentation eines Positionsspiels in Normalform:

(2,2) - Nim

Startposition dieses Nimspiels sind zwei Haufen, die jeweils zwei Spielsteine enthalten. Jeder Spieler entfernt in seinem Zug von einem Haufen entweder einen oder zwei Steine. Sieger ist, wer den letzten Zug tut.

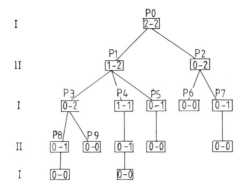

Abb.4.1: Spielbaum des (2,2) - Nim

Das strategische Verhalten des Spielers I ist vollständig beschrieben durch die Wahl, die er in Position P0 und gegebenenfalls in Position P3 trifft. Spieler I stehen demgemäß drei verschiedene Aktionsmöglichkeiten zur Verfügung, die wir wie folgt kennzeichnen:

I	II	III
P0 → P1	P0 → P1	P0 → P2
P3 → P8	P3 → P9	

Entscheidet sich Spieler I zum Beispiel für Aktion II, so bedeutet dies, daß er im ersten Zug Position P1 anspielt. Kommt er im weiteren Verlauf der Partie in Position P3 zum Zug, so wird er von dort aus Position P9 anspielen.

Das Verhalten des Spielers II ist festgelegt durch seine Entscheidungen in den Positionen P1 und P2. Er hat 6 Wahlmöglichkeiten A, B, ..., F mit nachstehender Bedeutung:

A	B	C	D	E	F
P1 → P3	P1 → P3	P1 → P4	P1 → P4	P1 → P5	P1 → P5
P2 → P6	P2 → P7	P2 → P6	P2 → P7	P2 → P6	P2 → P7

Entscheidet sich Spieler I für eine der Aktionen I, II, III und Spieler II für eine der Aktionen A, B, ..., F, so ist damit der Verlauf der Partie bestimmt. Deuten wir wie üblich den Sieg eines Spielers als Gewinn des Betrages 1 und seine Niederlage als Verlust dieses Wertes, so erhalten wir folgende Auszahlungsmatrix:

	Spieler II					
	A	B	C	D	E	F
Spieler I I	-1	-1	-1	-1	1	1
II	1	1	-1	-1	1	1
III	-1	1	-1	1	-1	1

Man erkennt, daß Spieler II den Sieg erzwingen kann, indem er einer Strategie gemäß C folgt.

Aufgabe 4.1: Bestimmen Sie sämtliche Sattelpunkte der obigen Matrix.

Aufgabe 4.2: Geben Sie die Spielmatrix für die Misère - Version des (2,2) - Nim an. Ermitteln Sie Sattelpunkte und Gewinnstrategien.

4.2. Matrixspiele mit Sattelpunkt

Ein Matrixspiel sei gegeben durch

$$A = \begin{bmatrix} a_{11} & a_{12} & \cdots & a_{1n} \\ a_{21} & a_{22} & \cdots & a_{2n} \\ \cdot & \cdot & \cdots & \cdot \\ \cdot & \cdot & \cdots & \cdot \\ \cdot & \cdot & \cdots & \cdot \\ a_{m1} & a_{m2} & \cdots & a_{mn} \end{bmatrix}$$

Wählt Spieler I in einer Partie die Zeile i, so ist er sicher, mindestens einen kleinsten in Zeile i notierten Wert $\min_j a_{ij}$ zu gewinnen. Ein vorsichtiger Spieler, der keinen unnötigen Verlust riskieren will, wird eine Zeile wählen, in der dieser Wert maximal ist. Der garantierte Mindestgewinn ist dann $\max_i \min_j a_{ij}$.

Beispiel:

	1	2	3	4	Zeilen-minimum	
1	5	0	-4	-3	-4	
2	2	3	1	2	1	← Maximum der Zeilenminima
3	-4	2	4	3	-4	

Es gilt: $\max_i \min_j a_{ij} = 1$.

Analog argumentieren wir vom Standpunkt des Spielers II. Wählt er die Spalte j, so trifft ihn schlimmstenfalls ein Verlust, der durch den maximalen Wert dieser Spalte $\max_i a_{ij}$ gegeben ist. Als vorsichtiger Spieler wird er seine Wahl so treffen, daß dieser Verlust möglichst gering wird, nämlich $\min_j \max_i a_{ij}$.

Beispiel:

	1	2	3	4
1	5	0	-4	-3
2	2	3	1	2
3	-4	2	4	3
Spalten-maximum	5	3	↑ 4	3 ↑

Minimum der Spaltenmaxima

Es gilt: $\min_i \max_j a_{ij} = 3$

Fassen wir zusammen: Spieler I kann erzwingen, daß er mindestens $\max_j \min_i a_{ij}$ gewinnt, und Spieler II kann gleichzeitig verhindern, daß Spieler I mehr gewinnt als $\min_i \max_j a_{ij}$. Aus dieser Deutung folgt die wichtige Ungleichung

$$\max_i \min_j a_{ij} \leq \min_j \max_i a_{ij}.$$

Satz 4.1:

Sei A eine beliebige m × n - Matrix. Das Maximum der Zeilenminima $\max_i \min_j a_{ij}$ und das Minimum der Spaltenmaxima $\min_j \max_i a_{ij}$ genügen der Ungleichung

$$\max_i \min_j a_{ij} \leq \min_j \max_i a_{ij}$$

Falls nun gilt

$$\max_i \min_j a_{ij} = \min_j \max_i a_{ij} = v,$$

so muß Spieler I damit rechnen, daß ihm sein Gegner keinen Gewinn gestatten wird, der höher als v ist. Er tut deshalb gut daran, eine Zeile i* zu wählen mit $\min_j a_{i*j} = v$, um sicherzustellen, daß er nicht weniger als v gewinnt. Spieler II wird bei klugem Spiel berücksichtigen, daß sein Gegner den Gewinn v erzwingen kann und deshalb durch die Wahl einer Spalte j* mit $\max_i a_{ij*} = v$ verhindern, daß dieser möglicherweise höher gewinnt.

$\min_j a_{i*j} = v$ bedeutet $a_{i*j} \geq v$ für alle j.

$\max_i a_{ij*} = v$ bedeutet $a_{ij*} \leq v$ für alle i.

Daraus folgt $a_{i*j*} = v$ und $a_{ij*} \leq a_{i*j*} \leq a_{i*j}$ für alle i und j.
a_{i*j*} ist also maximales Element der Spalte j* und zugleich minimales Element der Zeile i*. Das heißt (i*,j*) ist ein Sattelpunkt der Matrix.

Ist umgekehrt (i*,j*) Sattelpunkt der Matrix A, so folgt aus $a_{i*j*} \geq a_{ij*}$ für alle i, die Beziehung

$$a_{i*j*} \geq \max_i a_{ij*} \geq \min_j \max_i a_{ij}.$$

Aus $a_{i*j*} \leq a_{i*j}$ für alle j, folgt entsprechend

$$a_{i*j*} \leq \min_j a_{i*j} \leq \max_i \min_j a_{ij}.$$

Also ergibt sich: $\min_j \max_i a_{ij} \leq \max_i \min_j a_{ij}$.

Andererseits gilt nach Satz 4.1 stets: $\max_i \min_j a_{ij} \leq \min_j \max_i a_{ij}$.
Für eine Matrix mit Sattelpunkt erhalten wir also

$$\max_i \min_j a_{ij} = \min_j \max_i a_{ij}$$

Zusammenfassend ergibt sich:

Satz 4.2:

Eine Matrix $A = (a_{ik})$ besitzt genau dann einen Sattelpunkt, wenn

$\max_i \min_j a_{ij} = \min_j \max_i a_{ij}$. Der eindeutig bestimmte Wert eines

Sattelpunktes ist $v = \max_i \min_j a_{ij}$.

Im Fall, daß die Auszahlungsmatrix einen Sattelpunkt besitzt, besteht für beide Spieler ein rationales Verhalten darin, solche Strategien zu wählen, die zu einem Sattelpunkt gehören. Ein Paar (i*,j*) von "Sattelpunktstrategien" wird deshalb als *Lösung des Spiels* bezeichnet. Den zu einem Sattelpunkt gehörenden Gewinnwert bezeichnet man als den *Wert des Spiels*. (In Kapitel 2 wurde gezeigt, daß verschiedene Sattelpunkte einer Matrix stets den gleichen Wert haben.)

Aus den bisherigen Überlegungen ergibt sich folgender Algorithmus, um festzustellen, ob eine Matrix einen Sattelpunkt besitzt, und um diesen gegebenenfalls zu ermitteln.

Sattelpunktalgorithmus

Sei $A = [a_{ik}]$ die Auszahlungsmatrix des Spiels.
1. Bestimme das Minimum jeder Zeile.
2. Bestimme das Maximum der Zeilenminima und die zugehörigen Zeilen.
3. Bestimme das Maximum jeder Spalte.
4. Bestimme das Minimum der Spaltenmaxima und die zugehörigen Spalten.

Es existiert genau dann ein Sattelpunkt, wenn das Maximum der Zeilenminima gleich dem Minimum der Spaltenmaxima ist. In diesem Fall ist (i*,j*) genau dann ein Sattelpunkt, wenn in Zeile i* ein Maximum der Zeilenminima angenommen wird und in Spalte j* ein Minimum der Spaltenmaxima.

Beispiel:

	1	2	3	4	5	Zeilenminimum	
1	-3	1	2	0	1	-3	
2	5	2	3	2	4	2	← Maximum
3	2	-3	1	-3	0	-3	
4	1	0	-2	2	3	-2	
Spaltenmaximum	5	2	3	2	4		
		↑		↑			
		Minimum		Minimum			

Die Matrix hat die Sattelpunkte (2,2) und (2,4). Der Wert des zugehörigen Spiels ist 2.

Aufgabe 4.3: Welche der folgenden Matrizen haben Sattelpunkte? Gegebenenfalls bestimmen Sie diese.

$$\begin{bmatrix} 1 & 3 & 2 & 0 & -2 & -1 \\ 2 & 7 & 2 & 3 & 2 & 5 \\ -3 & 2 & 1 & 0 & 1 & 3 \\ 5 & 4 & 2 & 3 & 2 & 5 \\ 1 & 3 & 2 & 1 & 0 & 2 \end{bmatrix} \quad \begin{bmatrix} 2 & 7 & -3 & 5 & 1 \\ 4 & 0 & 3 & -2 & 4 \\ 8 & -5 & 7 & 1 & 0 \\ 3 & 4 & 1 & -1 & -3 \\ 2 & 4 & 1 & 5 & 0 \end{bmatrix}$$

$$\begin{bmatrix} -1 & 0 & -2 & 2 & 1 & 0 \\ -2 & -1 & 3 & -4 & -3 & -1 \\ -5 & -2 & 2 & 1 & 5 & -2 \\ -1 & 0 & 0 & 2 & -1 & 0 \\ -3 & 0 & -3 & 2 & 5 & -2 \end{bmatrix}$$

Aufgabe 4.4: Beweisen Sie: Hat eine Matrix $A = [a_{ik}]$ die Sattelpunkte (i_1,k_1) und (i_2,k_2), so gilt $a_{i_1 k_1} = a_{i_2 k_2}$.

4.3. Gemischte Strategien

Betrachten wir noch einmal das Spiel "Finger ziehen", bei dem beide Spieler gleichzeitig eine von ihnen gewählte Anzahl von Fingern zeigen, mit folgender Auszahlungsmatrix:

	gerade	ungerade
gerade	-1	1
ungerade	1	-1

Keiner der Spieler hat eine Aktionsmöglichkeit, die in einer einzelnen Partie garantieren würde, daß er nicht verliert. Wenn wir rationale Verhaltensweisen identifizieren wollen, so muß die Frage lauten: "Wie kann ein Spieler handeln, um in einer langen Spielserie einen möglichst hohen Durchschnittsgewinn zu erzielen?"

Analysieren wir die Situation des Spielers I:
Jede Systematik bei seinen Entscheidungen für "Gerade" oder "Ungerade" könnte vom Gegner erkannt und gewinnbringend ausgenutzt werden. Die einzig sichere Methode, um zu verhindern, daß ein psychologisch einfühlsamer Gegner die Wahl einer bestimmten Aktion vorausahnt und entsprechend kontert, besteht darin, die Entscheidung von der eigenen Person unabhängig zu machen und durch ein Zufallsexperiment herbeizuführen.

Nehmen wir an, Spieler I macht seine Entscheidung von einem Zufallsmechanismus derart abhängig, daß mit Wahrscheinlichkeit x_1 die Aktion "Gerade" erfolgt und mit Wahrscheinlichkeit $x_2 = 1 - x_1$ die Aktion "Ungerade". Das langfristige strategische Verhalten von Spieler I wird dann durch den Vektor $x = (x_1, x_2)$ beschrieben. Wir bezeichnen diesen Vektor als *gemischte Strategie* des Spielers I. Analoge Überlegungen und Begriffsbildungen gelten auch für den Spieler II.

Fassen wir nun den Begriff der gemischten Strategie allgemein:
Ein Spiel sei durch die m x n - Matrix $A = [a_{ik}]$ gegeben. Spieler I sei wie gewohnt der "Zeilenspieler" und Spieler II der "Spaltenspieler".

> **Definition 4.1:**
> Eine gemischte Strategie für Spieler I ist ein Vektor
> $x = (x_1, x_2, \ldots, x_m)$, so daß
> 1. $x_i \geq 0$ für $i = 1, 2, \ldots, m$ und
> 2. $\sum_{i=1}^{m} x_i = 1$.

x wird interpretiert als Wahrscheinlichkeitsverteilung über die Zeilen der Matrix. Das heißt Spieler I verhält sich gemäß Strategie $x = (x_1, x_2, \ldots, x_m)$, wenn x_i, $i = 1, 2, \ldots, m$, die Wahrscheinlichkeit dafür ist, daß der Spieler in einer Partie auf Zeile i setzt.

In analoger Weise wird eine gemischte Strategie für Spieler II als Wahrscheinlichkeitsverteilung $y = (y_1, y_2, \ldots, y_n)$ über die Spalten der Matrix definiert.

Die Zeilen und Spalten der Matrix, die die Aktionsmöglichkeiten der Spieler repräsentieren, haben wir als reine Strategie bezeichnet. Eine reine Strategie k für Spieler I ist äquivalent der gemischten Strategie $x = (x_1, x_2, \ldots, x_m)$ mit $x_k = 1$ und $x_i = 0$ für $i \neq k$. Entsprechendes gilt für die reinen Strategien des Spielers II. In diesem Sinn wollen wir die reinen Strategien auch als spezielle gemischte Strategien auffassen.

Wen im Folgenden der Einfachheit halber von Strategien gesprochen wird, so sind damit stets gemischte Strategien gemeint.

4.4. Lösungskonzept für Matrixspiele

Führen wir zunächst das Beispiel "Fingerziehen" fort und stellen die Frage: "Gibt es eine gemischte Strategie, die man vernünftigerweise als optimal bezeichnen kann?"

Die Symmetrie der Auszahlungsmatrix legt die Strategie $(\frac{1}{2}, \frac{1}{2})$ nahe, die beispielsweise durch das Werfen einer Münze realisiert werden kann.

Auf eine Bevorzugung der Aktion "Gerade" durch die Wahl einer Strategie mit $x_1 > \frac{1}{2}$ könnte Spieler II mit einer Präferenz für "Gerade" seinerseits reagieren und dadurch seine Gewinnchancen verbessern. Entsprechendes gilt für eine Bevorzugung der Aktion "Ungerade" durch Spieler I.

Die folgende Rechnung bestätigt diese Überlegungen:
Nehmen wir an, daß Spieler I die gemischte Strategie $x = (x_1, x_2)$ spielt und Spieler II die gemischte Strategie $y = (y_1, y_2)$.

	y_1	y_2
x_1	-1	1
x_2	1	-1

Der Gewinn des Spielers I in einer Partie ist eine zufällige Größe, für deren Erwartungswert $E(x,y)$ gilt:

$$\begin{aligned} E(x,y) &= -x_1y_1 + x_1y_2 + x_2y_1 - x_2y_2 \\ &= y_1(-x_1 + x_2) + y_2(x_1 - x_2) \\ &= y_1(1 - 2x_1) + (1 - y_1)(2x_1 - 1) \end{aligned}$$

$E(x,y)$ ist als Durchschnittsgewinn des Spielers I in einer langen Spielserie zu interpretieren, in der die beiden Spieler konsequent die Strategien x bzw. y anwenden. Der Einfachheit halber bezeichnen wir $E(x,y)$ als den zu den Strategien x und y gehörigen *Gewinn* (des Spielers I). Das Ziel des Spielers I soll es sein, diesen Gewinn zu maximieren, während Spieler II bestrebt ist, diesen Wert zu minimieren.

Im Beispiel ist $(1 - 2x_1)$ der Gewinn des Spielers I unter der Voraussetzung, daß Spieler II sich für "Gerade" entscheidet (d.h.: y = (1,0)), während $(2x_1 - 1)$ der Gewinn ist, falls Spieler II sich für "Ungerade" entscheidet.

Für beliebige x und y gilt:

$$\min\{(1 - 2x_1),(2x_1 - 1)\} \leq E(x,y) \leq \max\{(1 - 2x_1),(2x_1 - 1)\}.$$

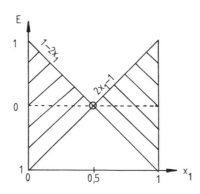

Abb.4.2: Gewinnbereich für Spieler I
  Die untere Grenze des schraffierten Bereichs zeigt den Mindestgewinn in Abhängigkeit von x_1.

Wählt Spieler I die Strategie $x = (x_1,x_2)$, so ist ihm lediglich der Gewinn $\min\{(1 - 2x_1),(2x_1 - 1)\}$ sicher. Er tut deshalb gut daran, seine Strategie so zu wählen, daß dieser Ausdruck maximal wird, und das ist für $x^* = (\frac{1}{2},\frac{1}{2})$ mit $E(x^*,y) = 0$ der Fall. Spieler II kann durch die Strategie

$y^* = (\frac{1}{2},\frac{1}{2})$ verhindern, daß der Gewinn $E(x,y)$ möglicherweise höher als 0 ausfällt.

In diesem Sinn bezeichnen wir das Paar (x^*,y^*) als eine *Lösung* des Spiels "Fingerziehen" und $E(x^*,y^*)$ als den *Wert* des Spiels.

Kommen wir nun wieder zum allgemeinen Fall eines Spiels mit der Matrix $A = [a_{ik}]$.

	y_1	y_2	...	y_n
x_1	a_{11}	a_{12}	...	a_{1n}
x_2	a_{21}	a_{22}	...	a_{2n}
.	.	.	...	.
.	.	.	...	.
.	.	.	...	.
x_m	a_{m1}	a_{m2}	...	a_{mn}

Ist $x = (x_1, x_2, \ldots, x_m)$ die Strategie des Spielers I und $y = (y_1, y_2, \ldots, y_n)$ die Strategie des Spielers II, so ist

$$E(x,y) = \sum_{i=1}^{m} \sum_{j=1}^{n} x_i y_j a_{ij}$$

der (durchschnittliche) Gewinn des Spielers I und zugleich der (durchschnittliche) Verlust des Spielers II in einer langen Spielserie. Wir unterstellen, daß Spieler I das Ziel verfolgt, diesen Gewinn zu maximieren, während Spieler II ihn zu minimieren sucht.

Bezeichnen wir mit S_m die Menge aller gemischten Strategien für Spieler I und mit S_n die Menge aller gemischten Strategien für Spieler II. Das heißt:

$$S_m = \{x = (x_1, x_2, \ldots, x_m) \mid \sum_{i=1}^{m} x_i = 1, x_i \geq 0 \text{ für } i = 1,2,\ldots,m\} \quad \text{und}$$

$$S_n = \{y = (y_1, y_2, \ldots, y_n) \mid \sum_{i=1}^{n} y_i = 1, y_i \geq 0 \text{ für } i = 1,2,\ldots,n\} .$$

Spielt Spieler I gemäß Strategie x, so ist ihm der Gewinn $\min_{y \in S_n} E(x,y)$ sicher - mehr nicht. (S_m bzw. S_n sind beschränkte und abgeschlossene Mengen. Die Linearform $E(x,y)$ nimmt deshalb sowohl als Funktion von x wie auch als Funktion von y Maximum und Minimum an.)

Spieler I kann nun eine Strategie $x^* \in S_m$ so wählen, daß der zugehörige Mindestgewinn so groß wie möglich ist, also

$$\min_{y \in S_n} E(x^*,y) = \max_{x \in S_m} \min_{y \in S_n} E(x,y)$$

Das ist der Gewinn, den Spieler I aus "eigener Kraft" erzwingen kann.
Die Situation für Spieler II ist analog. Wählt er Strategie y, so droht ihm schlimmstenfalls der Verlust $\max_{x \in S_m} E(x,y)$.
Er kann gemäß einer Strategie y* spielen, die gewährleistet, daß der zugehörige höchstmögliche Verlust so gering wie möglich wird, also

$$\max_{x \in S_m} E(x,y^*) = \min_{y \in S_n} \max_{x \in S_m} E(x,y) .$$

Für das Strategienpaar (x*,y*) gilt:

$$E(x^*,y^*) \geq \min_{y \in S_n} E(x^*,y) = \max_{x \in S_m} \min_{y \in S_n} E(x,y) \quad \text{und}$$

$$E(x^*,y^*) \leq \max_{x \in S_m} E(x,y^*) = \min_{y \in S_n} \max_{x \in S_m} E(x,y) .$$

Daraus folgt:

$$\max_{x \in S_m} \min_{y \in S_n} E(x,y) \leq E(x^*,y^*) \leq \min_{y \in S_n} \max_{x \in S_m} E(x,y) .$$

Insbesondere gilt also in Analogie zu Satz 4.1 stets die Ungleichung

$$\boxed{\max_{x \in S_m} \min_{y \in S_n} E(x,y) \leq \min_{y \in S_n} \max_{x \in S_m} E(x,y)}$$

Nehmen wir einmal an, daß in dieser Beziehung das Gleichheitszeichen gilt, also

$$\max_{x \in S_m} \min_{y \in S_n} E(x,y) = E(x^*,y^*) = \min_{y \in S_n} \max_{x \in S_m} E(x,y) .$$

In diesem Fall stellt das Paar (x*,y*) eine Gleichgewichtssituation im Interessenkonflikt der beiden Spieler dar: Wählt Spieler I die Strategie x*, so ist er sicher, daß sein Gewinn mindestens E(x*,y*) ist. Gleichzeitig kann aber Spieler II mit Hilfe der Strategie y* einen höheren Gewinn verhindern. Weicht also Spieler I von x* ab, so kann er nicht damit rechnen, einen höheren Gewinn zu erzielen. Er riskiert möglicherweise ein schlechteres Ergebnis.

Es ist daher vernünftig für Spieler I, gemäß Strategie x* zu spielen.
Entsprechendes gilt für Spieler II bezüglich Strategie y*.
In diesem Sinn ist x* eine optimale Strategie für Spieler I und y* eine optimale Strategie für Spieler II.
Die Beziehung $\max_{x \in S_m} \min_{y \in S_n} E(x,y) = \min_{y \in S_n} \max_{x \in S_m} E(x,y)$ ist offenbar gleichbedeutend mit der Existenz zweier Strategien $x^* \in S_m$ und $y^* \in S_n$, so daß

1. $E(x^*,y^*) \leq E(x^*,y)$ für alle $y \in S_n$ und

2. $E(x^*,y^*) \geq E(x,y^*)$ für alle $x \in S_m$

Definition 4.2:
Existieren in einem Matrixspiel Strategien x* für Spieler I und y* für Spieler II derart, daß $E(x^*,y^*) \leq E(x^*,y)$ für alle $y \in S_n$ und zugleich $E(x^*,y^*) \geq E(x,y^*)$ für alle $x \in S_m$, so heißt das Paar (x*,y*) eine *Lösung* des Spiels.
E(x*,y*) wird in diesem Fall als *Wert* des Spiels bezeichnet.
Das Spiel heißt fair, falls sein Wert 0 ist.

Für die Theorie der Matrixspiele ist die Frage von zentraler Bedeutung, unter welchen Bedingungen eine derartige Lösung (x*,y*) existiert. J.v. Neumann gelang 1928 der Beweis, daß jedes Matrixspiel (von der hier behandelten Art) eine Lösung besitzt.

Satz 4.3: (Hauptsatz der Spieltheorie; J. v. Neumann, 1928)
Es sei $A = [a_{ik}]$ eine beliebige m x n - Matrix und

$$E(x,y) = \sum_{i=1}^{m} \sum_{j=1}^{n} x_i y_j a_{ij}$$

Dann existieren die Werte $\max_{x \in S_m} \min_{y \in S_n} E(x,y)$ und $\min_{y \in S_n} \max_{x \in S_m} E(x,y)$,
und es gilt $\max_{x \in S_m} \min_{y \in S_n} E(x,y) = \min_{y \in S_n} \max_{x \in S_m} E(x,y)$

Der nicht ganz einfache Beweis dieses Satzes wird im Anhang gegeben.

Ein Matrixspiel zu lösen, bedeutet, ein Paar optimaler Strategien zu ermitteln und den Wert des Spiels zu bestimmen.
Viele Strategiespiele sind von der Art, daß Spieler I und Spieler II die gleichen Aktionsmöglichkeiten haben, und daß der Gewinn $a_{i,k}$, den Spieler I in der Partie erzielt, die durch das Paar reiner Strategien (i,k) bestimmt ist, übereinstimmt mit seinem Verlust in einer durch (k,i) bestimmten Partie. Da

die Bedingungen für beide Spieler gleich sind, wird man erwarten, daß ein solches Spiel fair ist, also den Wert 0 hat.

Ein Spiel der geschilderten Art kann durch eine quadratische Auszahlungsmatrix $A = [a_{ik}]$ beschrieben werden, mit $a_{ik} = -a_{ki}$ für alle i und k. Eine solche Matrix heißt *schiefsymmetrisch*, das zugehörige Spiel *symmetrisch*! Insbesondere muß in einer schiefsymmetrischen Matrix gelten: $a_{ii} = 0$ für alle Elemente der Hauptdiagonalen.

> **Satz 4.4:**
> Jedes symmetrische Spiel ist fair.

Beweis: Für ein symmetrisches Spiel gilt:

$$E(x,y) = \sum_i \sum_k x_i y_k a_{ik} = - \sum_i \sum_k x_i y_k a_{ki}$$

$$= - \sum_k \sum_i x_k y_i a_{ik} = - \sum_i \sum_k y_i x_k a_{ik} = -E(y,x)$$

Für $x = y$ gilt also stets $E(x,y) = -E(y,x) = 0$.
Daraus folgt:
1. $\min_y E(x,y) \leq 0$ für alle x und somit $v_1 = \max_x \min_y E(x,y) \leq 0$
2. $\max_x E(x,y) \geq 0$ für alle y und somit $v_2 = \min_y \max_x E(x,y) \geq 0$.

Da nach dem Hauptsatz $v_1 = v_2$ und dies der Wert v des Spiels ist, gilt: $v = 0$.

In einer konkreten Partie wird jeder Spieler versuchen, Muster im Verhalten seines Gegners zu erkennen. Er wird sich so gut er kann in die Situation seines Gegenspielers hineinversetzen, um dessen nächsten Zug zu erraten. Zugleich möchte er verhindern, daß der eigene Zug vom Gegner vorausgesehen wird. Der einzig sichere Schutz davor, von einem Gegner durchschaut zu werden, besteht darin, daß man nach dem Motto "Unwissenheit schützt vor der Preisgabe der Informationen" die Entscheidung für den jeweils nächsten Zug einem Zufallsmechanismus überträgt. Man kann beispielsweise eine Münze oder einen Würfel werfen oder ein Glücksrad drehen und vom Ergebnis dieses Zufallsexperiments den nächsten Zug abhängig machen. An die Stelle eines solchen physikalischen Gerätes kann aber auch ein Zufallsgenerator treten, wie ihn jeder Computer besitzt.

Es sollen hier nicht die vielfältigen Realisierungsmöglichkeiten eines solchen Zufallsgenerators erörtert werden. Wir unterstellen lediglich, daß unser Computer auf einen Befehl der Art

Z := RANDOM MOD K

der Variablen Z ein Element der Menge {0,1, ..., K-1} zuweist, wobei jede

dieser Zahlen mit der gleichen Wahrscheinlichkeit $\frac{1}{K}$ ausgewählt wird.
Das Werfen eines Würfels zum Beispiel simuliert man mittels der Prozedur:
PROCEDURE Wuerfeln;
BEGIN
  WRITE (RANDOM MOD 6 + 1)
END;
Eine Serie mit den Ergebnissen von 1000 Würfen liefert folgendes Programm:
PROGRAM Wuerfelserie;
  VAR i : INTEGER;
  PROCEDURE Wuerfeln ;
    BEGIN
      WRITE (RANDOM MOD 6 + 1 : 3)
    END; (*of Wuerfeln*)
  BEGIN
    FOR i := 1 TO 1000 DO Wuerfeln
  END .

Nehmen wir nun an, daß ein Spieler, dem k reine Strategien zur Auswahl stehen, gemäß der gemischten Strategie $x = (x_1, x_2, \ldots, x_k)$ spielen möchte. Der Spieler kann die Entscheidungen, die er in einer Serie von Partien zu treffen hat, an einen Computer delegieren, sofern dieser eine Zufallsgröße Z realisiert, die die Werte $1, 2, \ldots, k$ mit den Wahrscheinlichkeiten $x_1, x_2, \ldots, x_k$ annimmt.

Die Zufallsgröße mit ihren Wahrscheinlichkeiten stellen wir wie folgt dar:

Z	1	2	3	.....	k
Wk	x_1	x_2	x_3	.....	x_k

mit $x_i \geq 0$ für $i = 1, 2, \ldots, k$ und $\sum_{i=1}^{k} x_i = 1$

Um Z durch ein Computerprogramm zu realisieren, unterteilen wir zunächst das Intervall [0,1] in k disjunkte Abschnitte mit den Längen $x_1, x_2, \ldots, x_k$.

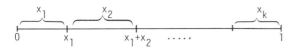

Eine auf dem Intervall [0,1] gleichverteilte, stetige Zufallsgröße S realisiert man auf dem Rechner (näherungsweise) mittels des Befehls
S := (RANDOM MOD 10000) / 10000 .
Die Wahrscheinlichkeit dafür, daß S einem Teilabschnitt mit der Länge x_i angehört, ist gerade x_i. Das folgende Programm Wahrscheinlichkeitsverteilung

druckt den Wert i, i = 1,2,...,k genau dann aus, wenn S einen Wert annimmt, der im i-ten Teilintervall liegt - also mit der Wahrscheinlichkeit x_i.

Das Programm realisiert somit die oben beschriebene Zufallsgröße Z. Die Anzahl der gewünschten Realisierungen wird mit n angegeben.

```
PROGRAM Wahrscheinlichkeitsverteilung;
  (* realisiert eine Zufallsgroesse mit gegebener
     Wahrscheinlichkeitsverteilung *)

  USES
    applestuff;

  TYPE
    tverteilung = ARRAY[1..10] OF real;

  VAR
    x     : tverteilung;
    i,k,n : integer;

  PROCEDURE Zufallsgroesse (k: integer; x: tverteilung);
    VAR
      i : integer;
      s : real;
    BEGIN
      s := (random MOD 10000)/10000;
      i := 0;
      WHILE s > 0 DO BEGIN
        i := i+1;
        s := s-x[i]
      END; (* of while *)
      writeln(i)
    END; (* of Zufallsgroesse *)

  BEGIN (* Hauptprogramm *)
    page (output); writeln;
    write ('Wieviel Werte kann die Zufallsgroesse annehmen? ');
    readln (k);
    writeln;
    FOR i := 1 TO k DO BEGIN
      write ('Wahrscheinlichkeit(',i,') = ');
      readln(x[i])
    END; (* of for *)
    writeln; writeln;
    write ('Wieviel Zufallszahlen wuenschen Sie? ');
    readln (n);
    writeln; writeln;
    FOR i := 1 TO n DO Zufallsgroesse(k,x)
  END.
```

Aufgabe 4.5: Beweisen Sie, daß das Spiel mit der Auszahlungsmatrix

$$\begin{bmatrix} 1 & 2 & 3 \\ 3 & 1 & 2 \\ 2 & 3 & 1 \end{bmatrix}$$

den Gewinnwert 2 hat.
Geben Sie optimale Strategien für beide Spieler an.

Aufgabe 4.6: Verallgemeinern Sie das obige Ergebnis, indem Sie zeigen: Ein Spiel, dessen m x m - Matrix ein lateinisches Quadrat ist, hat den Wert (m+1)/2.

Aufgabe 4.7: Ein Spiel wird dadurch abgeändert, daß zu jedem Element der Auszahlungsmatrix ein konstanter Wert k addiert wird.
Beweisen Sie den "Verschiebesatz":
    (i) Eine für das ursprüngliche Spiel optimale Strategie ist auch für das geänderte Spiel optimal.
    (ii) Ist v der Wert des ursprünglichen Spiels, so hat das neue Spiel den Wert v + k.
Anmerkung: Durch eine solche "Verschiebung" des Spielwerts kann man stets zu einem fairen Spiel übergehen, ohne die sonstige Spielstruktur zu ändern.

4.5. Lösungsverfahren für 2x2 - Spiele

Nachdem wir wissen, daß jedes Matrixspiel eine Lösung besitzt, bleibt zu klären, wie man im konkreten Fall eine Lösung bzw. alle Lösungen eines Matrixspiels findet. Zunächst behandeln wir einfache Spezialfälle.

Der einfachste nichttriviale Fall ist der eines 2x2 - Spiels. Die Matrix des Spiels sei $A = \begin{bmatrix} a & b \\ c & d \end{bmatrix}$. Die Strategie des "Zeilenspielers" sei $x = (x_1, x_2)$, die des "Spaltenspielers" sei $y = (y_1, y_2)$.

		Spieler II	
		y_1	$1-y_1$
Spieler I	x_1	a	b
	$1-x_1$	c	d

Der für Spieler I sichere Gewinn ist
$\min\{x_1 a + (1-x_1)c, \; x_1 b + (1-x_1)d\} = \min\{x_1(a-c) + c, \; x_1(b-d) + d\}$.

Spieler I stellt sich die Aufgabe, $x_1^* \in [0,1]$ zu bestimmen, so daß
$\min\{x_1^*(a-c) + c, \; x_1^*(b-d) + d\} = \max_{x_1 \in [0,1]} \{x_1(a-c) + c, \; x_1(b-d) + d\}$

Nehmen wir zunächst an, daß die beiden Geraden $f_1(x_1) = x_1(a-c) + c$ und $g_1(x_1) = x_1(b-d) + d$ einen Schnittpunkt im Intervall $[0,1]$ haben.

Die Zeichnung verdeutlicht, daß der Schnittpunkt der beiden Geraden die gewünschte Eigenschaft besitzt.

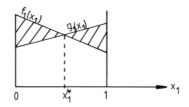

Abb.4.3: Gewinnbereich eines 2 x 2 - Spiels

Eine optimale Strategie für Spieler I genügt also der Bedingung
$x_1^*(a-c) + c = x_1^*(b-d) + d$, das heißt

$$x_1^* = \frac{d-c}{a-b-c+d} \quad \text{und} \quad x_2^* = (1-x_1^*) = \frac{a-b}{a-b-c+d}.$$

Verwendet Spieler II die Strategie $y = (y_1, y_2)$, so liegt sein Verlust auf jeden Fall zwischen $y_1(a-b) + b$ und $y_1(c-d) + d$.
Unter der Voraussetzung, daß die Geraden $f_2(y_1) = y_1(a-c) + b$ und $g_2(y_2) = y_1(c-d) + d$ einen Schnittpunkt y_1^* im Intervall $[0,1]$ haben, zeigen analoge Überlegungen, wie sie soeben für Spieler I angestellt worden sind, daß $y^* = (y_1^*, 1-y_1^*)$ eine optimale Strategie für Spieler II ist. Es gilt

$$y_1^* = \frac{d-b}{a-b-c+d} \quad \text{und} \quad y_2^* = (1-y_1^*) = \frac{a-c}{a-b-c+d}.$$

Der Wert eines solchen Spiels ist $v = \frac{ad-bc}{a-b-c+d}$. (Zähler dieses Bruches ist die Determinante von A.)
Die Voraussetzung, daß $f_1(x_1)$ und $g_1(x_1)$ einen Schnittpunkt im Intervall $[0,1]$ haben, ist gleichbedeutend damit, daß
1. $a-b-c+d \neq 0$,
2. $0 \leq \frac{d-c}{a-b-c+d} \leq 1$.

Wir werden zeigen, daß die Matrix $\begin{bmatrix} a & b \\ c & d \end{bmatrix}$ einen Sattelpunkt besitzt, wenn eine dieser Bedingungen nicht erfüllt ist:
1. Es sei $a-b-c+d = o$ und somit $a-b = c-d$. Mit $a-b = c-d = k$ gilt:

$$\begin{bmatrix} a & b \\ c & d \end{bmatrix} = \begin{bmatrix} b+k & b \\ d+k & d \end{bmatrix}.$$

Ist $k \leq 0$, so ist a Minimum der ersten Zeile und c ist Minimum der zweiten Zeile. Das Maximum der ersten Spalte ist also zugleich Zeilenminimum und somit besitzt die Matrix einen Sattelpunkt. Entsprechend zeigt man für $k \geq 0$, daß die Matrix einen Sattelpunkt in der zweiten Spalte hat.

2. Es sei $\frac{d-c}{a-b-c+d} < 0$ oder $\frac{d-c}{a-b-c+d} > 1$. Diese Bedingung ist gleichbedeutend mit $\frac{a-b-c+d}{d-c} < 1$ und dies ist äquivalent zu $1 + \frac{a-b}{d-c} < 1$ bzw. $\frac{a-b}{d-c} < 0$.

Es gilt: $\frac{a-b}{d-c} < 0 \Longleftrightarrow$ (a < b und c < d) oder (a > b und c > d).

Im Fall a < b und c < d ist max{a,c} ein Sattelpunktelement.

Im Fall a > b und c > d ist max{b,d} der Wert eines Sattelpunktes.

Damit ist gezeigt: Schneiden sich die Geraden $f_1(x_1)$ und $g_1(x_1)$ nicht im Intervall [0,1], so hat die Matrix A einen Sattelpunkt. Entsprechendes gilt für die Geradengleichungen $f_2(y_1)$ und $g_2(y_2)$.

Das Ergebnis dieser Überlegungen fassen wir zusammen:

Verfahren zur Lösung eines 2x2 - Matrixspiels:

Die Auszahlungsmatrix sei $A = \begin{bmatrix} a & b \\ c & d \end{bmatrix}$

(i) Prüfe, ob die Matrix des Spiels einen Sattelpunkt hat.

(ii) Existiert ein Sattelpunkt in Zeile i und Spalte k, so ist das Paar reiner Strategien (i,k) eine Lösung des Spiels.

(iii) Hat die Matrix keinen Sattelpunkt, so ist das Paar (x*,y*) mit

$x^* = (\frac{d-c}{a-b-c+d}, \frac{a-b}{a-b-c+d})$ und $y^* = (\frac{d-b}{a-b-c+d}, \frac{a-c}{a-c-b+d})$

eine Lösung des Spiels.

Der Wert des Spiels ist $v = \frac{ad-bc}{a-b-c+d}$.

Das Programm <u>Zweizweispiel</u> erwartet von Ihnen als Benutzer die zeilenweise Eingabe einer Spielmatrix der Form $\begin{bmatrix} a & b \\ c & d \end{bmatrix}$ und ist dann bereit, gegen Sie zu spielen, solange es Ihnen Spaß macht. Der Rechner informiert nach jeder Partie sowohl über das Ergebnis dieser Partie als auch über ihren bisherigen Gesamtgewinn (-verlust) und Ihren durchschnittlichen Gewinn (Verlust).

```
PROGRAM Zweizweispiel;
  (* spielt ein 2x2-Matrixspiel *)

  USES
    applestuff;

  TYPE
    tmatrix   = ARRAY[1..2,1..2] OF real;
    tstrategie = ARRAY[1..2] OF real;

  VAR
    mat              : tmatrix;
    x, y             : tstrategie;
    spieler, ch      : char;
    a, b, c, d,
    gesamtgewinn     : real;
    zeile, spalte, i : integer;
```

```
PROCEDURE Eingabe;
  (* die Spielmatrix wird eingegeben *)
  BEGIN
    writeln;
    writeln ('Geben Sie zeilenweise die Elemente der Spielmatrix ein!');
    writeln;
    write ('a = '); readln (a); mat[1,1] := a;
    write ('b = '); readln (b); mat[1,2] := b;
    write ('c = '); readln (c); mat[2,1] := c;
    write ('d = '); readln (d); mat[2,2] := d;
    writeln; writeln
  END; (* of Eingabe *)

PROCEDURE Strategien (VAR x,y: tstrategie);
  (* Berechnung optimaler Strategien *)
  VAR
    fall : 1..5;
  BEGIN
    fall := 5;
    IF (a <= b) AND (a >= c) THEN fall := 1;
    IF (b <= a) AND (b >= d) THEN fall := 2;
    IF (c <= d) AND (c >= a) THEN fall := 3;
    IF (d <= c) AND (c >= b) THEN fall := 4;

    x[1] := 0; x[2] := 0; y[1] := 0; y[2] := 0;
    CASE fall OF
      1 : BEGIN x[1] := 1; y[1] := 1 END;
      2 : BEGIN x[1] := 1; y[2] := 1 END;
      3 : BEGIN x[2] := 1; y[1] := 1 END;
      4 : BEGIN x[2] := 1; y[2] := 1 END;
      5 : BEGIN
            x[1] := (d-c)/(a-b-c+d);
            x[2] := 1-x[1];
            y[1] := (d-b)/(a-b-c+d);
            y[2] := 1-y[1]
          END
    END (* of case *)
  END; (* of Strategien *)

PROCEDURE Partie (x,y: tstrategie; spieler: char;
                  VAR zeile, spalte: integer);
  (* fuehrt eine Partie aus *)
  VAR
    zug : 1..2;
  BEGIN
    write ('Ihr Zug ?(1 oder 2) '); readln (zug);
    IF spieler = 'z' THEN zeile := zug ELSE spalte := zug;
    CASE spieler OF
      's' : IF random MOD 10000 / 10000 < x[1] THEN
              zeile := 1
            ELSE
              zeile := 2;
      'z' : IF random MOD 10000 / 10000 < y[1] THEN
              spalte := 1
            ELSE
              spalte := 2
    END; (* of case *)
    IF spieler = 's' THEN zug := zeile ELSE zug := spalte;

    writeln ('Mein Zug:              ', zug);
    writeln; writeln
  END; (* of Partie *)

PROCEDURE Information (spieler: char; zeile, spalte: integer;
                       VAR gesamtgewinn : real);
  (* informiert ueber den Spielstand *)
  VAR
    gewinn : real;
  BEGIN
    IF spieler = 'z' THEN
      gewinn := mat[zeile, spalte]
    ELSE
      gewinn := -mat[zeile, spalte];
    writeln ('Ihr Gewinn in der ',i,'. Partie: ', gewinn);
    gesamtgewinn := gesamtgewinn + gewinn;
    writeln ('Ihr bisheriger Gesamtgewinn: ', gesamtgewinn);
    writeln ('Ihr Durchschnittsgewinn    : ', gesamtgewinn/i)
  END; (* of Information *)
```

```
BEGIN (* Hauptprogramm *)
  writeln; writeln;
  writeln ('          2x2-Matrixspiel');
  writeln ('          ---------------');
  writeln; writeln;

  Eingabe;

  Strategien (x, y);

  gesamtgewinn := 0;
  i := 0;

  REPEAT
    writeln; writeln;
    i := i+1;
    writeln ('Uebernehmen Sie die Rolle des Zeilen- oder des');
    write ('Spaltenspielers? Druecken Sie "z" oder "s": ');
    read (spieler);
    writeln; writeln;

    Partie (x, y, spieler, zeile, spalte);

    Information (spieler, zeile, spalte, gesamtgewinn);

    writeln; writeln;
    writeln ('Moechten Sie aufhoeren, druecken Sie "#".');
    write ('Andernfalls druecken Sie die Leertaste.');
    read (ch)
  UNTIL ch = '#'
END.
```

4.6. Dominanz

Eine einfache Idee kann gelegentlich hilfreich sein, um die Analyse eines Matrixspiels zu vereinfachen.

Beispiel: Spieler I wählt eine der Zahlen 1, 2, 3 und Spieler II eine der Zahlen 1, 2. Ist die Summe der gewählten Zahlen gerade, so gewinnt Spieler I den Absolutwert aus der Differenz beider Zahlen. Ist die Summe ungerade, so gewinnt Spieler II den entsprechenden Betrag.

	1	2
1	0	-1
2	-1	0
3	2	-1

Dies ist ein 3 x 2 - Spiel. Die Überlegungen des vorigen Abschnitts sind also nicht ohne weiteres anwendbar. Für Spieler I ist es aber ratsam, nie die Zahl 1 zu wählen. Ganz gleich, welche Wahl sein Gegner trifft, Spieler I fährt besser oder zumindest ebenso gut, wenn er statt 1 die 3 wählt. Man sagt: Zeile drei ist *dominant* gegenüber Zeile eins, bzw. Zeile eins ist *rezessiv* gegenüber Zeile drei.

Um eine optimale Strategie zu ermitteln, kann man also die erste Zeile vergessen. Die Spielmatrix reduziert sich damit auf $\begin{bmatrix} -1 & 0 \\ 2 & -1 \end{bmatrix}$

Das zugehörige Spiel hat gemäß Abschnitt 4.4. die Lösung (x*,y*) mit $x^* = (\frac{3}{4}, \frac{1}{4})$ und $y^* = (\frac{1}{4}, \frac{3}{4})$. Der Wert des Spiels ist $v = -\frac{1}{4}$.

Spieler II ist also im Vorteil.

Da keiner der Spieler in dem ursprünglichen Spiel einen höheren Gewinn erzwingen kann, als in der reduzierten Fassung, gilt auch für das Ausgangsspiel $v = -\frac{1}{4}$. Die Lösung ist durch

$x^* = (0, \frac{3}{4}, \frac{1}{4})$ und $y^* = (\frac{1}{4}, \frac{3}{4})$ gegeben.

Wir verallgemeinern nun die in dem Beispiel angestellten Überlegungen und Begriffsbildungen für beliebige Matrixspiele.

Definition 4.3:

Die Auszahlungsmatrix eines Spiels sei $A = [a_{ik}]$. Zeile i dieser Matrix heißt *dominant* gegenüber Zeile j, wenn $a_{ik} \geq a_{jk}$ für alle k. Zeile j heißt dann *rezessiv* gegenüber Zeile i.

Die i-te Spalte heißt dominant gegenüber der j-ten Spalte, wenn $a_{ki} \leq a_{kj}$ für alle k. Spalte j heißt in diesem Fall rezessiv gegenüber Spalte i.

Enthält eine Spielmatrix eine Zeile/Spalte, die rezessiv gegenüber einer anderen Zeile/Spalte ist, so streiche man diese Zeile/Spalte. Die Lösung des so reduzierten Spiels ist der Lösung des ursprünglichen Spiels gleichwertig.

Das folgende lehrreiche Beispiel wurde von J.v. Neumann und O. Morgenstern (1944) angegeben.

Vereinfachtes Pokerspiel

Zwei Spieler erhalten aus einem Kartenspiel je eine Karte. Eine schwarze Karte sei "hoch" und eine rote Karte sei "niedrig".

Schreiben wir H für hoch und N für niedrig und kennzeichnen wir die möglichen Verteilungen der beiden Karten durch (H,H), (H,N), (N,H) und (N,N). Bei einem nicht zu kleinen Kartenspiel haben alle diese Verteilungen etwa die gleiche Wahrscheinlichkeit $\frac{1}{4}$.

Das Spiel verläuft nach folgenden Regeln:
Beide Spieler geben einen festen Einsatz, dessen Höhe a ist, in den "Topf". Spieler I beginnt und hat die Möglichkeiten, entweder seine Karte aufzudecken oder seinen Einsatz um einen festen Betrag b zu erhöhen. Im ersten Fall deckt auch Spieler II seine Karte auf und es kommt zur Auszahlung. Für die Auszah-

lung gilt, daß jeder Spieler seinen Einsatz zurückerhält, sofern beide Karten den gleichen Spielwert haben - also beide Karten hoch oder beide Karten niedrig sind -, andernfalls kassiert der Spieler mit der hohen Karte den Inhalt des "Topfes".
Erhöht dagegen Spieler I den Einsatz, so kann Spieler II passen - damit geht der "Topf" an Spieler I - oder er erhöht seinen Einsatz ebenfalls um den Betrag b. danach wird aufgedeckt und wie oben beschrieben ausgezahlt.

Schematisch stellen sich die möglichen Spielverläufe wie folgt dar:

```
                ┌─ Sp I deckt auf ── Sp II deckt auf ── Auszahlung
Start ──────────┤
                └─ Sp I erhöht ──┬── Sp II paßt ── Topf an Sp I
                                 └── Sp II hält mit ── aufdecken ── Auszahlung
```

Spieler I kann für seine Entscheidung unter vier reinen Strategien wählen, nämlich:

	Strategien für Spieler I			
Kartenwert	I	II	III	IV
H	aufdecken	aufdecken	erhöhen	erhöhen
N	aufdecken	erhöhen	aufdecken	erhöhen

Falls Spieler I erhöht, so hat Spieler II die Wahl unter ebenfalls vier reinen Strategien:

	Strategien für Spieler II			
Kartenwert	A	B	C	D
H	passen	passen	halten	halten
N	passen	halten	passen	halten

Wir beschreiben das Spiel nun durch eine Auszahlungsmatrix, die für jedes Strategienpaar den Erwartungswert des Gewinns für Spieler I angibt. Die Strategien werden dabei mittels der Symbole a (aufdecken), e (erhöhen), p(passen) und h (halten) bezeichnet.

			A	B	C	D
	H		p	p	h	h
	N		p	h	p	h
I	a	a	0	0	0	0
II	a	e	$\frac{3}{4}a$	$\frac{1}{2}a$	$\frac{a-b}{4}$	$-\frac{1}{4}b$
III	e	a	$\frac{1}{4}a$	$\frac{a+b}{4}$	0	$\frac{1}{4}b$
IV	e	e	a	$\frac{3a+b}{4}$	$\frac{a-b}{4}$	0

Um etwa den Gewinn für das Strategienpaar (III,B) zu ermitteln, geht man wie folgt vor:
Man bestimmt für jede mögliche Kartenverteilung den Gewinn des Spielers I.

Kartenverteilung	(H,H)	(H,N)	(N,H)	(N,N)
Gewinn	a	a+b	-a	0

Da jede der Kartenverteilungen die Wahrscheinlichkeit $\frac{1}{4}$ hat, ist der Erwartungswert für den Gewinn von Spieler I $\frac{1}{4}$ (a+a+b-a) = $\frac{a+b}{4}$.

Konzentrieren wir uns nun auf die Auszahlungsmatrix

$$\begin{bmatrix} 0 & 0 & 0 & 0 \\ \frac{3}{4}a & \frac{a}{2} & \frac{a-b}{4} & -\frac{b}{4} \\ \frac{a}{4} & \frac{a+b}{4} & 0 & \frac{b}{4} \\ a & \frac{3a+b}{4} & \frac{a-b}{4} & 0 \end{bmatrix}.$$

Wenn a,b > 0 dominiert die vierte Zeile gegenüber der zweiten und die dritte Zeile gegenüber der ersten. (Hier kommt zum Ausdruck, daß es für Spieler I nicht sinnvoll sein kann, sofort aufzudecken, wenn er eine hohe Karte hat.) Ferner ist die dritte Spalte dominant gegenüber den Spalten eins und zwei. (Es ist für Spieler II nicht sinnvoll zu passen, wenn er eine hohe Karte hat.) Damit reduziert sich die Analyse des Spiels auf die Auswertung der Matrix

	C	D
III	0	$\frac{b}{4}$
IV	$\frac{a-b}{4}$	0

Die Strategien III und C beschreiben eine "vorsichtige" Spielweise, nämlich nur zu erhöhen, bzw. zu halten, falls man im Besitz einer hohen Karte ist. Die Strategien IV und D operieren dagegen mit "Bluff" - es wird auch dann erhöht, wenn die Karte niedrig ist.

Betrachten wir zwei Spezialfälle:
1. Sei a = 4 und b = 8.
   Wir erhalten die Matrix

	C	D
III	0	2
IV	-1	0

mit einem Sattelpunkt für das Strategienpaar (III,C). Die Spieler sind also gut beraten, wenn sie keinen Bluff versuchen. Der Wert des Spiels ist 0.

2. Sei a = 8 und b = 4.
   Die zu untersuchende Matrix ist jetzt

	C	D
III	0	1
IV	1	0

Optimale Strategien hierfür sind $x^* = (\frac{1}{2}, \frac{1}{2})$ und $y^* = (\frac{1}{2}, \frac{1}{2})$. Der Wert des Spiels ist $v = \frac{1}{2}$.

In diesem Fall also gehört zu den optimalen Strategien beider Spieler auch der Bluff.

Aufgabe 4.8: Beim vereinfachten Pokerspiel sei a = 4, während b noch festzulegen ist. Welcher b - Wert wäre für Spieler I (Spieler II) optimal?

Aufgabe 4.9: Beweisen Sie

a) Eine Matrix der Form $\begin{bmatrix} a & a \\ c & d \end{bmatrix}$ hat stets einen Sattelpunkt.

b) $\begin{bmatrix} a & b \\ c & d \end{bmatrix}$ hat genau dann keinen Sattelpunkt, wenn

1. a < b, a < c, d < b und d < c oder
2. a > b, a > c, d > b und d > c.

Aufgabe 4.10:

Zwei Spieler wählen gleichzeitig einen Punkt der obigen Figur. Wählen beide denselben Punkt, so ist das Spiel unentschieden. Sind die beiden Punkte durch einen Pfeil verbunden, so hat der Spieler gewonnen, der den Punkt an der Pfeilspitze gewählt hat.
Bestimmen Sie optimale Strategien und den Wert des Spiels.

4.7. Eine graphische Methode zur Lösung von 2xn - Spielen

In diesem Abschnitt wird eine Methode vorgestellt, um mit einfachen zeichnerischen Mitteln Spiele zu lösen, bei denen einer der Spieler nur zwei reine

Strategien zur Wahl hat. Das Verfahren soll anhand eines Beispiels erläutert werden.

Betrachten wir das Spiel mit der Matrix

	A	B	C	D
I	3	2	6	11
II	5	8	5	2

Dabei bezeichnen I, II bzw. A, B, C, D die reinen Strategien der beiden Spieler. Als erstes streichen wir Spalte C, die rezessiv gegenüber Spalte A ist, und untersuchen das reduzierte Spiel mit der Matrix

	A	B	D
I	3	2	11
II	5	8	2

Benutzt Spieler I die Strategie $x = (x_1, 1-x_1)$ während der Gegner eine reine Strategie spielt, so errechnet sich die Gewinnerwartung des Spielers I gemäß folgender Tabelle:

Strategie des Spielers II	Gewinnerwartung für Spieler I
A	$3x_1 + 5(1-x_1) = 5 - 2x_1$
B	$2x_1 + 8(1-x_1) = 8 - 6x_1$
D	$11x_1 + 2(1-x_1) = 2 + 9x_1$

Die drei Geraden

$g = 5-2x_1$, $g = 8-6x_1$ und $g = 2 + 9x_1$

Stellen wir im Intervall [0,1] zeichnerisch dar und kennzeichnen jede Gerade durch die zugehörige reine Strategie von Spieler II.

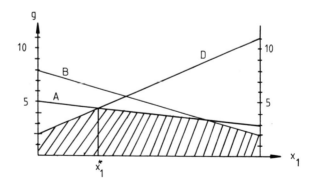

Abb.4.4: Lösung eines 2 x 3 - Spiels

Für jede Wahl von $x_1 \in [0,1]$ kann Spieler I sicher sein, zumindest den Betrag zu gewinnen, der dem oberen Rand des schraffierten Bereichs an dieser Stelle x_1 entspricht. Dieser sichere Gewinn ist maximal im Schnittpunkt der zu A und D gehörenden Geraden, also an der Stelle $x_1^* = \frac{3}{11}$. Mit jeder anderen Wahl von x_1 riskiert Spieler I ein schlechteres Abschneiden. $x^* = (\frac{3}{11}, \frac{8}{11})$ ist also die eindeutig bestimmte optimale Strategie für Spieler I. Der Wert des Spiels ist $v = 5 - 2x_1^* = 2 + 9x_1^* = 4\frac{5}{11}$.

Die Zeichnung macht weiter deutlich, daß eine optimale gemischte Strategie für Spieler II keinesfalls die Strategie B mit positiver Wahrscheinlichkeit einschließen kann. Andernfals wäre der Gewinn von Spieler I mit der Strategie $(x_1^*, 1-x_1^*)$ größer als v. Um eine optimale Strategie für Spieler II zu ermitteln, können wir uns daher auf die Untersuchung der weiter reduzierten Matrix

	A	D
I	3	11
II	5	2

beschränken.

Eine optimale Strategie des Spielers II bezüglich dieser Matrix ist $(\frac{9}{11}, \frac{2}{11})$. Seine optimale Strategie für das Ausgangsspiel ist somit $y^* = (\frac{9}{11}, 0, 0, \frac{2}{11})$.

Ein Spiel mit einer 2xn - Matrix muß nicht eindeutig lösbar sein. Machen wir uns auch das an einem Beispiel klar:
Die Auszahlungsmatrix sei

	A	B	C
I	4	2	11
II	4	8	2

Spieler I wende die Strategie $x = (x_1, 1-x_1)$ an. Bezüglich der reinen Strategien A, B und C des Gegners ist seine Gewinnerwartung gegeben durch

A : $\quad 4$,
B : $\quad 8 - 6x_1$,
C : $\quad 2 + 9x_1$.

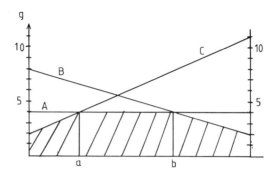

Abb.4.5: Beispiel für ein Lösungsintervall

Die Graphik zeigt, daß dieses Spiel den Wert $v = 4$ hat. Für Spieler I ist jede Strategie $x = (x_1, 1-x_1)$ optimal, für die gilt: $x \in [a,b]$ mit $[a,b] = [\frac{2}{9}, \frac{2}{3}]$
Optimal für Spieler II ist die Strategie $y^* = (1,0,0)$.

Um ein beliebiges 2xn - Spiel zu lösen, geht man wie folgt vor:

1. Sei $x = (x_1, 1-x_1)$ die Strategie des Spielers I. Man zeichne für jede reine Strategie des Spielers II die Gerade, die in Abhängigkeit von $x_1 \in [0,1]$ die Gewinnerwartung des Spielers I angibt.
2. Man betrachte die konvexe Menge, die von oben durch die Geraden gemäß 1. begrenzt wird und bestimme einen Punkt dieser Menge mit maximaler Ordinate. Der Wert v dieser Ordinate ist der Wert des Spiels. Der zugehörige Abszissenwert x_1^* bestimmt eine optimale Strategie $x^* = (x_1^*, 1-x_1^*)$ für Spieler I.
3. Gilt für eine der Geraden gemäß 1., daß sie den konstanten Wert v hat, so ist die zugehörige reine Strategie optimal für Spieler II. Andernfalls ermittelt man eine optimale Strategie für Spieler II, indem man das Spiel auf zwei reine Strategien für Spieler II von der Art beschränkt, daß das reduzierte Spiel den gleichen Wert v hat, wie das ursprüngliche Spiel. Damit wird das Problem zurückgeführt auf die Lösung eines Spiels mit einer 2x2 - Matrix.

Das Vorgehen im Fall eines Spieles mit mx2 - Matrix ist dem oben geschilderten analog. Natürlich läßt sich ein solches Spiel auch als ein Spiel mit einer 2xm Matrix behandeln, indem man die Rollen der Spieler I und II als "Zeilen-" bzw. "Spaltenspieler" vertauscht.

Aufgabe 4.11: Franz Beckenbauer und Sepp Maier üben Elfmeterschießen. Während Beckenbauer anläuft, kann Maier nicht sehen, in welche Ecke der Ball kommt. Er entschließt sich also schon vor dem Schuß, ob er in die rechte oder linke Torecke springen will. Beckenbauer und Maier haben in langjähriger Erfahrung festgestellt: Schießt der Franz in die linke Torecke und springt Sepp ebenfalls in diese Ecke, so ergibt dies in 20% der Fälle ein Tor. Springt Maier nach links und schießt Beckenbauer in die Mitte, so ergeben 60% der Fälle ein Tor. Die übrigen Fälle sind entsprechend in der Tabelle notiert.

Torquoten	Maier springt nach	
	links	rechts
Beckenbauer schießt in die linke Torecke	20%	90%
Tormitte	60%	50%
rechte Torecke	90%	10%

1. Frage: Mit welchen relativen Häufigkeiten q_1 bzw. q_2 muß Maier nach links bzw. nach rechts springen (und zwar unregelmäßig verteilt), um die zu erwartende Torchance (in %) minimal zu halten? Wie lautet der Wert dieser "Torchance", d.h. die mittlere Torzahl pro Schuß?
2. Frage: Mit welchen relativen Häufigkeiten p_1, p_2, p_3 muß Beckenbauer in die linke Torecke, Tormitte oder rechte Torecke schießen, um eine maximale mittlere Torausbeute (mittlere Toranzahl pro Schuß) zu erreichen. Wie lautet dieses Maximum?

(Diese Aufgabe wurde dem Buch "Humor in der Mathematik" von F. Wille mit der freundlichen Genehmigung des Autors entnommen.)

4.8. Näherungsverfahren zur Lösung von Matrixspielen

Es wird nun eine Methode vorgestellt, mit deren Hilfe sich der Wert eines mxn - Spiels sowie zugehörige optimale Strategien beliebig annähern lassen. Auf Beweise, die recht aufwendig sind, soll in diesem Abschnitt verzichtet werden. Statt dessen erläutern wir das Verfahren und die zugrunde liegende heuristische Idee an einem einfachen Beispiel. Danach wird ein Pascal - Programm angegeben, das die Approximation für beliebige mxn - Matrixspiele ausführt.

Bei dem nun folgenden Beispiel handelt es sich um eine Variante eines Spiels, das von D.R. Hofstadter (1982) angegeben wurde.

Unterbieten

Beide Spieler schreiben eine Zahl auf - Spieler I eine solche zwischen 1 und 3 und Spieler II eine solche zwischen 2 und 4. Danach werden die Zahlen verglichen. Solange sie sich nicht um 1 unterscheiden, addiert jeder seine Zahl zu seinem Punktekonto. Differieren die Zahlen jedoch um genau 1, so erhält der Spieler mit der niedrigeren Zahl beide Werte gutgeschrieben.

Auf den ersten Blick scheint dies kein Nullsummenspiel zu sein. Aber das Ziel der Spieler besteht nicht darin, möglichst viele Punkte zu sammeln, sondern es geht darum, den Gegner so klar wie möglich zu distanzieren. Entscheidend für die Bewertung einer Partie aus der Sicht eines Spielers ist also nicht die Gutschrift, die er erhält, sondern die Differenz seiner Gutschrift zu der des Gegners. Den Gewinn eines Spielers, der in einer Partie die Gutschrift a erhält, während sein Gegner b Punkte notieren kann, stellen wir deshalb als die Differenz a-b dar. So ergibt sich ein Nullsummenspiel mit der Matrix:

notierte Zahl	Spieler II 2	3	4
Spieler I 1	3	-2	-3
2	0	5	-2
3	-5	0	7

Für jeden Spieler ist nun in einer längeren Spielserie folgende Verhaltensweise naheliegend: Er versucht, die Strategie des Gegners zu erkennen und danach seine eigene Entscheidung auszurichten. Dazu registriert er, wie oft der Gegner jede der ihm zur Verfügung stehenden reinen Strategien bisher gespielt hat. Für die nächste Partie wählt er dann diejenige reine Strategie, die einen maximalen Gewinn erwarten läßt, sofern der Gegner in Zukunft so weiter spielt, wie er es in der Vergangenheit getan hat.

Nehmen wir etwa an, daß Spieler II in 10 Partien fünfmal Spalte 1 gewählt hat (also eine 2 notiert hat), zweimal Spalte 2 und dreimal Spalte 3. Verfährt Spieler II weiterhin nach diesem Muster, spielt er also gemäß der gemischten Strategie $(\frac{5}{10}, \frac{2}{10}, \frac{3}{10})$, so hat Spieler I folgende Gewinnerwartung:

$\frac{1}{10}(5 \cdot 3 + 2(-2) + 3(-3)) = \frac{2}{10}$, falls er Zeile 1 wählt,

$\frac{1}{10}(5 \cdot 0 + 2 \cdot 5 + 3(-2)) = \frac{4}{10}$, falls er Zeile 2 wählt,

$\frac{1}{10}(5(-5) + 2 \cdot 0 + 3 \cdot 7)) = -\frac{4}{10}$, falls er Zeile 3 wählt.

Spieler I wird daher für die nächste Partie Zeile 2 wählen, d.h. er wird die Zahl 2 notieren.

Es hätte natürlich genügt, die Spalten entsprechend den Häufigkeiten, mit denen sie gewählt wurden, zu addieren, also:

$$5 \cdot \begin{bmatrix} 3 \\ 0 \\ -5 \end{bmatrix} + 2 \cdot \begin{bmatrix} -2 \\ 5 \\ 0 \end{bmatrix} + 3 \cdot \begin{bmatrix} -3 \\ -2 \\ 7 \end{bmatrix} = \begin{bmatrix} 2 \\ 4 \\ -4 \end{bmatrix}.$$

Die nächste von Spieler I gewählte Zeile entspricht der Komponente mit dem größten Wert.

Analog verhält sich Spieler II:

Nehmen wir an, daß Spieler I in 10 Spielen die Zeilen 1, 2 und 3 mit den Häufigkeiten 6, 1 und 3 gewählt hat. Spieler II wird die Zeilen entsprechend gewichten und summieren. Das ergibt:

$6 \cdot (3,-2,-3) + 1 \cdot (0,5,-2) + 3 \cdot (-5,0,7) = (3,-7,1)$.

Da in dieser Zeilensumme die zweite Komponente minimal ist, wird Spieler II für die nächste Partie Spalte 2 wählen. Falls Spieler I an der Strategie $(\frac{6}{10}, \frac{1}{10}, \frac{3}{10})$ festhält, so gewährleistet diese Wahl die niedrigste Verlustwartung, nämlich $-\frac{7}{10}$.

Falls beide Spieler in dieser Weise verfahren und aus dem bisherigen Spielverhalten des Gegners lernen, so führt das schließlich zu einem (annähernd) optimalen Spielverhalten beider Spieler und damit zu einer Gewinnerwartung, die dem Wert des Spiels entspricht.

Eine Spielserie, in der die Spieler sich wie soeben geschildert verhalten, können wir aber in beliebiger Länge nachvollziehen und in einer Tabelle dokumentieren. Jede Zeile der Tabelle entspricht einer Partie. Wir notieren jeweils:

- Die Nummer K der Partie.
- Die in der Partie von Spieler I und Spieler II gewählten reinen Strategien.
- Die Häufigkeit, mit der jede Zeile bislang von Spieler I gewählt worden ist (ZH - Zeilenhäufigkeit).
- Die Summe der gewichteten Zeilenvektoren (ZS - Zeilensumme)
- Die Häufigkeit, mit der jede Spalte bislang von Spieler II gewählt wurde (SH - Spaltenhäufigkeit).
- Die Summe der gewichteten Spaltenvektoren (SS - Spaltensumme).

Die minimale Komponente in der Summe der Zeilenvektoren und die maximale Komponente in der Summe der Spaltenvektoren wird jeweils unterstrichen. Ihre Positionen sind entscheidend für die reine Strategie von Spieler I bzw. von Spieler II in der folgenden Partie. Sofern mehrere Komponenten in der Spaltensumme maximalen Wert haben, bzw. mehrere Komponenten in der Zeilensumme minimalen Wert haben, wählen wir - um das Verfahren eindeutig zu machen - jeweils die erste dieser Komponenten.

Tabelle 4.1: Näherungsweise Lösung eines Spiels

K	Strategien Sp I	Sp II	ZH			ZS			SH			SS		
0			0	0	0	0	0	0	0	0	0	0	0	0
1	1	1	1	0	0	3	-2	-3	1	0	0	3	0	-5
2	1	3	2	0	0	6	-4	-6	1	0	1	0	-2	2
3	3	3	2	0	1	1	-4	1	1	0	2	-3	-4	9
4	3	2	2	0	2	-4	-4	8	1	1	2	-5	1	9
5	3	1	2	0	3	-9	-4	15	2	1	2	-2	1	4
6	3	1	2	0	4	-14	-4	22	3	1	2	1	1	-1
7	1	1	3	0	4	-11	-6	19	4	1	2	4	1	-6
8	1	1	4	0	4	-8	-8	16	5	1	2	7	1	-11
9	1	1	5	0	4	-5	-10	13	6	1	2	10	1	-16
10	1	2	6	0	4	-2	-12	10	6	2	2	8	6	-16
⋮	⋮	⋮	⋮			⋮			⋮			⋮		
20			7	9	4	1	31	-11	7	6	7	-12	16	14
30			7	12	11	-34	46	32	14	6	10	0	10	0
40			13	16	11	-16	54	6	24	6	10	30	10	-50
50			23	16	11	14	34	-24	28	6	10	24	-2	-28
60			29	16	15	12	22	-14	28	6	26	-6	-22	42
70			29	16	25	-38	22	56	35	6	29	6	-28	28
80			36	16	28	-32	8	56	45	6	29	36	-28	-22
90			46	16	28	-2	-12	26	54	7	29	61	-23	-67
100			56	16	28	28	-32	-4	54	17	29	41	27	-67
200			109	39	52	67	-23	-41	107	24	69	66	-18	-52

Wir bezeichnen mit Z_k die minimale Komponente der k-ten Zeilensumme und mit S_k die maximale Komponente der k-ten Spaltensumme.

Also $Z_1 = -3$, $Z_2 = -6$, $Z_3 = -4$ ...

und $S_1 = 3$, $S_2 = 2$, $S_3 = 9$, ...

Ist v der Wert des Spiels, so gilt für k = 1,2 ... die Beziehung

$$\frac{Z_k}{k} \leq v \leq \frac{S_k}{k} \ .$$

In unserem Beispiel können wir v anhand der Tabelle wie folgt abschätzen:

$$-\frac{12}{90} \leq v \leq \frac{66}{200} \text{ , d.h.}$$

$$-0{,}13 \leq v \leq 0{,}33.$$

Eine k-te Näherung an eine optimale Strategie findet man, indem man feststellt, mit welcher relativen Häufigkeit in den ersten k Partien jede der reinen Strategien gewählt worden ist. Bezeichnen wir die k-ten Näherungen mit x(k) bzw. y(k), so gilt für das Spiel "Unterbieten" z. B.

$$x(10) = (\tfrac{6}{10}, 0, \tfrac{4}{10}) \quad ; \quad y(10) = (\tfrac{6}{10}, \tfrac{2}{10}, \tfrac{2}{10})$$
$$x(100) = (\tfrac{56}{100}, \tfrac{16}{100}, \tfrac{28}{100}) \quad ; \quad y(100) = (\tfrac{54}{100}, \tfrac{17}{100}, \tfrac{29}{100})$$

und

$$x(200) = (\tfrac{109}{200}, \tfrac{39}{200}, \tfrac{52}{200}) \quad ; \quad y(200) = (\tfrac{107}{200}, \tfrac{24}{200}, \tfrac{69}{200})$$

Die optimale Lösung ist (vgl. 5. Kapitel):

$$x^* = (\tfrac{1}{2}, \tfrac{3}{14}, \tfrac{2}{7}) \quad ; \quad y^* = (\tfrac{17}{35}, \tfrac{11}{70}, \tfrac{5}{14}) \quad ; \quad v^* = 0{,}0714.$$

Für den Fall, daß das Spiel eindeutig lösbar ist, läßt sich zeigen, daß die Folge der Paare $(x(k), y(k))_{k \in \mathbb{N}}$ gegen die Lösung konvergiert. Ist die Lösung nicht eindeutig, so kann es passieren, daß die Folge $(x(k), y(k))_{k \in \mathbb{N}}$ nicht konvergiert. In diesem Fall gilt jedoch, daß jede konvergente Teilfolge gegen eine Lösung des Spiels strebt.

Das hier behandelte Verfahren wurde von G.W. Brown (1951) angegeben. Seine Konvergenzeigenschaften wurden wenig später von J. Robinson (1951) bewiesen.

Das folgende Programm erstellt für eine beliebige Spielmatrix, die vom Benutzer eingegeben wird, eine Tabelle, wie wir sie für das Beispiel "Unterbieten" entwickelt haben.

Der Benutzer gibt zunächst die Anzahl m der Zeilen und die Anzahl n der Spalten der Matrix an und liest danach die Matrix zeilenweise ein. Dabei ist $m, n \leq 10$ angenommen worden. Weiter gibt der Benutzer die Anzahl ko der Iterationsschritte an - entsprechend der Anzahl der auszuwertenden Partien.

Kernstück des Programms ist die Prozedur Iteration mit der Parameterliste (ko,k,zh,zs,sh,ss). Solange k <= ko, werden zunächst die Parameterwerte von k, zh, zs, sh und ss in einer Zeile ausgedruckt. Danach werden die Parameterwerte für die nächste Partie ermittelt. Mit diesen neuen Parameterwerten ruft sich die Prozedur dann selbst wieder auf.

Wir erhalten so eine Tabelle, wie wir sie oben aufgestellt haben, mit dem Unterschied, daß die für die Auswertung unwichtige Spalte mit den reinen Strategien der Spieler fortgelassen wird.

```
PROGRAM Spielapproximation;

  TYPE
    tvektor = ARRAY[1..10] OF integer;
    tmatrix = ARRAY[1..10,1..10] OF integer;

  VAR
    m, n, k0, k, i, j : integer;
    zh, zs, sh, ss    : tvektor;
    a                 : tmatrix;

  PROCEDURE Matrixeingabe (m,n: integer; VAR a: tmatrix);
    VAR
      i, j : integer;
    BEGIN
      FOR i := 1 TO m DO BEGIN
        FOR j := 1 TO n DO read(a[i,j]);
        readln
      END (* of for *)
    END; (* of Matrixeingabe *)

  PROCEDURE Iteration (k0,k: integer; zh,zs,sh,ss: tvektor);
    VAR
      max, min, i, j : integer;

    PROCEDURE Ausgabe;
      BEGIN
        writeln;
        write (k:5,':     ');
        FOR i := 1 TO m DO write(zh[i],' ');
        write('      ');
        FOR j := 1 TO n DO write(zs[j],' ');
        write('      ');
        FOR j := 1 TO n DO write(sh[j],' ');
        write('      ');
        FOR i := 1 TO m DO write(ss[i],' ')
      END ; (* of Ausgabe *)

    BEGIN (* Iteration *)
      IF k <= k0 THEN BEGIN
        Ausgabe;
        max := 1;
        FOR i := 1 TO m DO IF ss[max] < ss[i] THEN max := i;
        zh[max] := zh[max]+1;
        min := 1;
        FOR j := 1 TO n DO IF zs[min] > zs[j] THEN min := j;
        sh[min] := sh[min]+1;
        FOR j := 1 TO n DO zs[j] := zs[j] + a[max,j];
        FOR i := 1 TO m DO ss[i] := ss[i] + a[i,min];
        Iteration (k0, k+1, zh, zs, sh, ss)
      END (* of then *)
    END; (* of Iteration *)
```

```
BEGIN (* Hauptprogramm *)
  writeln; writeln;
  write ('Zeilenzahl? '); readln(m);
  write ('Spaltenzahl? '); readln(n);
  writeln;

  Matrixeingabe (m, n, a);

  writeln;
  write ('Anzahl der Iterationen: ');
  readln(k0);
  writeln;

  k := 0;
  FOR i := 1 TO m DO zh[i] := 0;
  ss := zh;
  FOR j := 1 TO n DO sh[j] := 0;
  zs := sh;

  Iteration (k0, k, zh, zs, sh, ss)
END.
```

Aufgabe 4.12: Das Spiel "Unterbieten" werde in der Weise verallgemeinert, daß Spieler I eine der Zahlen 1 bis n notiert und Spieler II eine der Zahlen 2 bis n+1. Lösen Sie das Spiel näherungsweise für n = 4, 5, ..., 9.

Aufgabe 4.13: Ergänzen Sie das Programm Spielapproximation in der Weise, daß der Computer als Endinformation die letzten Annäherungen an die optimalen Strategien beider Spieler ausdruckt sowie ein möglichst kleines Intervall, das den Spielwert einschließt.

5. Matrixspiele und lineare Optimierung

5.1. Die Lösung eines Spiels als Optimierungsaufgabe

Zwischen der Theorie der Matrixspiele und der Theorie der linearen Optimierung besteht ein enger Zusammenhang. Die Aufgabe, ein Matrixspiel zu lösen, kann nämlich stets als lineares Optimierungsproblem formuliert werden; und umgekehrt gibt es zu jedem Optimierungsproblem ein Matrixspiel, aus dessen Lösung sich die des Optimierungsproblems - sofern letzteres lösbar ist - ergibt. Die jeweils zentralen Sätze beider Theorien, nämlich der Hauptsatz der Spieltheorie und der Dualitätssatz der linearen Optimierung, haben die gleiche Aussage. Damit können die in der Theorie der linearen Optimierung entwickelten Verfahren, insbesondere das Simplexverfahren, auch zur Lösung von Matrixspielen eingesetzt werden. Dies soll im folgenden gezeigt werden.

Betrachten wir noch einmal das Beispiel von Abschnitt 4.6 mit der Spielmatrix

A	B	C
3	2	11
5	8	2

Wählt Spieler I die Strategie $x = (x_1, x_2)$, so errechnet sich seine Gewinnerwartung zu

$3x_1 + 5x_2$, wenn Spieler II die reine Strategie A spielt,

$2x_1 + 8x_2$, wenn Spieler II die reine Strategie B spielt,

$11x_1 + 2x_2$, wenn Spieler II die reine Strategie C spielt.

Ist u das Minimum dieser drei Werte, so ist der Erwartungswert für Spieler I mindestens u, unabhängig davon, was Spieler II unternimmt. Spieler I verfolgt das Ziel, diesen Mindestgewinn zu maximieren, d.h. er sucht eine Strategie derart, daß sein zu erwartender Gewinn gegen jede reine Strategie von Spieler II mindestens u beträgt und u dabei so groß wie möglich ist.

Die Aufgabe lautet also für Spieler I:

> Bestimme $x = (x_1, x_2)$ derart, daß
> a) $x_1 + x_2 = 1$,
> b) $3x_1 + 5x_2 \geq u$,
> $2x_1 + 8x_2 \geq u$,
> $11x_1 + 2x_2 \geq u$,
> c) $x_1 \geq 0$, $x_2 \geq 0$ und
> d) u maximal
> ist.

Eine graphische Lösung dieser Aufgabe zeigt Abbildung 4.4.

Das obige System läßt sich wie folgt vereinfachen: Wir dividieren die Gleichung und die Ungleichungen durch u, wobei wir annehmen, daß $u > 0$ ist. (Man erreicht dies, indem man erforderlichenfalls den Verschiebesatz (Aufgabe 4.7) anwendet und durch Addition einer Zahl k zu jedem Element der Spielmatrix zu einer neuen Matrix übergeht, deren Elemente alle nicht negativ sind.) Daraus ergibt sich das System:

$$\frac{x_1}{u} + \frac{x_2}{u} = \frac{1}{u},$$

$$3\frac{x_1}{u} + 5\frac{x_2}{u} \geq 1,$$

$$2\frac{x_1}{u} + 8\frac{x_2}{u} \geq 1,$$

$$11\frac{x_1}{u} + 2\frac{x_2}{u} \geq 1,$$

$$\frac{x_1}{u} \geq 0, \quad \frac{x_2}{u} \geq 0.$$

Maximierung von u bedeutet Minimierung von $\frac{1}{u}$. Setzen wir $u_1 = \frac{x_1}{u}$ und $u_2 = \frac{x_2}{u}$, so erhalten wir die äquivalente Aufgabe:

> Minimiere $u_1 + u_2$ unter den Nebenbedingungen
>
> (1) $3u_1 + 5u_2 \geq 1$,
>
> (2) $2u_1 + 8u_2 \geq 1$,
>
> (3) $11u_1 + 2u_2 \geq 1$,
>
> (4) $u_1 \geq 0$, $u_2 \geq 0$.

Ist (u_1^*, u_2^*) eine Lösung der Aufgabe, so erhält man als Lösung der ursprünglichen Maximierungsaufgabe:

$$u^* = \frac{1}{u_1^* + u_2^*},$$

$$x_1^* = u_1^* u^* \quad \text{und} \quad x_2^* = u_2^* u^*.$$

Abbildung 5.1 zeigt, wie die Minimierungsaufgabe graphisch gelöst werden kann.

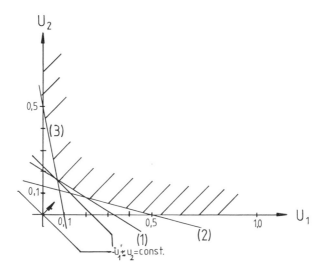

Abb.5.1: Lösung einer Minimumaufgabe

Aus Abbildung 5.1 liest man die Lösung (u_1^*, u_2^*) als Schnittpunkt der zu den Ungleichungen (1) und (3) gehörenden Geraden ab, nämlich

$$u_1^* = \frac{3}{49}, \quad u_2^* = \frac{8}{49}.$$

$u_1^* + u_2^* = \frac{1}{u^*} = \frac{11}{49}$ ist das gesuchte Minimum.

Dies entspricht der Lösung $(x_1^*, x_2^*) = (\frac{3}{11}, \frac{8}{11})$ der Maximierungsaufgabe mit $u^* = \frac{49}{11}$ als Maximum.

Betrachten wir das Matrixspiel aus der Sicht des Spielers II. Sein Ziel ist es, eine gemischte Strategie $y = (y_1, y_2, y_3)$ zu finden, so daß sein Verlust gegen jede reine Strategie des Gegners den Wert v nicht überschreitet, und daß dieses v so klein wie möglich ist.

Er hat also die Aufgabe zu lösen:

Bestimme $y = (y_1, y_2, y_3)$ derart, daß

a) $y_1 + y_2 + y_3 = 1$,

b) $3y_1 + 2y_2 + 11y_3 \leq v$,

$5y_1 + 8y_2 + 2y_3 \leq v$,

c) $y_1 \geq 0$, $y_2 \geq 0$, $y_3 \geq 0$ und

d) v minimal

ist.

Analoge Operationen wie wir sie bei der vorherigen Aufgabe durchgeführt haben, führen zu dem gleichwertigen Problem:

Maximiere $v_1 + v_2 + v_3$ unter den Nebenbedingungen

$3v_1 + 2v_2 + 11v_3 \leq 1$,

$5v_1 + 8v_2 + 2v_3 \leq 1$,

$v_1 \geq 0$, $v_2 \geq 0$, $v_3 \geq 0$.

Allgemein läßt sich die Aufgabe, ein Spiel mit der Matrix

$$A = \begin{bmatrix} a_{11} & \cdots & a_{1n} \\ \vdots & & \vdots \\ a_{m1} & \cdots & a_{mn} \end{bmatrix}$$

zu lösen, übersetzen in die zwei linearen Optimierungsaufgaben:

Bestimme $(u_1, u_2, \ldots, u_m)$ derart, daß

(1) $\sum_{i=1}^{m} a_{ij} u_i \geq 1$ für $j = 1, 2, \ldots, u$,

(2) $u_i \geq 0$ für $i = 1, 2, \ldots, m$,

(3) $\sum_{i=1}^{m} u_i$ minimal ist.

---

und

Bestimme $(v_1, v_2, \ldots, v_n)$ derart, daß

(1) $\sum_{j=1}^{n} a_{ij} v_j = 1$ für $i = 1, 2, \ldots, m$,

(2) $v_j \geq 0$ für $j = 1, 2, \ldots, n$,

(3) $\sum_{j=1}^{n} v_j$ maximal ist.

Diese beiden Aufgaben werden als zueinander *dual* bezeichnet. Zwischen den Lösungen beider Aufgaben besteht ein enger Zusammenhang, der durch den sogenannten Dualitätssatz (vgl. Abschnitt 5.3) beschrieben wird.

5.2. Der Simplexalgorithmus

Ehe wir uns mit Spielen weiterbeschäftigen, soll zunächst das sogenannte Simplexverfahren zur Lösung linearer Optimierungsaufgaben erläutert und als Pascal - Programm entwickelt werden.

Das Simplexverfahren wurde 1947 von dem amerikanischen Mathematiker George B. Dantzig angegeben. Es ermöglicht, umfangreiche lineare Optimierungsaufgaben mit wirtschaftlich vertretbarem Aufwand zu lösen. Die grundlegenden Ideen des Verfahrens werden im folgenden ausführlich dargestellt. Jedoch verzichten wir, angesichts der umfangreichen Spezialliteratur zu diesem Thema, auf formale Beweise.

Wir beginnen mit einer linearen Maximierungsaufgabe:

> Maximiere $u = 3x_1 + 5x_2 + 4x_3$ unter den Bedingungen
> a) $3x_1 + 2x_2 + 4x_3 \leq 15$,
> $2x_1 + 3x_2 \leq 8$,
> $2x_2 + 5x_3 \leq 10$
> und
> b) $x_1 \geq 0$, $x_2 \geq 0$, $x_3 \geq 0$.

Eine derartige Aufgabe wird auch als *lineares Programm* bezeichnet. (Der Terminus "Programm" wird hier in einem anderen Sinn benutzt als in der Informatik.) $3x_1 + 5x_2 + 4x_3$ ist die *Zielfunktion* des Problems. Die Bedingungen b) sind die sogenannten *Nicht - Negativitätsbedingungen*.

Fassen wir x_1, x_2 und x_3 als kartesische Raumkoordinaten auf, so bestimmt jede der Ungleichungen von a) und b) einen Halbraum des $\mathbb{R}^3$. Der Durchschnitt dieser Halbräume ist ein konvexer polyedrischer Bereich. Wir bezeichnen ihn als *zulässigen Bereich* oder auch als *Lösungsbereich* des Problems. Ist dieser Bereich nicht leer und beschränkt, so handelt es sich um ein konvexes Polyeder.

Für das vorliegende Beispiel zeigt Abbildung 5.2 den zulässigen Bereich.

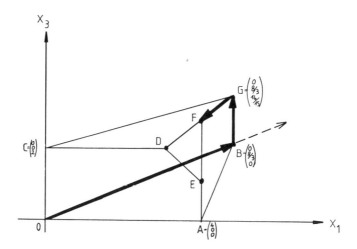

Abb.5.2: Lösungsbereich eines linearen Programms

Der Lösungsbereich ist ein Polyeder, dessen Randfläche je eine der Gleichungen des Systems

$$3x_1 + 2x_2 + 4x_3 = 15,$$
$$2x_1 + 3x_2 = 8,$$
$$ 2x_2 + 5x_3 = 10, \qquad (*)$$
$$x_1 = 0, \; x_2 = 0, \; x_3 = 0$$

erfüllen.

Die Kanten des Polyeders genügen zwei solcher Gleichungen und die Eckpunkte schließlich erfüllen drei der Gleichungen.

Die Zielfunktion $3x_1 + 5x_2 + 4x_3$ bestimmen eine Schar paralleler Ebenen

$$3x_1 + 5x_2 + 4x_3 = p\sqrt{50}$$

mit dem Scharparameter p (welcher den Abstand der Ebene zum Nullpunkt angibt). Auf jeder dieser Ebenen ist die Zielfunktion konstant, nämlich $p\sqrt{50}$. Das heißt: Die Maximierung von $u = 3x_1 + 5x_2 + 4x_3$ ist gleichbedeutend mit dem Auffinden einer Ebene, die vom Nullpunkt einen größtmöglichen Abstand hat, und zugleich mindestens einen Punkt mit dem Lösungsbereich gemeinsam hat.

Anschaulich ist klar, daß eine solche Ebene durch eine der Ecken des Polyeders gehen muß. Das heißt, der maximale Wert der Zielfunktion wird in einem Eckpunkt des zulässigen Bereichs angenommen.

Diese Überlegungen legen folgenden Algorithmus nahe:

1. Bestimme zu allen Kombinationen von je drei Randebenen den gemeinsamen Schnittpunkt. Dazu löst man das zugehörige System aus drei der linearen Gleichungen von (*).

   In unserem Beispiel gibt es $\binom{6}{3} = 20$ solcher Kombinationen. Die zugehörigen Schnittpunkte heißen *Pseudoecken*. Nur ein Teil von ihnen gehört dem zulässigen Bereich an - in unserem Beispiel lediglich acht.

2. Bestimme die Pseudoecken, die dem Lösungsbereich angehören - also Eckpunkte des Polyeders sind.

3. Bestimme für jeden Eckpunkt des Polyeders den Wert der Zielfunktion.

4. Bestimme den Eckpunkt, in dem die Zielfunktion den maximalen Wert annimmt. (Eventuell ist dieser Eckpunkt nicht eindeutig. Gibt es mehrere Eckpunkte, in denen die Zielfunktion ihr Maximum annimmt, so hat sie den gleichen Wert auch in allen Punkten der zugehörigen konvexen Hülle.)

Dieses Verfahren ist für praktische Zwecke unbrauchbar. Zu einer Optimierungsaufgabe mit n Variablen und m+n Nebenbedingungen gehören im allgemeinen $\binom{m+n}{n}$ Pseudoecken. Der Wert von $\binom{m+n}{n}$ wächst aber mit m und n so schnell an, daß der obige Algorithmus schon für relativ kleine Probleme auch den schnellsten Computer überfordern würde.

Das Simplexverfahren arbeitet weitaus ökonomischer. Die zugrunde liegende geometrische Idee kann wie folgt beschrieben werden:

Zunächst wird eine Ecke des zulässigen Bereichs als Anfangspunkt gewählt und der Wert der Zielfunktion auf ihr ermittelt. Dann wird jede von dieser Ecke ausgehende Kante daraufhin untersucht, ob ein Fortschreiten längs dieser Kante den Wert der Zielfunktion vergrößert. Ist das der Fall, so wird der Endpunkt einer solchen Kante zum Ausgangspunkt für die weitere Suche. Haben wir so einen Eckpunkt erreicht, von dem keine Kante ausgeht, längs derer der Wert der Zielfunktion ansteigt, so haben wir einen Eckpunkt mit optimalem Wert gefunden und die Suche ist beendet.

Dieses Vorgehen wollen wir jetzt in algebraischer und algorithmischer Form darstellen.

Zunächst werden die Nebenbedingungen des Problems durch Einführung sogenannter *Schlupfvariablen* zu Gleichungen gemacht. In unserem Beispiel führen wir die Schlupfvariablen x_4, x_5 und x_6 ein.

Das Gleichungssystem

$$\begin{aligned} 3x_1 + 2x_2 + 4x_3 + x_4 &= 15 \\ 2x_1 + 3x_2 \quad\quad\quad + x_5 &= 8 \\ 2x_2 + 5x_3 \quad\quad\quad + x_6 &= 10 \end{aligned}$$

mit den Zusatzbedingungen
$x_1 \geq 0,\ x_2 \geq 0,\ x_3 \geq 0,\ x_4 \geq 0,\ x_5 \geq 0,\ x_6 \geq 0$

(G1)

ist offenbar äquivalent zu den ursprünglichen Restriktionen unserer Aufgabe. Denn jede Lösung $(x_1,x_2,x_3,x_4,x_5,x_6)$ von (G1) kennzeichnet umkehrbar eindeutig einen Punkt des zulässigen Bereichs, nämlich den Punkt (x_1,x_2,x_3).

Für eine Lösung $(x_1,x_2,x_3,x_4,x_5,x_6)$, die einem Randpunkt des zulässigen Bereichs entspricht, muß eine der Bedingungen $x_1 = 0$, $x_2 = 0$, ..., $x_6 = 0$ erfüllt sein. Für einen Punkt einer Kante müssen zwei dieser Bedingungen erfüllt sein und für einen Eckpunkt müssen drei dieser Bedingungen gelten.

Die Koeffizientenmatrix des zu (G1) gehörenden Gleichungssystems

$$A = \begin{bmatrix} 3 & 2 & 4 & 1 & 0 & 0 \\ 2 & 3 & 0 & 0 & 1 & 0 \\ 0 & 2 & 5 & 0 & 0 & 1 \end{bmatrix}$$

beschreibt eine lineare Abbildung des $\mathbb{R}^6$ in den $\mathbb{R}^3$ gemäß der Vorschrift

$$\begin{bmatrix} x_1 \\ x_2 \\ x_3 \\ x_4 \\ x_5 \\ x_6 \end{bmatrix} \rightarrow \begin{bmatrix} 3x_1 + 2x_2 + 4x_3 + 1x_4 + 0x_5 + 0x_6 \\ 2x_1 + 3x_2 + 0x_3 + 0x_4 + 1x_5 + 0x_6 \\ 0x_1 + 2x_2 + 5x_3 + 0x_4 + 0x_5 + 1x_6 \end{bmatrix}.$$

Die Koeffizientenspalten $\begin{bmatrix} 1 \\ 0 \\ 0 \end{bmatrix}$, $\begin{bmatrix} 0 \\ 1 \\ 0 \end{bmatrix}$, $\begin{bmatrix} 0 \\ 0 \\ 1 \end{bmatrix}$ sind die Elemente der Standardbasis des Bildraumes. Man bezeichnet die zugehörigen Variablen - hier x_4, x_5 und x_6 - als *Basisvariablen* und die übrigen als *Nicht - Basisvariablen* oder - aus einem gleich ersichtlichen Grund - als *Nullvariablen*.

Einer Lösung des obigen Gleichungssystems, für die drei der Bedingungen $x_1 = 0$, $x_2 = 0,\ldots$, $x_6 = 0$ erfüllt werden, entspricht ein Punkt des $\mathbb{R}^3$, welcher drei Randebenen des zulässigen Bereichs angehört. Es handelt sich also um eine Pseudoecke. Die zu einer Pseudoecke gehörige Lösung - also jede Lösung des Gleichungssystems von (G1), für die drei der Bedingungen $x_1 = 0$, $x_2 = 0,\ldots$, $x_6 = 0$ erfüllt sind - wird als *Basislösung* bezeichnet. (Es ist etwas unglücklich, von einer Lösung zu sprechen, da eine Pseudoecke im allgemeinen nicht einmal dem zulässigen Bereich angehört. Die Terminologie ist aber gebräuchlich.) Gehört die Pseudoecke dem zulässigen Bereich an, so spricht man von einer *zulässigen Basislösung*.

Besonders leicht zu bestimmen ist die Basislösung, in der die Nicht - Basisvariablen den Wert 0 haben - in unserem Beispiel $x_1 = x_2 = x_3 = 0$. Man bezeichnet diese Variablen deshalb auch als *Nullvariablen*. Die zugehörigen Werte der Basisvariablen lassen sich dann sofort ablesen, nämlich: $x_4 = 15$, $x_5 = 8$ und $x_6 = 10$. Die Basislösung (0, 0, 0, 15, 8, 10) ist sogar zulässig, da offenbar alle Restriktionen der Aufgabe erfüllt werden.

Lösen wir das Gleichungssystem nach den Basisvariablen auf, so erhalten wir das ursprüngliche Problem in der *kanonischen* Darstellung:

> Maximiere $u = 3x_1 + 5x_2 + 4x_3$ unter den Bedingungen
>
> $-3x_1 - 2x_2 - 4x_3 + 15 = x_4$,
>
> $-2x_1 - 3x_2 \quad\quad + 8 = x_5$,
>
> $\quad\quad - 2x_2 - 5x_3 - 10 = x_6$,
>
> $x_1 \geq 0$, $x_2 \geq 0$, $x_3 \geq 0$, $x_4 \geq 0$, $x_5 \geq 0$, $x_6 \geq 0$.

Wir konzentrieren uns nun auf die in dieser Formulierung enthaltenen Gleichungen:

> $-3x_1 - 2x_2 - 4x_3 + 15 = x_4$,
>
> $-2x_1 - 3x_2 + 0x_3 + 8 = x_5$,
>
> $0x_1 - 2x_2 - 5x_3 + 10 = x_6$,
>
> $3x_1 + 5x_2 + 4x_3 + 0 = u$.

(G2)

In abkürzender Schreibweise stellen wir dieses Gleichungssystem durch ein Tableau dar, dessen Spalten den Gleichungen von (G2) entsprechen:

x_1	-3	-2	0	3
x_2	-2	-3	-2	5
x_3	-4	0	-5	4
1	15	8	10	0
	$= x_4$	$= x_5$	$= x_6$	$= u$

(T1)

In der unteren, eingerahmten Zeile liest man die Werte der Basisvariablen x_4, x_5 und x_6 in der durch $x_1 = x_2 = x_3 = 0$ bestimmten Basislösung sowie den zugehörigen Wert u der Zielfunktion.

Gehen wir der Frage nach, wie man eine andere Basislösung bestimmt, beispielsweise die Basislösung mit $x_1 = x_3 = x_5 = 0$, und wie man den Wert der Zielfunktion zu dieser Basislösung berechnet. Wir lösen dazu das Gleichungssystem (G2) durch Äquivalenzumformungen (wie sie vom Lösen linearer Gleichungssysteme her geläufig sind) nach den Variablen x_2, x_4 und x_6 auf und erhalten so das Gleichungssystem

$$-\frac{5}{3}x_1 + \frac{2}{3}x_5 - 4x_3 + \frac{29}{3} = x_4 ,$$

$$-\frac{2}{3}x_1 - \frac{1}{3}x_5 + 0x_3 + \frac{8}{3} = x_2 ,$$

$$\frac{4}{3}x_1 + \frac{2}{3}x_5 - 5x_3 + \frac{14}{3} = x_6 ,$$

$$-\frac{1}{3}x_1 - \frac{5}{3}x_5 + 4x_3 + \frac{40}{3} = u.$$

(G3)

In dieser Darstellung ist x_2 Basisvariable und x_5 Nullvariable. Wir sagen: Die Variablen x_2 und x_5 sind gegenseitig ausgetauscht worden.

Zur Darstellung (G3) des Gleichungssystems gehört das Tableau

x_1	$-\frac{5}{3}$	$-\frac{2}{3}$	$\frac{4}{3}$	$-\frac{1}{3}$
x_5	$\frac{2}{3}$	$-\frac{1}{3}$	$\frac{2}{3}$	$-\frac{5}{3}$
x_3	-4	0	-5	4
1	$\frac{29}{3}$	$\frac{8}{3}$	$\frac{14}{3}$	$\frac{40}{3}$
	$= x_4$	$= x_2$	$= x_6$	$= u$

(T2)

Für $x_1 = x_5 = x_3 = 0$ gilt $x_4 = \frac{29}{3}$, $x_2 = \frac{8}{3}$ und $x_6 = \frac{14}{3}$.

Als neue Basislösung haben wir somit $(0, \frac{8}{3}, 0, \frac{29}{3}, 0, \frac{24}{3})$ gefunden. Diese Baisslösung ist obedrein zulässig. Der zugehörige Wert der Zielfunktion ist $u = \frac{40}{3}$.

Tableaus, die durch den Austausch zweier Variablen auseinander hervorgehen, nennen wir *benachbart*. Die auszutauschenden Variablen markieren eine Zeile und eine Spalte des Tableaus, die man als *Pivotzeile* bzw. *Pivotspalte* bezeichnet, gelegentlich auch als *Steuerzeile* bzw. *Steuerspalte*. Ihr Schnittpunkt heißt *Pivot-* oder auch *Angelpunkt* des Austausches.

Den Übergang von einem Tableau zu einem benachbarten beschreibt folgendes Schema. (Das Pivotelement markieren wir stets durch einen Kreis.):

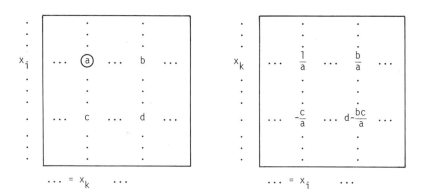

Etwas formaler: Ist b_{ik} Element der i-ten Zeile und k-ten Spalte eines Tableaus, das durch einen Austauschschritt aus einem Tableau hervorgegangen ist, in dessen i-ter Zeile und k-ter Spalte das Element a_{ik} steht, und ist a_{i*k*} das Pivotelement des Austausches, so gilt

$$b_{ik} = \begin{cases} \dfrac{1}{a_{ik}} & \text{falls } i = i* \text{ und } k = k*, \\[1em] \dfrac{a_{ik}}{a_{i*k*}} & \text{falls } i = i* \text{ und } k \neq k*, \\[1em] -\dfrac{a_{ik}}{a_{i*k*}} & \text{falls } i \neq i* \text{ und } k = k*, \\[1em] a_{ik} - \dfrac{a_{i*k} \, a_{ik*}}{a_{i*k*}} & \text{falls } i \neq i* \text{ und } k \neq k*. \end{cases}$$

Wir formulieren nun das Austauschverfahren als Pascal - Prozedur. Dabei nehmen wir an, daß die Prozedur auf folgende Vereinbarungen zurückgreifen kann:

```
CONST maxreihenzahl=10;
TYPE tbereich=1..maxreihenzahl;
     ttableau=ARRAY[tbereich,tbereich]OF REAL;
     tvarreihe=ARRAY[tbereich] OF INTEGER;
VAR zeilenzahl, spaltenzahl :INTEGER;
```

zeilenzahl und spaltenzahl sollen aus der Umgebung der Prozedur bekannt sein. Das Koeffizientenschema des Tableaus wird in einer Variablen tab vom Typ ttableau gespeichert. Die Indizes der Variablen der linken Randspalte bzw. der unteren Randzeile werden gesondert in den Variablen lspalte und uzeile vom Typ tvarreihe aufgeführt. pspalte und pzeile stehen für Pivotspalte und Pivotzeile. Der Austausch der beiden Variablen - repräsentiert durch ihre Indizes - erfolgt in der Unterprozedur Variablentausch.

```
PROCEDURE Austauschschritt (pzeile,pspalte: tbereich; VAR lspalte,uzeile:
        tvarreihe; VAR tab: ttableau);
      (*Transformation des Tableaus*)
  VAR
    zeile,spalte: tbereich;
    pivotelement: REAL;

  PROCEDURE Varialblentausch;
    VAR index: INTEGER;
    BEGIN
      index := lspalte[pzeile];
      lspalte[pzeile] := uzeile[pspalte];
      uzeile[pspalte] := index;
    END (*of Variablentausch*)
  BEGIN (*Austauschschritt*)
    variablentausch
    pivotelement := tab[pzeile,pspalte];
    FOR zeile := 1 TO zeilenzahl DO
      FOR spalte := 1 TO spaltenzahl DO
        IF (zeile<>pzeile) AND (spalte<>pspalte)  THEN
          tab[zeile,spalte] := tab[zeile,spalte]-tab[pzeile,spalte]
            *tab[zeile,pspalte]/pivotelement;
    FOR spalte := 1 TO spaltenzahl DO
      IF spalte<>pspalte THEN tab[pzeile,spalte] :=
        tab[pzeile,spalte]/pivotelement ;
    FOR zeile := 1 TO zeilenzahl DO
      IF zeile<>pzeile THEN tab[zeile.pspalte] :=
        -tab[zeile,pspalte]/pivotelement;
    tab[pzeile,pspalte ] := 1/pivotelement
  END;(*of Austauschschritt*)
```

Zwei benachbarte Tableaus haben mit genau einer Ausnahme die gleichen Nullvariablen. Das heißt, daß die zugehörigen Basislösungen Eckpunkte beschreiben, die auf einer gemeinsamen Kante liegen. In unserem Beispiel etwa lieferten die Tableaus (T1) und (T2) die Basislösungen (0, 0, 0, 15, 8, 10) und $(0, \frac{8}{3}, 0, \frac{29}{3}, 0, \frac{14}{3})$. Beide Lösungen gehören zur Schnittkante der durch $x_1 = 0$ und $x_3 = 0$ beschriebenen Flächen.

Nehmen wir an, daß wir ein Anfangstableau haben, das eine zulässige Basislösung liefert. (In diesem Fall nennt man auch das Tableau *zulässig*.) Nun sind die Kanten, die durch die zugehörige Ecke des Lösungsbereichs verlaufen, daraufhin zu untersuchen, ob ein Fortschreiten längs der jeweiligen Kante den Wert der Zielfunktion vergrößert. Wir nehmen uns noch mehr vor und suchen die Kante, längs derer die Zielfunktion am schnellsten wächst.

Nehmen wir (T1) als Anfangstableau und schauen uns die Koeffizienten der Zielfunktion in der rechten Spalte des Tableaus an.

x_1	-3	-2	0	3
→ x_2	-2	-3	-2	5
x_3	-4	0	-5	4
1	15	8	10	0
	$=x_4$	$=x_5$	$=x_6$	$=u$

(T1)

Die drei durch den Nullpunkt verlaufenden Kanten werden durch die Gleichungspaare $(x_1 = 0, x_2 = 0)$, $(x_1 = 0, x_3 = 0)$ und $(x_2 = 0, x_3 = 0)$ dargestellt. Wandern wir entlang dieser Kanten, so wachsen die Werte von x_3 bzw. x_2 bzw. x_1 längs des jeweiligen Weges. Das Anwachsen dieser Variable um eine Einheit hat ein Wachstum der Zielfunktion um 4 bzw. 5 bzw. 3 Einheiten zur Folge. Den größten Zuwachs pro Einheit erhalten wir, wenn x_2 vergrößert wird, da diese Variable in der Zielfunktion den höchsten Koeffizienten hat. Wir werden deshalb einen Austauschschritt durchführen, in dem x_2 als Nullvariable durch eine andere Variable ersetzt wird. Das heißt, daß die zweite Zeile des Tableaus zur Pivotzeile wird.

Nun ist noch die Pivotspalte des Austauschschrittes zu bestimmen. Hier kommen die Nicht-Negativitätsbedingungen ins Spiel. Denn die neue Basisvariable darf nicht so groß werden, daß eine der bisherigen Basisvariablen negativ wird. Sie wächst nur solange, bis eine der alten Basisvariablen den Wert Null annimmt. Damit ist ein neuer Eckpunkt erreicht.

Für unser Beispiel gilt:

$x_4 = 0 \qquad -2x_2 + 15 = 0 \,,\; -2x_2 + 15 = 0 \qquad x_2 = \frac{15}{2}\,;$

$x_5 = 0 \qquad -3x_2 + 8 = 0 \,,\; -3x_2 + 8 = 0 \qquad x_2 = \frac{8}{3}\,;$

$x_6 = 0 \qquad -2x_2 + 10 = 0 \,,\; -2x_2 + 1 = 0 \qquad x_2 = 5.$

Die rechtsstehenden Werte, die Grenzen für x_2 markieren, heißen *charakteristische Quotienten*. Um keine Nebenbedingung zu verletzen, darf x_2 nicht größer als der kleinste positive dieser Werte werden (hier: $\frac{8}{3}$). Die zugehörige Basisvariable (hier: x_5) wird zur neuen Nullvariablen.

Die charakteristischen Quotienten ermittelt man am Tableau wie folgt: Man dividiert jeden Koeffizienten der untersten Zeile durch den in der gleichen Spalte stehenden Wert der Pivotzeile, sofern dieser kleiner als null ist. Multiplikation mit -1 ergibt den charakteristischen Quotienten der Spalte.

Falls in der Pivotzeile alle Zahlen ≥ 0 sind, so kann die Zielfunktion beliebig vergrößert werden, ohne daß eine Nebenbedingung verletzt wird. Das Problem hat dann keine optimale Lösung. Hat ein charakteristischer Quotient den Wert null, so bringt der entsprechende Austauschschritt keine Vergrößerung der Zielfunktion. So etwas kann passieren, wenn beispielsweise im $\mathbb{R}^3$ vier Randebenen des Lösungsbereichs durch dieselbe Ecke verlaufen. Man nennt eine solche Ecke und ebenfalls das zugehörige Tableau *entartet*. Da in praktischen Problemen Entartungsfälle selten auftreten, soll dieser Fall nicht weiter behandelt werden.

In unserem Beispiel sind die Variablen x_2 und x_5 gegeneinander auszutauschen. Den entsprechenden Austauschschritt haben wir bereits durchgeführt. Das Ergebnis war

x_1	$-\frac{5}{3}$	$-\frac{2}{3}$	$-\frac{4}{3}$	$-\frac{1}{3}$
x_5	$\frac{2}{3}$	$-\frac{1}{3}$	$\frac{2}{3}$	$-\frac{5}{3}$
x_3	-4	0	(-5)	4
1	$\frac{29}{3}$	$\frac{8}{3}$	$\frac{14}{3}$	$\frac{40}{3}$
	$= x_4$	$= x_2$	$= x_6$	$= u$

(T2)

mit der Basislösung $(0, \frac{8}{3}, 0, \frac{29}{3}, 0, \frac{14}{3})$ und dem Wert der Zielfunktion $u = \frac{40}{3}$.

Das Tableau (T2) ist nun Ausgangspunkt der weiteren Suche. Im nächsten Schritt werden x_3 und x_6 ausgetauscht. Setzen wir die Sequenz benachbarter Tableaus nach dem beschriebenen Verfahren fort, so folgt

x_1	$\boxed{-\frac{41}{15}}$	$-\frac{2}{3}$	$\frac{4}{15}$	$\frac{11}{15}$
x_5	$\frac{2}{15}$	$-\frac{1}{3}$	$\frac{2}{15}$	$-\frac{17}{15}$
x_6	$\frac{4}{5}$	0	$-\frac{1}{5}$	$-\frac{4}{5}$
1	$\frac{89}{15}$	$\frac{8}{3}$	$\frac{14}{15}$	$\frac{256}{15}$
	$= x_4$	$= x_2$	$= x_3$	$= u$

(T3)

Basislösung: $(0, \frac{8}{3}, \frac{14}{15}, \frac{89}{15}, 0, 0)$,

$$u = \frac{256}{15}$$

und weiter

x_4	$-\frac{15}{41}$	$\frac{10}{41}$	$-\frac{4}{41}$	$-\frac{11}{41}$
x_5	$\frac{2}{41}$	$-\frac{15}{41}$	$\frac{6}{41}$	$-\frac{45}{41}$
x_6	$\frac{12}{41}$	$\frac{8}{41}$	$\frac{5}{41}$	$-\frac{24}{41}$
1	$\frac{89}{41}$	$\frac{50}{41}$	$\frac{62}{41}$	$\frac{765}{41}$
	$= x_1$	$= x_2$	$= x_3$	$= u$

(T4)

Basislösung: $(\frac{89}{41}, \frac{50}{41}, \frac{62}{41}, 0, 0, 0)$,

$$u = \frac{765}{41}.$$

Da in der Darstellung (T4) alle Koeffizienten der Zielfunktion negativ sind, ist es nicht möglich, deren Wert weiter zu vergrößern. Wir haben ein Endtableau erreicht, von dem wir als optimale Lösung unseres Problems ablesen: $x_1 = \frac{89}{41}$, $x_2 = \frac{50}{41}$, $x_3 = \frac{62}{41}$. Das Maximum der Zielfunktion ist $u = \frac{765}{41}$.

Der Sequenz benachbarter Tableaus (T1)   (T2)   (T3)   (T4) entspricht in Abbildung 5.2 eine "Kantenwanderung" mit den Stationen

$$O = \begin{bmatrix} 0 \\ 0 \\ 0 \end{bmatrix} \quad B = \begin{bmatrix} 0 \\ 8 \\ 3 \\ 0 \end{bmatrix} \quad G = \begin{bmatrix} 0 \\ 8 \\ 3 \\ 14 \\ 15 \end{bmatrix} \quad F = \begin{bmatrix} \frac{89}{41} \\ \frac{50}{41} \\ \frac{62}{41} \end{bmatrix} .$$

*

Grundsätzlich kann jede lineare Optimierungsaufgabe durch algebraische Umformungen als Maximierungsaufgabe in *kanonischer* Form dargestellt werden, d.h. in der Form

> Maximiere $u = c_1 x_1 + \ldots + c_n x_n$
>
> unter den Bedingungen
>
> $a_{11} x_1 + \ldots + a_{1n} x_n + b_1 = x_{n+1}$,
>
> $\vdots \qquad \qquad \vdots$
>
> $a_{m1} x_1 + \ldots + a_{mn} x_n + b_m = x_{n+m}$,
>
> $a_1 \geq 0, \ldots x_{n+m} \geq 0 .$

(K)

Dafür ist erforderlichenfalls von folgenden Regeln zur Umformung des Problems Gebrauch zu machen:

1. Der Minimierung von $c_1 x_1 + \ldots + c_n x_n$ entspricht die Maximierung von
   $- c_1 x_1 - \ldots - c_n x_n$.

2. Eine Bedingung der Form
   $a_1 x_1 + \ldots + a_n x_n \geq b$ wird durch Multiplikation mit -1 übergeführt in
   $- a_1 x_1 - \ldots - a_n x_n \leq - b$.

3. Eine Bedingung, die als Gleichung gegeben ist, kann in zwei Ungleichungen aufgespalten werden:
   $a_1 x_1 + \ldots + a_n x_n = b \Longleftrightarrow \begin{cases} a_1 x_1 + \ldots + a_n x_n \leq b \text{ und} \\ a_1 x_1 + \ldots + a_n x_n \geq b . \end{cases}$

4. Eine nicht vorzeichenbeschränkte Variable kann als Differenz zweier vorzeichenbeschränkter Variablen dargestellt werden:
   x ist nicht beschränkt $\Longleftrightarrow x = \bar{x} - \tilde{x}$ mit $\bar{x} \geq 0$ und $\tilde{x} \geq 0$.

Falls in einer kanonischen Darstellung (K) alle b_i, $i = 1,...,m$ nicht negativ sind, so ergibt sich unmittelbar ein zulässiges Anfangstableau mit den Nullvariablen $x_1,...,x_n$ und den Basisvariablen $x_{n+1},..., x_{n+m}$.

Andernfalls ist eine "Anlaufrechnung" erforderlich, um durch geeignete Austauschschritte zu einem zulässigen Anfangstableau zu kommen. Für eine systematische Durchführung dieser Anlaufrechnung sei der Leser auf die umfangreiche Spezialliteratur (z.B. Vogel (1967)) verwiesen. Häufig wird - zumal bei kleineren Problemen - aber auch geschicktes Probieren zum Ziel führen. Für den Simplexalgorithmus, wie er jetzt als Pascal - Programm entwickelt wird, machen wir die Voraussetzung, daß die Aufgabe von Hand soweit vorbereitet ist, daß der Benutzer dem Computer ein zulässiges Anfangstableau eingeben kann.

Das Verfahren lautet (in seiner gröbsten Form):

Simplexalgorithmus

> Gib ein zulässiges Anfangstableau ein;
> SOLANGE NICHT Ende erreicht WIEDERHOLE
>   bestimme Pivotzeile und Pivotspalte;
>   führe einen Austauschschritt durch
> ENDE-WIEDERHOLE;
> gib die Lösung aus.

Die Bedingung "Ende erreicht" ist erfüllt, wenn die rechte Spalte des Tableaus keine Zahl > 0 enthält. Sollte sich im Verlauf der Rechnung herausstellen, daß die Aufgabe keine optimale Lösung hat oder daß das Problem entartet ist, so wird der Programmablauf mit einer entsprechenden Meldung abgebrochen.

Um den Benutzer die einzelnen Schritte besser verfolgen zu lassen, wird nach jedem Austauschschritt das gesamte Tableau auf dem Bildschirm gezeigt.

```
PROGRAM Simplexverfahren;
  CONST
    maxreihenzahl = 10;
  TYPE
    tbereich  = 1..maxreihenzahl;
    ttableau  = ARRAY[tbereich, tbereich] OF real;
    tvarreihe = ARRAY[tbereich] OF integer;
  VAR
    zeilenzahl,
    spaltenzahl : integer;
    pzeile,
    pspalte      : tbereich;
    lspalte,
    uzeile       : tvarreihe;
    tableau      : ttableau;
```

```
PROCEDURE Ausgabe (lspalte, uzeile: tvarreihe; tab: ttableau);
  (* gibt das gesamte Tableau aus *)
  VAR
    zeile, spalte : tbereich;
    zeichen       : char;
  BEGIN
    writeln; writeln;
    FOR zeile := 1 TO zeilenzahl DO BEGIN
      IF zeile < zeilenzahl THEN
        write ('  x', lspalte[zeile],'  ')
      ELSE
        write ('  1  ');
      FOR spalte := 1 TO spaltenzahl DO write (tab[zeile,spalte]:7:2);
      writeln
    END; (* of for *)
    writeln;
    write ('  ':7);
    FOR spalte := 1 TO spaltenzahl-1 DO write ('  = x', uzeile[spalte],'  ')
    writeln ('  = u');
    writeln; writeln; writeln;
    write ('Weiter mit Leertaste, Aussteigen mit "#".');
    REPEAT
      read (zeichen);
      IF zeichen = '#' THEN exit (program)
    UNTIL zeichen = ' '
  END; (* of Ausgabe *)

PROCEDURE Eingabe (VAR lspalte, uzeile: tvarreihe; VAR tab: ttableau);
  (* Das Anfangstableau wird eingegeben und auf Zulaessigkeit geprueft *)
  VAR
    zeile, spalte : tbereich;
    zeichen       : char;
  BEGIN
    writeln; writeln;
    write ('Anzahl der Zeilen?  '); readln (zeilenzahl);
    write ('Anzahl der Spalten? '); readln (spaltenzahl);
    writeln; writeln;
    writeln ('Geben Sie die Indizes der Nullvariablen an!');
    FOR zeile := 1 TO zeilenzahl-1 DO BEGIN
      write ('Index der ', zeile,'. Nullvariablen: ');
      readln (lspalte[zeile])
    END; (* of for *)
    writeln;
    writeln ('Geben Sie die Indizes der Basisvariablen an!');
    FOR spalte := 1 TO spaltenzahl-1 DO BEGIN
      write ('Index der ', spalte,'. Basisvariablen: ');
      readln (uzeile[spalte])
    END; (* of for *)
    writeln;
    writeln ('Geben Sie spaltenweise die Koeffizienten des Tableaus an!');
    FOR spalte := 1 TO spaltenzahl DO BEGIN
      writeln;
      FOR zeile := 1 TO zeilenzahl DO BEGIN
        write ('Tab[',zeile,',',spalte,'] = ');
        readln (tab[zeile, spalte])
      END; (* of for *)
      IF (spalte < spaltenzahl) AND (tab[zeile, spalte] < 0) THEN BEGIN
        writeln;
        writeln ('Das Tableau ist unzulaessig!');
        writeln ('Druecken Sie Taste, um das Programm zu beenden.');
        read (zeichen);
        exit (program)
      END (* of then *)
    END (* of for *)
  END; (* of Eingabe *)

FUNCTION ende (tab: ttableau): boolean;
  (* prueft, ob alle Zielfunktionskoeffizienten <= 0 sind *)
  VAR
    zeile : tbereich;
  BEGIN
    ende := false;
    FOR zeile := 1 TO zeilenzahl-1 DO
      IF tab[zeile, spaltenzahl] > 0 THEN exit (ende);
    ende := true
  END; (* of Ende *)
```

```
FUNCTION pivotzeile (tab: ttableau): tbereich;
  (* groesster Koeffizient der Zielfunktion bestimmt Pivotzeile *)
  VAR
    zeile, pzeile : tbereich;
  BEGIN
    pzeile := 1;
    FOR zeile := 2 TO zeilenzahl-1 DO
      IF tab[pzeile, spaltenzahl] < tab[zeile, spaltenzahl] THEN
        pzeile := zeile;
    pivotzeile := pzeile
  END; (* of Pivotzeile *)

FUNCTION pivotspalte (pzeile: tbereich; tab: ttableau): tbereich;
  (* kleinster charakteristischer Quotient bestimmt Pivotspalte *)
  VAR
    spalte              : tbereich;
    chquotient, minimum : real;
    zeichen             : char;
  BEGIN
    minimum := -1;
    FOR spalte := 1 TO spaltenzahl-1 DO BEGIN
      IF tab[pzeile, spalte] < -0.00001 THEN BEGIN
        chquotient := - tab[zeilenzahl, spalte]/tab[pzeile, spalte];
        IF (chquotient < minimum) OR (minimum = -1) THEN BEGIN
          minimum     := chquotient;
          pivotspalte := spalte
        END (* of then *)
      END (* of then *)
    END; (* of for *)
    IF minimum <= 0 THEN BEGIN
      writeln; writeln;
      IF minimum = -1 THEN
        writeln ('Eine Loesung mit maximaler Zielfunktion existiert nicht.')
      ELSE
        writeln ('Das Tableau ist entartet.');
      writeln ('Druecken Sie eine Taste, um das Programm zu beenden!');
      read (zeichen);
      exit (program)
    END (* of then *)
  END; (* of Pivotspalte *)

PROCEDURE Austauschschritt (pzeile, pspalte: tbereich; VAR tab: ttableau;
                            VAR lspalte, uzeile: tvarreihe);
  (* Transformation des Tableaus *)
  VAR
    zeile, spalte : tbereich;
    pivotelement  : real;

  PROCEDURE Variablentausch;
    VAR
      index : integer;
    BEGIN
      index := lspalte[pzeile];
      lspalte[pzeile] := uzeile[pspalte];
      uzeile[pspalte] := index
    END; (* of Variablentausch *)

  BEGIN (* Austauschschritt *)
    Variablentausch;
    pivotelement := tab[pzeile, pspalte];
    FOR zeile := 1 TO zeilenzahl DO
      FOR spalte := 1 TO spaltenzahl DO
        IF (zeile <> pzeile) AND (spalte <> pspalte) THEN
          tab[zeile, spalte] := tab[zeile, spalte]
                              - tab[pzeile,spalte]*tab[zeile,pspalte]/pivotelement;
    FOR spalte := 1 TO spaltenzahl DO
      IF spalte <> pspalte THEN
        tab[pzeile,spalte] := tab[pzeile,spalte]/pivotelement;
    FOR zeile := 1 TO zeilenzahl DO
      IF zeile <> pzeile THEN
        tab[zeile,pspalte] := -tab[zeile,pspalte]/pivotelement;
    tab[pzeile,pspalte] := 1/pivotelement
  END; (* of Austauschschritt *)
```

```
PROCEDURE Endinformation (lspalte,uzeile: tvarreihe; tab: ttableau);
  (* gibt die Loesung aus *)
  VAR
    xwert : real;
    i, j  : integer;
  BEGIN
    writeln; writeln; writeln;
    write ('Der Maximalwert der Zielfunktion betraegt ');
    writeln(tab[zeilenzahl, spaltenzahl]);
    writeln (' und wird erzielt durch:');
    FOR i := 1 TO zeilenzahl-1 DO BEGIN
      xwert := 0;
      FOR j := 1 TO spaltenzahl-1 DO
        IF uzeile[j] = i THEN xwert := tab[zeilenzahl,j];
      writeln ('x',i,' = ', xwert:6:2)
    END (* of for *)
  END; (* of Endinformation *)


BEGIN (* Hauptprogramm *)
  writeln;
  writeln ('              Simplexverfahren');
  writeln ('              ----------------');
  writeln; writeln;

  Eingabe (lspalte, uzeile, tableau);

  Ausgabe (lspalte, uzeile, tableau);

  WHILE NOT ende (tableau) DO BEGIN
    pzeile  := pivotzeile (tableau);
    pspalte := pivotspalte (pzeile, tableau);
    Austauschritt (pzeile, pspalte, tableau, lspalte, uzeile);
    Ausgabe (lspalte, uzeile, tableau)
  END; (* of while *)

  Endinformation (lspalte, uzeile, tableau)
END.
```

5.3. Duale Programme

Die Aufgabe, ein Matrixspiel zu lösen, hatten wir in Abschnitt 5.1. in Form zweier dualer Optimierungsaufgaben dargestellt - einer Maximumaufgabe und einer Minimumaufgabe. Allgemein bezeichnet man in der Theorie der linearen Optimierung folgende zwei Aufgaben als zueinander *dual*:

$$
\begin{array}{l}
\text{Maximiere } u = c_1 x_1 + \ldots + c_n x_n \\
\text{unter den Bedingungen} \\
\quad a_{11} x_1 + \ldots + a_{1n} x_n \leq b_1, \\
\quad \quad \vdots \\
\quad a_{m1} x_1 + \ldots + a_{mn} x_n \leq b_m, \\
\quad x_1 \geq 0, \ldots, x_n \geq 0.
\end{array}
\tag{D1}
$$

und

> Minimiere $v = b_1 y_1 + \ldots + b_m y_m$
> unter den Bedingungen
> $$a_{11} y_1 + \ldots + a_{m1} y_m \geq c_1 ,$$
> $$\vdots \qquad \qquad \vdots$$
> $$a_{1n} y_1 + \ldots + a_{mn} y_m \geq c_m ,$$
> $$y_1 \geq 0, \ldots y_m \geq 0 .$$

(D2)

Die zu dem Beispiel des vorigen Abschnitts gehörende duale Aufgabe lautet also:

> Minimiere $v = 15 y_1 + 8 y_2 + 10 y_3$
> unter den Bedingungen
> $$3 y_1 + 2 y_2 \qquad \geq 3,$$
> $$2 y_1 + 3 y_2 + 2 y_3 \geq 5,$$
> $$4 y_1 \qquad + 5 y_3 \geq 4,$$
> $$y_1 \geq 0, \ y_2 \geq 0, \ y_3 \geq 0.$$

Durch Einführung von Schlupfvariablen $x_{n+1}, \ldots, x_{n+m}$ bzw. $y_{m+1}, \ldots, y_{m+n}$ bringt man die Aufgaben in die kanonischen Darstellungen

> Maximiere $n = c_1 x_1 + \ldots + c_n x_n$
> unter den Bedingungen
> $$-a_{11} x_1 - \ldots - a_{1n} x_n + b_n = x_{n+1}$$
> $$\vdots \qquad \qquad \vdots$$
> $$-a_{m1} x_1 - \ldots - a_{mn} x_n + b_m = x_{n+m}$$
> $$x_1 \geq 0, \ \ldots, \ x_{n+m} \geq 0.$$

(K1)

und

5.3 Duale Programme

Minimiere $v = b_1 y_1 + \ldots + b_m y_m$

unter den Bedingungen

$$-a_{11} y_1 - \ldots - a_{m1} y_m + c_1 = -y_{m+1}$$
$$\vdots \qquad \qquad \vdots$$
$$-a_{1n} y_1 - \ldots - a_{mn} y_m + c_n = -y_{n+m}$$
$$y_1 \geq 0, \ldots, y_{n+m} \geq 0.$$

(K2)

Beide Aufgaben repräsentieren wir nun durch ein gemeinsames Tableau:

	y_1	$\ldots$	y_n	1	
x_1	$-a_{11}$	$\ldots$	$-a_{m1}$	c_1	$= -y_{m+2}$
$\vdots$	$\vdots$		$\vdots$	$\vdots$	$(y_i \geq 0)$
x_n	$-a_{1m}$	$\ldots$	$-a_{mn}$	c_n	$= -y_{m+n}$
1	b_1	$\ldots$	b_m	0	$= v$ (min)
	$= x_{n+1}$	$\ldots$	$= x_{n+m}$	$= u$ (max)	

$(x_i \geq 0)$

Die Forderungen, maximiere u und minimiere v sowie $x_i \geq 0$ und $y_i \geq 0$ für $i = 1, 2, \ldots, m+n$, gelten stets unverändert und werden deshalb zukünftig nicht mehr aufgeführt.

Für unser numerisches Beispiel lautet das Tableau

	y_1	y_2	y_3	1	
x_1	-3	-2	0	3	$= -y_4$
x_2	-2	-3	-2	5	$= -y_5$
x_3	-4	0	-5	4	$= -y_6$
1	15	8	-5	0	$= v$
	$= x_4$	$= x_5$	$= x_6$	$= u$	

In der oberen Randzeile stehen die zu der Darstellung gehörenden Nullvariablen des Minimumproblems und in der rechten Randzeile stehen die entsprechenden Basisvariablen. Ganz analog wie für das Maximumproblem repräsentiert das Tableau auch eine Basislösung der Minimumaufgabe - in diesem Beispiel

(0,0,0,-3,-5,-4). In der Ecke rechts unten steht der Wert, den die Zielfunktion des Minimumproblems für die Basislösung des Tableaus annimmt.

Die Basislösung des Beispiels ist nicht zulässig, da einige Nicht - Negativbedingungen verletzt sind. Sie repräsentiert also eine Pseudoecke, die nicht zum Lösungsbereich des Minimumproblems gehört. Man erhält eine zulässige Basislösung für das Minimumproblem, wenn die zu den Basisvariablen gehörenden Koeffizienten in der rechten, eingerahmten Spalte alle ≤ 0 sind. In diesem Fall heißt auch das Tableau selbst *zulässig* für das Minimumproblem.

In obiger Tableauform bezeichnet man auch die Minimumaufgabe als *Zeilenprogramm* und die Maximumaufgabe als *Spaltenprogramm*. Der Zusammenhang zwischen beiden Aufgaben wird durch den Dualitätssatz der linearen Optimierung beschrieben.

Satz 5.1 (Dualitätssatz):
   Für ein Paar dualer Optimierungsaufgaben sind folgende Aussagen äquivalent:
   (i) Das Maximumproblem besitzt eine optimale Lösung
   (ii) Das Minimumproblem besitzt eine optimale Lösung
   (iii) Beide Probleme besitzen zulässige Lösungen.
   Ferner gilt das Optimalitätskriterium:
   Zwei zulässige Lösungen für ein Paar dualer Optimierungsaufgaben sind genau dann optimal, wenn für die zugehörigen Werte u und v der beiden Zielfunktionen gilt u = v.

Notwendig und hinreichend für die Existenz optimaler Lösungen ist somit, daß die Lösungsbereiche beider Aufgaben nicht leer sind. Und eine lineare Optimierungsaufgabe hat - sofern sie überhaupt lösbar ist - den gleichen optimalen Wert wie ihre duale Aufgabe.

Für die Minimumaufgabe läßt sich ein Simplexverfahren in völliger Analogie zum Simplexverfahren für die Maximumaufgabe entwickeln. Die Grobstruktur beider Verfahren stimmt überein, nämlich:

Simplexalgorithmus

Gib ein zulässiges Anfangstableau an;
SOLANGE NICHT Ende erreicht WIEDERHOLE
   bestimme Pivotzeile und Pivotspalte;
   führe einen Austauschschritt durch
ENDE-WIEDERHOLUNG;
Gib die Lösung an.

Nehmen wir an, daß die Minimumaufgabe in Tableauform als Zeilenprogramm gegeben ist. Das Tableau ist zulässig, wenn alle Koeffizienten der rechten Spalte, die zu den Basisvariablen gehören, ≤ 0 sind. Das Ende ist erreicht, wenn die Koeffizienten der Zielfunktion, die in der untersten Zeile stehen, alle ≥ 0 sind. Pivotspalte ist die Spalte mit dem kleinsten Zielfunktionskoeffizienten.

Zur Ermittlung der Pivotzeile dividiert man jeden Koeffizienten der rechten Spalte durch den entsprechenden Koeffizienten in der Pivotspalte, sofern dieser > 0 ist. Diejenige Zeile, für die dieser Quotient maximal (bzw. sein Negativum minimal) ist, wird zur Pivotzeile für den nächsten Austauschschritt.

Die bei einem Austauschschritt stattfindende Transformation des Koeffizientenschemas ist für das Zeilenprogramm identisch mit der Transformation für das Spaltenprogramm, sofern beide Austauschschritte denselben Angelpunkt haben.

Die Übereinstimmung der Transformationsregeln für das Maximumproblem und für das Minimumproblem macht es möglich, beide Aufgaben gemeinsam zu erledigen.

Nach dem Dualitätssatz liefert uns ein Tableau, das sowohl für das Maximum- als auch für das Minimumproblem zulässig ist, optimale Basislösungen, da die Werte beider Zielfunktionen für die jeweiligen Lösungen identisch sind. Um ein solches Tableau zu finden, starten wir mit einem Tableau, das für eine der Aufgaben zulässig ist. Nehmen wir an, es sei zulässig für das Maximumproblem - also das Spaltenprogramm. Ist das Tableau auch für das Zeilenprogramm zulässig, so sind wir fertig. Andernfalls führen wir Austauschschritte gemeinsam für Zeilen- und Spaltenprogramm durch. Dabei wird der Angelpunkt jeweils nach den Regeln des Simplexverfahrens für das Spaltenprogramm bestimmt. Damit ist sichergestellt, daß die zugehörigen Basislösungen für das Maximumproblem alle zulässig sind. Das Endtableau für das Spaltenprogramm ist dadurch charakterisiert, daß alle Koeffizienten der zugehörigen Zielfunktion - die in der rechten Spalte des Tableaus stehen - ≤ 0 sind. Damit ist das Tableau aber auch für das Zeilenprogramm zulässig, und folglich sind beide Basislösungen für das jeweilige Problem optimal.

Startet man mit einem für das Zeilenprogramm zulässigen Tabelau, so wendet man in analoger Weise das Simplexverfahren für das Minimumproblem an.

Zur Verdeutlichung lösen wir das Aufgabenpaar unseres Beispiels. Dabei gehen wir von dem schon bekannten, für das Spaltenprogramm zulässigen Tableau aus. Die Koeffizientenschemata der aufeinanderfolgenden Tableaus stimmen deshalb mit denen der Folge (T1), (T2), (T3), (T4) überein, die wir zur Lösung der Maximumaufgabe bereits im Abschnitt 5.2 ermittelt haben.

	y_1	y_2	y_3	1	
x_1	-3	-2	0	3	$=-y_4$
x_2	-2	-3	-2	5	$=-y_5$
x_3	4	0	-5	4	$=-y_6$
1	15	8	10	0	$= v$
	$=x_4$	$=x_5$	$=x_6$	$=u$	

	y_1	y_5	y_3	1	
x_1	$-\frac{5}{3}$	$-\frac{2}{3}$	$\frac{4}{3}$	$-\frac{1}{3}$	$=-y_4$
x_5	$\frac{2}{3}$	$-\frac{1}{3}$	$\frac{2}{3}$	$-\frac{5}{3}$	$=-y_2$
x_3	-4	0	-5	4	$=-y_6$
1	$\frac{29}{3}$	$\frac{8}{3}$	$\frac{14}{3}$	$\frac{40}{3}$	$= v$
	$=x_4$	$=x_2$	$=x_6$	$=u$	

	y_1	y_5	y_6	1	
x_1	$\frac{41}{15}$	$-\frac{2}{3}$	$\frac{4}{15}$	$\frac{11}{15}$	$=-y_4$
x_5	$\frac{2}{15}$	$-\frac{1}{3}$	$\frac{2}{15}$	$\frac{17}{15}$	$=-y_2$
x_6	$\frac{4}{15}$	0	$-\frac{1}{5}$	$-\frac{4}{5}$	$=-y_3$
1	$\frac{89}{15}$	$\frac{8}{3}$	$\frac{14}{15}$	$\frac{256}{15}$	$= v$
	$=x_4$	$=x_2$	$=x_3$	$=u$	

	y_4	y_5	y_6	1	
x_4	$\frac{15}{41}$	$\frac{10}{41}$	$-\frac{4}{41}$	$-\frac{11}{41}$	$=-y_1$
x_5	$\frac{2}{41}$	$\frac{15}{41}$	$\frac{6}{41}$	$-\frac{45}{41}$	$=-y_2$
x_6	$\frac{12}{41}$	$\frac{8}{41}$	$\frac{5}{41}$	$-\frac{24}{41}$	$=-y_3$
1	$\frac{89}{41}$	$\frac{50}{41}$	$\frac{62}{41}$	$\frac{765}{41}$	$= v$
	$=x_1$	$=x_2$	$=x_4$	$=u$	

Optimale Lösungen sind $x_1^* = \frac{89}{41}$, $x_2^* = \frac{50}{41}$, $x_3^* = \frac{62}{41}$ und $y_1^* = \frac{11}{41}$, $y_2^* = \frac{45}{41}$, $y_3^* = \frac{24}{41}$. Der optimale Wert beider Zielfunktionen ist $u^* = v^* = \frac{765}{41}$.

Aufgabe 5.1: Schreiben Sie ein Pascal - Programm zur Lösung eines Paares dualer Optimierungsaufgaben, daß auf den Auswahlregeln des Simplexverfahrens
   a) für die Maximumaufgabe
   b) für die Minimumaufgabe
   beruht.

Aufgabe 5.2: Es sei u ein beliebiger Wert, den die Zielfunktion einer linearen Maximumaufgabe auf dem Lösungsbereich annehmen kann und v ein zulässiger Wert der zum dualen Minimumproblem gehörenden Zielfunktion. Folgern Sie aus dem Dualitätssatz: $u \leq v$.

Aufgabe 5.3: Dem Paar dualer Optimierungsaufgaben (D1) und (D2) wird das Spiel mit der Matrix

$$\begin{bmatrix} 0 & \cdots & 0 & -a_{11} & \cdots & -a_{m1} & c_1 \\ \vdots & & \vdots & \vdots & & \vdots & \vdots \\ 0 & \cdots & 0 & -a_{1n} & \cdots & -a_{nm} & c_n \\ a_{11} & \cdots & a_{1n} & 0 & \cdots & 0 & -b_1 \\ \vdots & & \vdots & \vdots & & \vdots & \vdots \\ a_{m1} & \cdots & a_{mn} & 0 & \cdots & 0 & -b_m \\ -c_1 & \cdots & -c_n & b_1 & \cdots & b_m & 0 \end{bmatrix}$$

zugeordnet.

Beweisen Sie: Ist $(x_1,\ldots,x_n,y_1,\ldots,y_m,z)$ eine optimale Strategie mit $z > 0$, so ist

$\dfrac{x_1}{z},\ldots,\dfrac{x_n}{z}$ eine Lösung der Maximumaufgabe (D1) und

$\dfrac{y_1}{z},\ldots,\dfrac{y_m}{z}$ eine Lösung der Minimumaufgabe (D2).

Hinweis: Beachten Sie, daß ein symmetrisches Spiel den Wert 0 hat und daß eine optimale Strategie für Spieler I auch optimal ist für Spieler II.

5.4. Ein Simplexverfahren für mxn – Spiele

Ehe das soeben entwickelte Verfahren zur Lösung eines Matrixspiels eingesetzt werden kann, ist zweierlei zu unternehmen:
1. Das strategische Verhalten der beiden Spieler wird durch ein Paar dualer Optimierungsaufgaben beschrieben.
2. Die beiden Optimierungsaufgaben sind durch ein gemeinsames Tabelau darzustellen, das entweder für das Zeilenprogramm oder für das Spaltenprogramm zulässig ist.

Es soll nun gezeigt werden, wie die Erledigung beider Teilaufgaben schematisiert werden kann. Das Endziel dieser Überlegungen ist ein Computerprogramm, das zur Lösung eines beliebigen Matrixspiels vom Benutzer lediglich die Eingabe der Matrix verlangt.

Zur Demonstration benutzen wir die am Beispiel "Unterbieten" (Abschnitt 4.7) gewonnene Matrix.

$$\begin{bmatrix} 3 & -2 & -3 \\ 0 & 5 & -2 \\ -5 & 0 & 7 \end{bmatrix}$$

Die zugehörigen Optimierungsaufgaben lauten:

Maximiere u unter den Bedingungen

$x_1 + x_2 + x_3 = 1,$

$3x_1 - 5x_3 \geq u,$

$-2x_1 + 5x_2 \geq u,$

$-3x_1 - 2x_2 + 7x_3 \geq u,$

$x_1 \geq 0,\ x_2 \geq 0,\ x_3 \geq 0.$

---

und

Minimiere v unter den Bedingungen

$y_1 + y_2 + y_3 = 1,$

$3y_1 - 2y_2 - 3y_3 \leq v,$

$ 5y_2 - 2y_3 \leq v,$

$-5y_1 + 7y_3 \leq v,$

$y_1 \geq 0,\ y_2 \geq 0,\ y_3 \geq 0.$

Führen wir Schlupfvariablen ein, so wird daraus

Maximiere u unter den Bedingungen

$x_1 + x_2 + x_3 = 1,$

$3x_1 - 5x_3 - u = x_4,$

$-2x_1 + 5x_2 - u = x_5,$

$-3x_1 - 2x_2 - 7x_3 - u = x_6,$

$x_1 \geq 0,\ \ldots,\ x_6 \geq 0.$

---

und

Minimiere v unter den Bedingungen

$y_1 + y_2 + y_3 = 1$,

$3y_1 - 2y_2 - 3y_3 - v = -y_4$,

$ 5y_2 - 2y_3 - v = -y_5$,

$-5y_1 + 7y_3 - v = -y_6$,

$y_1 \geq 0, \ldots, y_6 \geq 0$.

Um die Aufgabe in kanonische Form zu bringen, sind u und v als lineare Funktionen der Variablen $x_1, \ldots, x_6$ bzw. $y_1, \ldots, y_6$ auszudrücken. Um das schematisch durchzuführen, stellen wir die beiden Gleichungssysteme in Tableauform wie folgt dar (nach einer Idee von A.W. Tucker (1960)):

	-v	y_1	y_2	y_3	
u	0	-1	-1	(-1)	= -1
x_1	1	3	-2	-3	= $-y_4$
x_2	1	0	5	-2	= $-y_5$
x_3	1	-5	0	7	= $-y_6$
	= 1	= x_4	= x_5	= x_6	

(U1)

Beachten Sie das Auftreten der Spielmatrix in diesem Tableau!

Um u als lineare Funktion der x_i auszudrücken, ist ein Pivottransformation durchzuführen, die u gegen eine der Basisvariablen x_4, x_5 oder x_6 austauscht.

Führen wir zunächst einen Austauschschritt durch mit der ersten Zeile und der letzten Spalte. Im Spaltenprogramm wird dadurch u gegen x_6 ausgetauscht, im Zeilenprogramm y_3 gegen 1. Da durch einen Austauschschritt lediglich Äquivalenzumformungen von Gleichungssystemen vollzogen werden, sind die Optimierungsaufgaben, die durch das neue Tableau repräsentiert werden, den ursprünglichen gleich. (Dem Leser wird empfohlen, die Umformungen der Gleichungssysteme im Detail nachzuvollziehen.)

	$-v$	y_1	y_2	1	
x_6	0	1	1	-1	$= -y_3$
x_1	1	6	1	-3	$= -y_4$
x_2	1	2	7	-2	$= -y_5$
x_3	①	-12	-7	7	$= -y_6$
	$=1$	$=x_4$	$=x_5$	$=u$	

(U2)

Um auch v an "seinen Platz" zu bringen, führen wir einen weiteren Austausch durch, bei dem im Zeilenprogramm $-v$ und y_6 den Platz wechseln. Im Spaltenprogramm wird dabei x_3 gegen 1 ausgetauscht.

	y_6	y_1	y_2	1	
x_6	0	1	8	-1	$= -y_3$
x_1	-1	18	8	-10	$= -y_4$
x_2	-1	14	14	-9	$= -y_5$
1	1	-12	-7	7	$= v$
	$=x_3$	$=x_4$	$=x_5$	$=u$	

(U3)

Damit haben wir das Tableau durch Äquivalenzumformungen auf die uns bekannte Form gebracht. Das Tableau (U3) ist zudem zulässig für das Zeilenprogramm. Wir können deshalb ohne weitere Anlaufrechnung das in 5.3 besprochene Lösungsverfahren anwenden.

Es ist kein Zufall, daß mit den zwei Austauschschritten ein zeilenzulässiges Tableau gefunden wurde. Ausgehend von einem Tableau, das (U1) entspricht, führen zwei Austauschschritte, bei denen die Ecken "oben rechts" und "unten links" als Angelpunkte dienen, stets zu einem für das Zeilenprogramm zulässigen Tableau, wenn die Zahl in der Ecke "unten rechts" des Anfangstableaus ein Spaltenmaximum innerhalb der Spielmatrix ist. Man erhält ein für das Spaltenprogramm zulässiges Tableau, wenn diese Zahl innerhalb der Spielmatrix ein Zeilenminimum ist. (Man rechnet das leicht allgemein nach, wobei es genügt, die Wirkung der beiden Austauschschritte auf die Ränder der Matrix zu untersuchen.) Steht in der Ecke "rechts unten" ein Spaltenmaximum und zugleich ein Zeilenminimum der Spielmatrix, so haben wir es mit einem Sattelpunkt zu tun, und das durch die zwei Austauschschritte erreichte Tableau ist ein Endtableau. Indem man erforderlichenfalls vor dem ersten Austauschschritt Zeilen oder Spalten des Tableaus vertauscht - was natürlich die Lösungsbereiche beider Optimierungsprobleme unverändert läßt - kann man somit erzwingen, in zwei Schritten ein Tableau zu erhalten, das nach Wunsch entweder für das Spaltenprogramm oder für das Zeilenprogramm zulässig ist.

Rechnen wir nun das Beispiel bis zum Ende durch, wobei wir die Pivot - Auswahlregeln des Simplexverfahrens für das Zeilenprogramm anwenden.

	y_6	y_1	y_2	1	
x_6	0	1	1	-1	$= -y_3$
x_1	-1	⑱	8	-10	$= -y_4$
x_2	-1	14	14	-9	$= -y_5$
1	1	-12	-7	7	$= v$
	$= x_3$	$= x_4$	$= x_5$	$= u$	

(U3)

	y_6	y_4	y_2	1	
x_6	$\frac{1}{18}$	$-\frac{1}{18}$	$\frac{10}{18}$	$-\frac{8}{18}$	$= -y_3$
x_4	$-\frac{1}{18}$	$\frac{1}{18}$	$\frac{8}{18}$	$-\frac{10}{18}$	$= -y_1$
x_2	$-\frac{4}{18}$	$-\frac{14}{18}$	$\left(\frac{140}{18}\right)$	$-\frac{22}{18}$	$= -y_5$
1	$\frac{6}{18}$	$\frac{12}{18}$	$-\frac{30}{18}$	$\frac{6}{18}$	$= v$
	$= x_3$	$= x_1$	$= x_5$	$= u$	

(U4)

	y_6	y_4	y_5	1	
x_6	$\frac{1}{14}$	0	$-\frac{1}{14}$	$-\frac{5}{14}$	$= -y_3$
x_4	$-\frac{3}{70}$	$\frac{1}{10}$	$-\frac{2}{36}$	$-\frac{17}{35}$	$= -y_1$
x_5	$-\frac{1}{35}$	$-\frac{1}{10}$	$\frac{9}{70}$	$-\frac{11}{70}$	$= -y_2$
1	$\frac{2}{7}$	$\frac{1}{2}$	$\frac{3}{14}$	$\frac{1}{14}$	$= v$
	$= x_3$	$= x_1$	$= x_2$	$= u$	

(U5)

Dem Endtableau (U5) entnehmen wir die optimalen Strategien

für Spieler I : $(\frac{1}{2}, \frac{3}{14}, \frac{2}{7})$

für Spieler II: $(\frac{17}{35}, \frac{11}{70}, \frac{5}{14})$.

Der Wert des Spiels ist $\frac{1}{14}$; das heißt, Spieler I hat einen Vorteil.

Das abschließende Programm <u>Matrixspiel</u> verlangt vom Benutzer die spaltenweise Eingabe der Spielmatrix. Der Rechner erstellt daraus ein Tableau von der Art (U1). Dieses wird erforderlichenfalls durch Spaltenaustausch so geordnet, daß nach zwei Austauschschritten mit den Angelpunkten "oben rechts" und "unten links" ein für das Spaltenprogramm zulässiges Tableau in kanonischer Darstellung erreicht wird. Dieses Tableau ist Ausgangspunkt für das Verfahren wie es in 5.3 beschrieben wurde. Schließlich werden die optimalen Strategien für beide Spieler sowie der Wert des Spiels ausgedruckt.

```
PROGRAM Matrixspiel;

  CONST
    maxreihenzahl = 10;

  TYPE
    tbereich  = 0..maxreihenzahl;
    ttableau  = ARRAY[tbereich, tbereich] OF real;
    tvarreihe = ARRAY[tbereich] OF integer;

  VAR
    m, n,
    zeilenzahl, spaltenzahl,
    pzeile, pspalte            : tbereich;
    lspalte, uzeile,
    ozeile, rspalte            : tvarreihe;
    spielmatrix, tableau       : ttableau;

  PROCEDURE Eingabe (VAR matrix : ttableau);
    (* Die Spielmatrix wird eingegeben *)
    VAR
      i, j : integer;
    BEGIN
      write ('Wieviele Zeilen hat die Spielmatrix? ');
      readln (m);
      write ('Wieviele Spalten hat die Spielmatrix? ');
      readln (n);
      writeln; writeln;
      writeln ('Geben Sie die Matrix spaltenweise ein!');
      FOR j := 1 TO n DO BEGIN
        writeln;
        FOR i := 1 TO m DO BEGIN
          write ('Matrix[',i,',',j,'] = ');
          readln (matrix[i,j])
        END (* of for *)
      END; (* of for *)
      zeilenzahl  := m+1;
      spaltenzahl := n+1
    END; (* of Eingabe *)
```

```
PROCEDURE Anfangstableau (mat: ttableau;
                          VAR lspalte, uzeile, ozeile, rspalte: tvarreihe;
                          VAR tab: ttableau);
  (* Anfangstableau fuer Austauschschritt wird erstellt *)
  VAR
    i, j, min : integer;
  PROCEDURE Spaltentausch (k, l: tbereich);
    (* tauscht k-te und l-te Tableauspalte gegeneinander aus *)
    VAR
      i, h : tbereich;
      r    : real;
    BEGIN
      h := ozeile[k]; ozeile[k] := ozeile[l]; ozeile[l] := h;
      h := uzeile[k]; uzeile[k] := uzeile[l]; uzeile[l] := h;
      FOR i := 1 TO m+1 DO BEGIN
        r := tab[i,k]; tab[i,k] := tab[i,l]; tab[i,l] := r
      END (* of for *)
    END; (* of Spaltentausch *)
  BEGIN (* Anfangstableau *)
    tab[1,1] := 0;
    FOR j := 2 TO n+1 DO tab[1,j] := -1;
    FOR i := 2 TO m+1 DO tab[i,1] :=  1;
    FOR i := 2 TO m+1 DO
      FOR j := 2 TO n+1 DO tab[i,j] := mat[i-1,j-1];
    FOR i := 1 TO m+1 DO lspalte[i] := i-1;
    uzeile[1] := 0;
    FOR j := 2 TO n+1 DO uzeile[j] := m+j-1;
    FOR j := 1 TO n+1 DO ozeile[j] := j-1;
    rspalte[1] := 0;
    FOR i := 2 TO m+2 DO rspalte[i] := n+i-1;
    (* Durch Spaltentausch wird ein Minimum der untersten Matrixzeile
       in die rechte Tableauspalte gebracht *)
    min := 2;
    FOR j := 3 TO n+1 DO
      IF tab[m+1,j] < tab[m+1,min] THEN min := j;
    IF min <> n+1 THEN Spaltentausch (min, n+1)
  END; (* of Anfangstableau *)

FUNCTION ende (tab: ttableau): boolean;
  (* prueft, ob alle Zielfunktionskoeffizienten <= 0 sind *)
  VAR
    zeile : tbereich;
  BEGIN
    ende := false;
    FOR zeile := 1 TO zeilenzahl-1 DO
      IF tab[zeile, spaltenzahl] > 0 THEN exit (ende);
    ende := true
  END; (* of Ende *)

FUNCTION pivotzeile (tab: ttableau): tbereich;
  VAR
    zeile, pzeile : tbereich;
  BEGIN
    pzeile := 1;
    FOR zeile := 2 TO zeilenzahl-1 DO
      IF tab[pzeile,spaltenzahl] < tab[zeile,spaltenzahl] THEN
        pzeile := zeile;
    pivotzeile := pzeile
  END; (* of Pivotzeile *)
```

```
FUNCTION pivotspalte (pzeile: tbereich; tab: ttableau): tbereich;
  VAR
    spalte                : tbereich;
    chquotient, minimum : real;
  BEGIN
    minimum := -1;
    FOR spalte := 1 TO spaltenzahl-1 DO BEGIN
      IF tab[pzeile,spalte] < -0.00001 THEN BEGIN
        chquotient := - tab[zeilenzahl,spalte]/tab[pzeile,spalte];
        IF (chquotient < minimum) OR (minimum = -1) THEN BEGIN
          minimum     := chquotient;
          pivotspalte := spalte
        END (* of then *)
      END (* of then *)
    END; (* of for *)
    IF minimum <= 0 THEN BEGIN
      writeln; writeln;
      IF minimum = -1 THEN
        writeln ('Loesung mit max. Zielfunktion existiert nicht.')
      ELSE
        writeln ('Das Tableau ist entartet.');
      writeln ('Druecken Sie die Return-Taste zum Beenden des Programms!');
      readln;
      exit (program)
    END (* of then *)
  END; (* of Pivotspalte *)

PROCEDURE Austauschschritt (pzeile, pspalte: tbereich; VAR tab: ttableau;
                            VAR lspalte, uzeile, ozeile, rspalte: tvarreihe)
  VAR
    zeile, spalte : tbereich;
    pivotelement  : real;

  PROCEDURE Variablentausch;
    VAR
      index : integer;
    BEGIN
      index            := lspalte[pzeile];
      lspalte[pzeile]  := uzeile[pspalte];
      uzeile[pspalte]  := index;
      index            := ozeile[pspalte];
      ozeile[pspalte]  := rspalte[pzeile];
      rspalte[pzeile]  := index
    END; (* of Variablentausch *)

  BEGIN (* Austauschschritt *)
    Variablentausch;
    pivotelement := tab[pzeile,pspalte];
    FOR zeile := 1 TO zeilenzahl DO
      FOR spalte := 1 TO spaltenzahl DO
        IF (zeile <> pzeile) AND (spalte <> pspalte) THEN
          tab[zeile,spalte] := tab[zeile,spalte]
                    -tab[pzeile,spalte]*tab[zeile,pspalte]/pivotelement;
    FOR spalte := 1 TO spaltenzahl DO
      IF spalte <> pspalte THEN
        tab[pzeile,spalte] :=  tab[pzeile,spalte]/pivotelement;
    FOR zeile := 1 TO zeilenzahl DO
      IF zeile <> pzeile THEN
        tab[zeile,pspalte] := -tab[zeile,pspalte]/pivotelement;
    tab[pzeile,pspalte] := 1/pivotelement
  END; (* of Austauschschritt *)
```

```
PROCEDURE Endinformation (lspalte, uzeile, ozeile, rspalte: tvarreihe;
                         VAR tab: ttableau);
  VAR
    xwert, ywert : real;
    i, j         : integer;
  BEGIN
    writeln; writeln; writeln;
    write ('Das Spiel hat den Wert ');
    writeln (tab[zeilenzahl,spaltenzahl]);
    writeln;
    writeln ('Optimale Strategie fuer Spieler I: ');
    FOR i := 1 TO zeilenzahl-1 DO BEGIN
      xwert := 0;
      FOR j := 1 TO spaltenzahl-1 DO
        IF uzeile[j] = i THEN xwert := tab[zeilenzahl,j];
      writeln ('x',i,' = ', xwert:6:2)
    END; (* of for *)
    writeln;
    writeln ('Optimale Strategie fuer Spieler II:');
    FOR j := 1 TO spaltenzahl-1 DO BEGIN
      ywert := 0;
      FOR i := 1 TO zeilenzahl-1 DO
        IF rspalte[i] = j THEN ywert := -tab[i,spaltenzahl];
      writeln ('y',j,' = ', ywert:6:2)
    END (* of for *)
  END; (* of Endinformation *)


BEGIN (* Hauptprogramm *)
  page (output); writeln;
  writeln ('          Loesung von Matrixspielen');
  writeln ('          ---------------------------');
  writeln; writeln;

  Eingabe (spielmatrix);

  Anfangstableau (spielmatrix,lspalte,uzeile,ozeile,rspalte,tableau);

  Austauschschritt (1,spaltenzahl,tableau,lspalte,uzeile,ozeile,rspalte);
  Austauschschritt (zeilenzahl, 1,tableau,lspalte,uzeile,ozeile,rspalte);

  WHILE NOT ende (tableau) DO BEGIN
    pzeile  := pivotzeile (tableau);
    pspalte := pivotspalte (pzeile, tableau);
    Austauschschritt (pzeile,pspalte,tableau,lspalte,uzeile,ozeile,rspalte)
  END; (* of while *)

  Endinformation (lspalte,uzeile,ozeile,rspalte,tableau)
END.
```

Aufgabe 5.4:

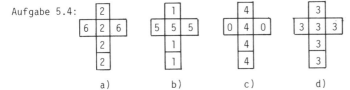

a) b) c) d)

Obige Figuren stellen im Netzbild die nichttransitiven Würfel
von Bradley Efron dar.
Zwei Spieler verfügen über je einen Satz dieser Würfel. Für
eine Partie wählt jeder Spieler unabhängig vom anderen einen der
Würfel aus. Danach wirft jeder Spieler seinen Würfel. Der Spieler
mit der höheren Augenzahl gewinnt von seinem Gegner den Betrag 1.

a) Berechnen Sie die Gewinnerwartung für jedes Würfelpaar.
b) Bestimmen Sie eine optimale Strategie für die Wahl der Würfel
   in einer langen Spielserie.

Aufgabe 5.5: Wir ändern das in Aufgabe 5.4 beschriebene Spiel in der Weise ab, daß jeder Spieler den Würfel auswählt, mit dem der Gegner werfen muß.
Wie sieht jetzt die optimale Strategie aus?

Aufgabe 5.6: Welchen Gewinn hat jeder Spieler zu erwarten
a) beim Spiel "Unterbieten",
b) bei den Spielen mit den Würfeln des B. Efron,
wenn er selbst optimal spielt, während sein Gegner eine Gleichverteilung als Strategie wählt.

Aufgabe 5.7: Schreiben Sie ein Programm, das für eine beliebige Spielmatrix zu gegebenen Strategien die Gewinnerwartung ermittelt.
Überprüfen Sie damit Ihre Ergebnisse zur Aufgabe 5.6.

Anhang: Der Hauptsatz der Spieltheorie

Für den Beweis des Hauptsatzes der Spieltheorie, der in Anlehnung an J.C.C. Mckinsey (1952) erfolgt, benötigen wir Voraussetzungen aus Geometrie, linearer Algebra und Analysis, die zunächst bereitgestellt werden:

Sei $\mathbb{R}^n$ der n - dimensionale euklidische Raum. Elemente (Punkte, Vektoren) des $\mathbb{R}^n$ sind alle n - Tupel reeller Zahlen. Für je zwei Punkte $a = (a_1, a_2, \ldots, a_n)$ und $b = (b_1, b_2, \ldots, b_n)$ ist der Abstand dieser Punkte definiert durch

$$d(a,b) = \sqrt{\sum_{i=1}^{n} (a_i - b_i)^2} \; .$$

Für $\alpha \in \mathbb{R}$ und $a, b \in \mathbb{R}^n$ sind folgende Operationen erklärt:

$\alpha a = (\alpha a_1, \alpha a_2, \ldots, \alpha a_n)$,

$a + b = (a_1+b_1, a_2+b_2, \ldots, a_n+b_n)$ und

$a - b = a + (-1)b = (a_1-b_1, a_2-b_2, \ldots, a_n-b_n)$.

Es sei r eine positive reelle Zahl und $a \in \mathbb{R}^n$. Die Punktmenge $U_r(a) = \{x \in \mathbb{R}^n \mid d(a,x) < r\}$ bezeichnet man als *offene Kugel* mit Mittelpunkt a und Radius r. man spricht auch von einer r - Umgebung des Punktes a.

Eine Punktmenge $A \subset \mathbb{R}^n$ heißt *beschränkt*, wenn eine Zahl M existiert, derart, daß $d(a,b) < M$ für alle $a,b \in A$. Das ist gleichbedeutend damit, daß es eine Kugel gibt, die A als Teilmenge enthält.

Sei $A \subset \mathbb{R}^n$. Ein Punkt $z \in \mathbb{R}^n$ heißt *Häufungspunkt* von A, wenn für jedes $\varepsilon > 0$ die Umgebung $U_\varepsilon(z)$ mindestens einen (und damit unendlich viele) von z verschiedene Punkte der Menge A enthält. Ist z Häufungspunkt von A und zugleich Häufungspunkt von $\mathbb{R}^n$ A, so heißt z Randpunkt von A. Jede Umgebung eines Randpunktes von A enthält also sowohl Punkte von A als auch Punkte, die nicht zu A gehören.

Beispiel: Grundmenge sei der $\mathbb{R}^2$ (die euklidische Ebene), und es sei
$A = \{(x_1, x_2) \in \mathbb{R}^2 \mid x_1^2 + x_2^2 < 1\}$. A ist eine offene Kreisscheibe um den Nullpunkt. Jeder Punkt $z = (z_1, z_2)$, der der Gleichung $z_1^2 + z_2^2 = 1$ genügt, ist Randpunkt von A.

Die Menge Rd(A) aller Randpunkte von A heißt *Rand* von A.

Die Vereinigung einer Menge A mit all ihren Randpunkten, A ∪ Rd(A), wird als abgeschlossene Hülle von A bezeichnet. Wir kennzeichnen sie durch $\overline{A}$. Ist $A = \overline{A}$, so heißt die Menge A *abgeschlossen*.

$\mathring{A}$ = A \ Rd(A) heißt Kern von A. A ist *offen*, wenn gilt $A = \mathring{A}$. Ein Punkt von A, der nicht Randpunkt ist, wird *innerer Punkt* von A genannt. Eine offene Menge besteht demnach nur aus inneren Punkten.

Aus diesen Definitionen folgt, daß eine Menge A bzgl. $\mathbb{R}^n$ genau dann abgeschlossen (offen) ist, wenn ihr Komplement $\mathbb{R}^n \setminus A$ offen (abgeschlossen) ist.

Beispiel: Es sei wieder $A \subset \mathbb{R}^2$ mit $A = \{(x_1,x_2) | x_1^2 + x_2^2 < 1\}$.

Dann gilt: $Rd(A) = \{(z_1,z_2) | z_1^2 + z_2^2 = 1\}$,

$\overline{A} = \{(z_1,z_2) | z_1^2 + z_2^2 \leq 1\}$,

$\mathring{A} = A$ und

$\overline{\mathbb{R}^2 \setminus A} = \mathbb{R}^2 \setminus A$.

Aus der Analysis wird das folgende Resultat als bekannt vorausgesetzt:

Satz A.1: Ist eine stetige Funktion auf einer beschränkten und abgeschlossenen Teilmenge des $\mathbb{R}^n$ definiert, so existieren Maximum und Minimum dieser Funktion.

Stehen einem Spieler in einem Matrixspiel m reine Strategien zur Verfügung, so läßt sich die Menge S_m der gemischten Strategien als Teilmenge des $\mathbb{R}^m$ beschreiben, nämlich

$S_m = \{x \in \mathbb{R}^m | x_i \geq 0 \text{ für } i = 1,2,\ldots,m \text{ und } x_1+x_2+\ldots+x_m = 1\}$.

Definition A.1: Ist $x = (x_1, x_2, \ldots, x_m) \in S_m$ und sind

$a_1 = (a_{12}, a_{12}, \ldots, a_{1n})$
$a_2 = (a_{21}, a_{22}, \ldots, a_{2n})$
$\vdots$
$a_m = (a_{m1}, a_{m2}, \ldots, a_{mn})$

m Punkte des $\mathbb{R}^n$, so bezeichnet man den Punkt $a = x_1 a_1 + x_2 a_2 + \ldots + x_m a_m$ als *konvexe Linearkombination* der Punkte $a_1, a_2, \ldots, a_m$.

x_i ist das *Gewicht* des Punktes a_i in dieser Linearkombination.

Beispiel: Der Punkt (5,0) ist eine konvexe Linearkombination der Punkte (3,9), (12,-6) und (4,-4) mit den Gewichten $\frac{1}{3}$, $\frac{1}{6}$ und $\frac{1}{2}$.

Definition A.2: Eine Punktmenge $K \subset \mathbb{R}^n$ heißt *konvex*, wenn jede konvexe Linearkombination endlich vieler Punkte von K wieder ein Element von K ist, d.h. wenn gilt: $a_1, a_2, \ldots, a_m \in K$ und $x \in S_m \Rightarrow x_1 a_1 + x_2 a_2 + \ldots + x_m a_m \in K$.

Wir stellen nun ohne Beweis eine Reihe von anschaulich naheliegenden Eigenschaften konvexer Mengen zusammen. Die zum Teil sehr einfachen Beweise findet man z.B. im Buch von W. Vogel (1967).

Notwendig und hinreichend dafür, daß eine Punktmenge K konvex ist, ist bereits die Bedingung, daß mit zwei Punkten von K stets auch jede ihrer konvexen Linearkombinationen zu K gehört.

K ist konvex $\iff$ ($a, b \in K$ und $x = (x_1, x_2) \in S_2 \Rightarrow x_1 a + x_2 b \in K$)

Die Punktmenge $\{x_1 a + x_2 b \mid x_1 + x_2 = 1$ und $x_i \geq 0\}$ heißt Verbindungsstrecke der Punkte a und b. Eine Menge K ist demnach genau dann konvex, wenn mit zwei Punkten von K stets auch deren Verbindungsstrecke zu K gehört.

Als einfache Folgerung ergibt sich daraus, daß der Durchschnitt beliebig vieler konvexer Mengen wieder konvex ist.

Weiter gilt: Ist K konvex, so sind auch die abgeschlossene Hülle $\overline{K}$ und der Kern $\overset{\circ}{K}$ konvex.

Beispiele konvexer Mengen sind: Der Raum $\mathbb{R}^n$, die leere Menge, offene und abgeschlossene Kugeln, das Innere eines spitzen Winkels in der Ebene. Ein weiteres Beispiel für eine abgeschlossene konvexe Menge ist

$S_m = \{x \in \mathbb{R}^m \mid x_i \geq 0, \ \Sigma x_i = 1\}$.

Als *konvexe Hülle* K(A) einer Punktmenge A bezeichnet man den Durchschnitt aller konvexen Mengen, die A enthalten. Da der Durchschnitt beliebig vieler konvexer Mengen selbst konvex ist, ist K(A) die kleinste konvexe Menge, die A enthält.

Es gilt der Satz, daß jeder Punkt von K(A) eine konvexe Linearkombination von Punkten der Menge A ist. Ist insbesondere $A = \{a_1, a_2, \ldots, a_k\}$ eine endliche Teilmenge des $\mathbb{R}^n$, so ist demnach

$K(A) = \{\mu \in \mathbb{R}^n \mid \mu = \sum_{i=1}^{k} x_i a_i, \ x_i \geq 0, \ \sum_{i=1}^{k} x_i = 1\}$.

Eine Punktmenge H, die einer Gleichung der Form $a_1x_1+a_2x_2+\ldots+a_nx_n = \gamma$ genügt, wobei $a = (a_1,a_2,\ldots,a_n)$ nicht der Nullvektor ist, wird als Hyperebene des $\mathbb{R}^n$ bezeichnet. Eine Hyperebene des $\mathbb{R}^3$ ist demnach eine Ebene, eine Hyperebene des $\mathbb{R}^2$ ist eine Gerade und eine Hyperebene des $\mathbb{R}^1$ ist ein einzelner Punkt.

Für einen Punkt $z = (z_1,z_2,\ldots,z_n)$ mit $z \notin H$ gilt entweder $a_1z_1+\ldots+a_nz_n < \gamma$ oder $a_1z_1+\ldots+a_nz_n > \gamma$.

Die Menge der nicht zu H gehörenden Punkte des $\mathbb{R}^n$ wird demgemäß in zwei Klassen zerlegt, die wir als Halbräume bzgl. H bezeichnen. Mit diesen Begriffsbildungen können wir nun einen für das Weitere wichtigen Satz formulieren:

> Satz A.2: Sei K eine abgeschlossene konvexe Teilmenge des $\mathbb{R}^n$ und sei z ein Punkt außerhalb von K. Dann gibt es eine Hyperebene H, die z enthält, während K vollständig in einem der durch H bestimmten Halbräume liegt.

Wesentliches Hilfsmittel für des Beweis des Hauptsatzes ist der nun folgende Satz über Matrizen.

> Satz A.3:
>
> Sei $A = \begin{bmatrix} a_{11} & \cdots & a_{1n} \\ \cdot & & \cdot \\ \cdot & & \cdot \\ \cdot & & \cdot \\ a_{m1} & \cdots & a_{mn} \end{bmatrix}$ eine beliebige Auszahlungsmatrix.
>
> Dann existiert entweder
> (1) eine gemischte Strategie $x \in S_m$, so daß
>
> $x_1a_{1j}+\ldots+x_ma_{mj} \geq 0$ für $j = 1,2,\ldots,n$ oder
>
> (2) eine gemischte Strategie $y \in S_n$, so daß
>
> $y_1a_{i1}+\ldots+y_na_{in} \leq 0$ für $i = 1,2,\ldots,m$.

Dieser Satz ist in der Weise zu interpretieren, daß für einen der Spieler eine Strategie existiert, die ihm einen nichtnegativen Gewinn garantiert.

Beweis:

Wir definieren $\delta_{ij} = \begin{cases} 1 & \text{falls } i = j, \\ 0 & \text{sonst} \end{cases}$

und setzen:

$\delta^1 = (\delta_{11},\delta_{21},\ldots,\delta_{m1})$
$\vdots$
$\delta^m = (\delta_{1m},\delta_{2m},\ldots,\delta_{mm})$.

δ^i ist also der Punkt des $\mathbb{R}^m$, dessen i-te Koordinate 1 ist, während alle übrigen Koordinaten 0 sind.

Weiter sei

$a^1 = (a_{11}, a_{21}, \ldots, a_{m1})$

.
.
.

$a^n = (a_{1n}, a_{2n}, \ldots, a_{mn})$.

a^i ist also der i-te Spaltenvektor der Auszahlungsmatrix A. Mit K bezeichnen wir die konvexe Hülle der Punkte $\delta^1, \delta^2, \ldots, \delta^m, a^1, \ldots, a^n$.

Wir unterscheiden nun zwei Fälle, je nachdem, ob der Punkt $z = (0,0,\ldots,0) \in \mathbb{R}^m$ zu K gehört oder nicht.

1. $z \in K$:

In diesem Fall gibt es $(u_1, u_2, \ldots, u_m, v_1, v_2, \ldots, v_n) \in S_{m+n}$, so daß

$u_1 \delta^1 + u_2 \delta^2 + \ldots + u_m \delta^m + v_1 a^1 + \ldots + v_n a^n = z$.

Das bedeutet,

$u_1 \delta_{i1} + u_2 \delta_{i2} + \ldots + u_m \delta_{im} + v_1 a_{i1} + \ldots + v_n a_{in} = 0$ für $i = 1, 2, \ldots, m$

und wegen $\delta_{ij} = \begin{cases} 1 & \text{für } i = j, \\ 0 & \text{sonst,} \end{cases}$

$u_i + v_1 a_{i1} + \ldots + v_n a_{in} = 0$ für $i = 1, 2, \ldots, m$. (*)

Da $u_i \geq 0$, folgt weiter $v_1 a_{i1} + \ldots + v_n a_{in} \leq 0$ für $i = 1, 2, \ldots, m$.

Man beachte, daß $v_1 + v_2 + \ldots + v_n > 0$ gelten muß, da andernfalls $v_1 = v_2 = \ldots = v_n = 0$ wäre und wegen (*) auch $u_i = 0$ für $i = 1, 2, \ldots, m$. Das ist aber nicht möglich, da $(u_1, u_2, \ldots, u_m, v_1, \ldots, v_n) \in S_{m+n}$ und folglich $u_1 + \ldots + u_m + v_1 + \ldots + v_n = 1$.

Wir bilden nun $y_1 = \dfrac{v_1}{v_1 + \ldots + v_n}$

.
.
.

$y_n = \dfrac{v_n}{v_1 + \ldots + v_n}$

Offenbar gilt $y_i \geq 0$ für $i = 1, 2, \ldots, n$ und $\sum_{i=1}^{n} y_i = 1$, d.h.

$(y_1, y_2, \ldots, y_n) \in S_n$.

Wegen $v_1 a_{i1} + \ldots + v_n a_{in} \leq 0$ für $i = 1,2,\ldots,m$ gilt auch
$y_1 a_{i1} + \ldots + y_n a_{in} \leq 0$ für $i = 1,2,\ldots,m$ und somit die Aussage (2) des Satzes.

2. $z \notin K$:

In diesem Fall existiert eine Hyperebene H des R^m durch den Nullpunkt, so daß K vollständig einem der durch H bestimmten Halbräume angehört. (Satz A.2)

Die Gleichung der Hyperebene sei $b_1 t_1 + \ldots + b_m t_m = \gamma$. Da $z \in H$, gilt $b_1 0 + \ldots + b_m 0 = \gamma$, also $\gamma = 0$.

Ohne Beschränkung der Allgemeinheit können wir annehmen, daß für jeden Punkt $(k_1, k_2, \ldots, k_m) \in K$ gilt: $b_1 k_1 + \ldots + b_m k_m > 0$.
(Nötigenfalls ersetzt man b_i durch $-b_i$ für $i = 1,2,\ldots,m$.)

Da die Punkte $\delta^1, \delta^2, \ldots, \delta^m$ zu K gehören, ist insbesondere
$b_1 \delta_{1i} + \ldots + b_m \delta_{mi} > 0$ für $i = 1,2,\ldots,m$.

Wegen $\delta_{ij} = \begin{cases} 1 & \text{für } i = j, \\ 0 & \text{sonst} \end{cases}$ folgt $b_i > 0$ für $i = 1,2,\ldots,m$. (**)

Da auch die Punkte $a^1, a^2, \ldots, a^n$ Elemente von K sind, gilt weiter
$b_1 a_{1i} + b_2 a_{2i} + \ldots + b_m a_{mi} > 0$ für $i = 1,2,\ldots,n$ (***).

Wir setzen
$$x_1 = \frac{b_1}{b_1 + \ldots + b_m}$$
$$\vdots$$
$$x_m = \frac{b_m}{b_1 + \ldots + b_m}$$

Offenbar gilt $(x_1, x_2, \ldots, x_m) \in S_m$. Wegen (**) und (***) ist
$x_1 a_{1i} + \ldots + x_m a_{mi} > 0$ für $i = 1,2,\ldots,m$.

Es gilt also die Aussage (1) des Satzes.

Damit stehen alle erforderlichen Hilfsmittel für den Beweis des Hauptsatzes bereit.

Hauptsatz der Spieltheorie (J.v. Neumann, 1928):
Es sei $A = (a_{ik})$ eine beliebige mxn - Matrix und

$$E(x,y) = \sum_{i=1}^{m} \sum_{j=1}^{n} x_i y_j a_{ij}.$$

Dann existieren die Werte $\max_{x \in S_m} \min_{y \in S_n} E(x,y)$ und $\min_{y \in S_n} \max_{x \in S_m} E(x,y)$, und es gilt $\max_{x \in S_m} \min_{y \in S_n} E(x,y) = \min_{y \in S_n} \max_{x \in S_m} E(x,y)$.

Beweis: 1. Es ist zu zeigen, daß $\min_{y \in S_n} \max_{x \in S_m} E(x,y)$ und $\max_{x \in S_m} \min_{y \in S_n} E(x,y)$ existieren:

Für jedes $y = (y_1, y_2, \ldots, y_n)$ ist $E(x,y)$ eine auf S_m definierte lineare und somit stetige Funktion von x. S_m ist eine beschränkte und abgeschlossene Teilmenge des $\mathbb{R}^m$. Nach Satz A.1 existiert damit $\max_{x \in S_m} E(x,y)$ für jedes $y \in S_n$. $\max_{x \in S_m} E(x,y)$ ist eine auf S_n definierte lineare Funktion von y. Da S_n ebenfalls beschränkt und abgeschlossen ist, existiert $\min_{y \in S_n} \max_{x \in S_m} E(x,y)$.

Ebenso weist man die Existenz von $\max_{x \in S_m} \min_{y \in S_n} E(x,y)$ nach.

2. Die Ungleichung $\max_{x \in S_m} \min_{y \in S_n} E(x,y) \leq \min_{y \in S_n} \max_{x \in S_m} E(x,y)$ wurde bereits in Abschnitt 4.4 nachgewiesen. Zu zeigen bleibt noch die Gültigkeit der Ungleichung $\min_{y \in S_n} \max_{x \in S_m} E(x,y) \leq \max_{x \in S_m} \min_{y \in S_n} E(x,y)$:

Nehmen wir an, es sei $\min_{y \in S_n} \max_{x \in S_m} E(x,y) > \max_{x \in S_m} \min_{y \in S_n} E(x,y)$.

Dann gibt es eine reelle Zahl k, so daß

$\min_y \max_x E(x,y) > k > \max_x \min_y E(x,y)$ bzw.

$\max_x \min_y E(x,y) - k < 0 < \min_y \max_x E(x,y) - k.$ (*)

Sei

$$A_k = \begin{bmatrix} a_{11}-k & a_{12}-k & \cdots & a_{1n}-k \\ \vdots & & & \\ a_{m1}-k & a_{m2}-k & \cdots & a_{mn}-k \end{bmatrix} = \begin{bmatrix} a'_{11} & a'_{12} & \cdots & a'_{1n} \\ \vdots & & & \\ a'_{m1} & a'_{m2} & \cdots & a'_{mn} \end{bmatrix}.$$

Für den durch die Auszahlungsmatrix A_k bestimmten Gewinn $E_k(x,y)$ gilt: $E_k(x,y) = E(x,y) - k$ für alle $x \in S_m$ und $y \in S_n$.

Die Ungleichung (*) läßt sich also schreiben:

$$\max_x \min_y E_k(x,y) < 0 < \min_y \max_x E_k(x,y). \quad (**)$$

Ist für die Matrix A_k die Aussage (1) des Satzes A.3 erfüllt, so gibt es eine Strategie x mit $a'_{1j}x_1 + a'_{2j}x_2 + \ldots + a'_{mj}x_m \geq 0$ für $j = 1, 2, \ldots, n$.

Mit diesem $x \in S_m$ gilt $E_k(x,y) = \sum_{j=1}^{n} (a'_{1j}x_1 + \ldots + a'_{mj}x_m) y_j \geq 0$ für alle $y \in S_n$.

Insbesondere ergibt sich daraus $\min_y E_k(x,y) \geq 0$ und folglich auch $\max_x \min_y E_k(x,y) \geq 0$. Das ist ein Widerspruch zu (**).

Ist für die Matrix A_k die Aussage (2) des Satzes A3 erfüllt, so folgert man analog die Beziehung $\min_y \max_x E_k(x,y) \leq 0$, ebenfalls im Widerspruch zu (**).

Literaturverzeichnis

1. Averbach, B./Chein, O.: Mathematics - Problem solving through recreational mathematics. San Francisco 1980

2. Bachet de Mèziriac, C.G.: Problèms plaisants et delectables qui se font par les nombres. Erste Auflage: Paris 1612

3. Baumann, R.: Programmieren mit Pascal. Würzburg 1980

4. Baumann, R.: Informatik mit Pascal. Stuttgart 1981

5. Baumann, R.: Computerspiele und Knobeleien programmiert in BASIC. Würzburg 1982

6. Baumann, R.: Spiel, Idee und Strategie programmiert in Pascal. Würzburg 1983

7. Berlekamp, E.R./Conway, J.H./Guy, R.K.: Winning Ways for your mathematical plays (2 Bände). London 1982

8. Bouton, C.L.: Nim, a game with a complete mathematical theory. In: Annals of Mathematics 3 (1901-1902), 35 - 39

9. Brown, G.W.: Iterative solutions of games by fictitious play. In: Activity analysis of production an allocation, Cowles Commission Monograph 13, 1951

10. Cole, A.J./Davie, A.J.T.: A game based on the Euclidian algorithm and a winning strategy for it. In: The Mathematical Gazette 53 (1969), 354 - 357

11. Conway, J.H.: On numbers and games. London 1976
    deutsche Übersetzung: Über Zahlen und Spiele. Braunschweig 1983

12. Dantzig, G.B.: A proof of the equivalence of the programming problem and the game problem. In: Activity analysis of production and allocation, Cowles Commission Monograph 13, 1951

13. Dantzig, G.B.: Linear programming and extensions, Princeton 1963

14. Engel, A.: Elementarmathematik vom algorithmischen Standpunkt. Stuttgart 1977

15. Freudenthal, H.: Mathematik als pädagogische Aufgabe (2 Bände). Stuttgart 1973

16. Grundy, P.M.: Mathematics and games. In: Eureka 2 (1939), 6 - 8

17. Guy, R.K./Smith, C.A.B.: The G - values of various games. In: Proc. Cambridge Philos. Soc. 52 (1956), 514 - 526

18. Hofstadter, D.R.: Unterbieten, Ködern, Unterwältigen: Spiele mit dem Ernst des Daseinskampfes. In: Spektrum der Wissenschaft, Okt. 1982, 8 - 13

19. Hofstadter, D.R.: Gödel, Escher, Bach: An eternal golden braid. Penguin Book, New York 1982

20. McKinsey, J.C.C.: Introduction to the theory of games. New York 1952

21. Lasker, E.: Brettspiele der Völker. Rätsel und mathematische Spiele. Berlin 1931

22. v. Neumann, J.: Zur Theorie der Gesellschaftsspiele. In: Mathematische Annalen 100 (1928), 295 - 320

23. v. Neumann, J./Morgenstern, O.: Theory of games and economic behaviour. Princeton 1944

24. Rauhut, B./Schmitz, N./Zachow, E.W.: Spieltheorie. Eine Einführung in die mathematische Theorie strategischer Spiele. Stuttgart 1977

25. Robinson, J.: An iterative method of solving a game. In: Mathem. Annalen 54 (1952), 296 - 301

26. Schrage, G.: Strategiespiele und Gewinnstrategien. Ein Thema für Mathematik- und Informatikunterricht. In: Mathematische Semesterberichte, Band XXVIII (1981), 92 - 103

27. Schrage, G.: Die algorithmische Struktur strategischer Spiele. In: LOG IN 3 (1983), Heft 2, 43 - 49

28. Schrage, G.: A two - dimensional generalization of Grundy's game. In: The Fibonacci Quarterly (1985)

29. Singleton, R.R./Tyndall, W.F.: Games and programms. San Francisco 1974

30. Sprague, R.: Über mathematische Kampfspiele. In: Tôhoku Math. J. 41 (1935-36), 438 - 444

31. Sprague, R.: Unterhaltsame Mathematik. Braunschweig 1969

32. Stowasser, R./Mohry, B.: Rekursive Verfahren. Ein problemorientierter Eingangskurs. Hannover 1978

33. Tucker, A.W.: Solving a matrix game by linear programming. In: IBM - Journal (1969), 507 - 517

34. Vogel, W.: Lineares Optimieren. Leipzig 1967

35. Vorob'ev, N.N.: Game theory. New York 1950

36. Wille, F.: Humor der Mathematik. Eine unnötige Untersuchung lehrreichen Unfugs, mit scharfsinnigen Bemerkungen, durchlaufender Seitennumerierung und freundlichen Grüßen. Göttingen 1982

37. Williams, J.D.: The complete strategyst. New York 1966

38. Wythoff, W.A.: A modification of the game of nim. In: Nieuw Archief voor Wiskunde 7 (1907), 199 - 202

Stichwortverzeichnis

abstraktes Spiel 82, 83
Achtdamenproblem 38
Anfangsposition 21, 75
Angelpunkt 177
Auszahlungsmatrix 96, 131

Bachet de Mèziriac 11, 15
Basislösung 175
Basisvariable 175
Baum 14, 78
Beckenbauer, F. 159
benachbarte Tableaus 177
Benno's Nim 18
Berlekamp, E. R. 128
Bezzel, M. 38
Bluff 154
Bouton, C. L. 56
Brown, G. W. 163

charakteristischer Quotient 180
Cole, A. J. 100
Conway, R. K. 128

Damenspiel 38
Davie, A. J. T. 100
disjunktive Summe 109
dominante Zeile/Spalte 152
duale Programme 187
Dualitätssatz 190

Efron, B. 202
Endinformation 27
Endposition 21, 75
entartete Ecke 181
entartetes Tableau 181
Euklid 100

Finger ziehen 94
Freudenthal, H. 99
Froschhüpfen 111

Gauß, C. F. 38
gemischte Strategie 138
Gerade gewinnt 18
gerichteter Graph 13
Gewinnentscheid 26
Gewinnfunktion 21, 33, 75
Gewinnposition 14, 17, 19, 33, 97
Gewinnspiel 103, 107
Gewinnstrategie 17, 42
Goldener Schnitt 101
Grundy, P. M. 109
Grundyfunktion 114
Grundy's Spiel 121
–, zweidimensional 123
Guy, R. K. 128

Hauptsatz der Spieltheorie 143, 209
Hauptsatz für Positionsspiele 94
Hölzchen nehmen 11, 22
Hofstadter, P. R. 159
Hofstadter's Gesetz 54
Homomorphismus 82

Isomorphie 24
Isomorphismus 75

kanonische Darstellung 175, 183, 188
Kantenwanderung 183
Kringel und Kreuze 23

Lasker, E. 125
Lasker Nim 125
Lösung eines Matrixspiels 143
Lösung eines Positionsspiels 93
Lösungsbereich 172

Maier, S. 159
Matrixspiel 131
Minimalmodell 81
Misère Nim 128
Miserespiel 90
Morgenstern, O. 152

Nachfolger 75
Nachfolgerrelation 21, 33
Näherungslösung 159
Nauck, Dr. 38
v. Neumann, J. 8, 143, 152, 209
Nim 56, 109
Nimaddition 116, 118
Nimsumme 116
normale Gewinnregel 90, 109
Normalform eines Spiels 132
Normalspiel 90, 109
Nullvariable 175

Optimalitätskriterium 190

Partie 13, 22, 26, 43, 57
Pivotpunkt 177
Pivotspalte 177
Pivotzeile 177
Position 21, 75
Positionsgraph 13, 21, 75
Positionsmenge 33, 74
Positionsmodell 74, 75
Positionsspiel 11, 74
Pseudoecke 173

Ramsey, F. P. 71
Remisposition 19, 33, 97
Remisspiel 103
Repräsentationssatz 88

reversibler Zug 112
rezessive Zeile/Spalte 152
Robinson, J. 163

Sattelpunkt 136, 155
Sattelpunktalgorithmus 137
Schlupfvariable 174
Schrage, G. 87
Sim 63
Simmons, G. 63
Simplexalgorithmus 190
Spaltenprogramm 190
Spielalgorithmus 25
Spielanalyse 31
Spielgraph 12
Spielstellung 21
Sprague, R. 109
Startposition 75
Steuerspalte 177
Steuerzeile 177
Strategie 17, 42, 92
Suche, heuristische 55
Summenspiel 109, 115
symmetrisches Spiel 144

Teufelsdreieck 63

Tiefe einer Position 48, 77
Tiefe eines Spiels 85

Ungerade gewinnt 15, 18, 22, 77, 97, 102
Unterbieten 160, 193

vereinfachtes Pokerspiel 152
Verlustposition 13, 17, 19, 33, 97
Verlustspiel 103
Verschiebesatz 147
Vorgänger 75
Vogel, W. 184, 205

Wert einer Position 31, 33, 92, 93
Wert eines Spiels 94, 143
werterhaltende Abbildung 112
Würfel kippen 18, 31, 34, 44
Wythoffs Nim 49

Zeilenprogramm 190
Zufallsgenerator 144
Zufallsmechanismus 138
zulässige Basislösung 175, 179
zulässiger Bereich 172
zulässiges Tableau 180
Zweipersonen-Nullsummen-Spiel 131